# 西部地区金融发展与反贫困效应研究

倪 瑛 著

科学出版社

北 京

## 内 容 简 介

　　金融发展对贫困的减缓机制及作用是反贫困研究的重要构成和实现路径。本书基于金融发展理论、反贫困理论及金融发展对贫困的减缓效应作用机制，构建金融发展影响贫困减缓的分析框架，深入分析西部地区金融产业的发展现状及贫困减缓成效，采用实证分析方法测度金融发展对反贫困的直接效应和间接效应，提出金融发展减缓贫困的对策建议。

　　本书可作为经济金融类在校学生的研究参考书，对从事金融研究，尤其是金融理论及区域经济发展研究的理论和实务工作者也具有参考价值。

**图书在版编目（CIP）数据**

西部地区金融发展与反贫困效应研究/倪瑛著. —北京：科学出版社，2021.6

ISBN 978-7-03-069139-2

Ⅰ. ①西… Ⅱ. ①倪… Ⅲ. ①金融事业-经济发展-研究-西北地区 ②金融事业-经济发展-研究-西南地区 ③金融支持-影响-扶贫-研究-西北地区 ④金融支持-影响-扶贫-研究-西南地区 Ⅳ. ①F832 ②F126

中国版本图书馆 CIP 数据核字（2021）第 111579 号

责任编辑：宋　芳　王　琳 / 责任校对：王　颖
责任印制：吕春珉 / 封面设计：东方人华平面设计部

**科学出版社** 出版
北京东黄城根北街 16 号
邮政编码：100717
http://www.sciencep.com

**三河市骏杰印刷有限公司**印刷
科学出版社发行　　各地新华书店经销

\*

2021 年 6 月第 一 版　　开本：B5（720×1000）
2021 年 6 月第一次印刷　　印张：12 1/2
字数：252 000

定价：102.00 元
（如有印装质量问题，我社负责调换〈骏杰〉）

销售部电话 010-62136230　编辑部电话 010-62135397-2030

# 前　　言

贫困问题由来已久，已经成为一个全球性、长期性和复杂性的问题。作者一直坚持研究西部地区的金融与经济发展，本书已是作者出版的有关这一研究的第三本专著，旨在从金融发展的角度深入分析和研究贫困问题，重构分析模型，深入探讨金融发展对贫困减缓的作用机制，包括经济增长、收入分配、金融风险等间接影响机制，同时还包括金融服务获得的直接影响机制。这一研究有助于扩展金融发展与贫困减缓关系研究的理论框架，对于理解金融发展对贫困减缓的作用机制有着重要的理论意义。

系统性地研究贫困减缓起源于 20 世纪初。究竟是什么导致了贫困？贫困的根源是什么？金融发展是否有助于减缓贫困？学者们的研究见仁见智，学术著作更是汗牛充栋。本书将金融发展理论、贫困减缓理论和精准扶贫政策相结合，在理论分析和实证研究的基础上，完善金融发展减贫理论、丰富精准扶贫的研究方法、丰富金融减贫的实证文献和政策研究，以期达到国内相关研究的先进水平。

我国区域经济发展的不平衡导致西部地区的经济发展水平落后于东、中部地区，本书以西部地区金融发展的数据为依据，切实研究了金融发展与反贫困之间的关系，通过模型从直接作用和间接作用两个方面来研究金融发展的反贫困效应，从而有助于贫困的减缓。

本书在总结西部金融发展对反贫困效应的经验启示的基础上，立足于西部地区反贫困现状，从全面建成小康社会的视角，以缩小贫富差距和实现经济发展为主线来研究西部地区贫困问题，创新性地从西部地区反贫困的战略定位和特殊发展背景出发，全面分析和总结促进金融发展以带动反贫困效应的对策和建议。

本书最终成稿于 2019 年底，在修改书稿和出版过程中得到了科学出版社的大力支持，在此表示衷心的感谢。

由于作者学识水平有限，书中难免有不足之处，在此衷心希望广大读者提出宝贵意见，以便作者进一步改进和修正，共同推动学术研究的深入发展。

# 目　　录

第1章　导论 ………………………………………………………………… 1

1.1　研究背景及意义 ……………………………………………………… 1

　　1.1.1　研究背景 ……………………………………………………… 1

　　1.1.2　研究意义 ……………………………………………………… 3

1.2　研究框架与内容 ……………………………………………………… 4

　　1.2.1　研究框架 ……………………………………………………… 4

　　1.2.2　研究内容 ……………………………………………………… 5

1.3　研究思路及方法 ……………………………………………………… 9

　　1.3.1　研究思路 ……………………………………………………… 9

　　1.3.2　研究方法 ……………………………………………………… 9

1.4　创新之处 ……………………………………………………………… 10

第2章　金融发展与反贫困相关理论述评 …………………………………… 11

2.1　金融发展理论简述 …………………………………………………… 11

　　2.1.1　金融发展的含义 ……………………………………………… 11

　　2.1.2　金融发展理论的演进过程 …………………………………… 12

　　2.1.3　金融抑制论与金融深化论 …………………………………… 20

　　2.1.4　金融对区域经济发展的综合影响 …………………………… 25

　　2.1.5　我国金融发展及效用分析 …………………………………… 32

2.2　贫困理论概述 ………………………………………………………… 36

　　2.2.1　贫困的定义与特征 …………………………………………… 36

　　2.2.2　贫困的分类 …………………………………………………… 39

　　2.2.3　贫困的测量 …………………………………………………… 41

　　2.2.4　反贫困战略与反贫困实践 …………………………………… 45

　　2.2.5　我国的贫困治理及思考 ……………………………………… 56

## 第3章 金融发展对贫困减缓效应的作用路径 ················· 62

### 3.1 金融发展影响贫困减缓的间接路径 ················· 62

3.1.1 金融发展的经济增长效应 ················· 63

3.1.2 金融发展的收入分配效应 ················· 65

3.1.3 金融发展的门槛效应 ················· 68

### 3.2 金融发展影响贫困减缓的直接路径 ················· 69

3.2.1 金融服务与贫困减缓 ················· 69

3.2.2 金融体系与贫困减缓 ················· 73

3.2.3 金融风险与贫困减缓 ················· 76

### 3.3 金融发展影响贫困减缓的微观路径 ················· 78

3.3.1 金融发展影响中小企业的路径 ················· 79

3.3.2 金融发展影响家庭的路径 ················· 84

## 第4章 西部地区金融发展的现状及分析 ················· 87

### 4.1 西部地区金融发展现状 ················· 87

4.1.1 西部地区金融发展规模分析 ················· 87

4.1.2 西部地区发展结构分析 ················· 94

4.1.3 西部地区金融发展的效率分析 ················· 98

4.1.4 西部地区金融发展的经济贡献分析 ················· 101

### 4.2 西部地区金融发展优势 ················· 104

4.2.1 宏观政策倾向 ················· 104

4.2.2 金融整体发展向好 ················· 107

4.2.3 后发优势日渐明显 ················· 107

### 4.3 西部地区金融发展劣势 ················· 110

4.3.1 政府执行力薄弱，人才流失严重 ················· 110

4.3.2 金融市场不完善，经营风险偏高 ················· 111

4.3.3 金融体系不平衡，业态不完善 ················· 111

4.3.4 上市公司数量少，金融集聚程度低 ················· 112

### 4.4 西部地区金融发展难点分析 ················· 113

4.4.1 贫困问题突出 ················· 113

4.4.2 地区金融排斥现象严重 ················· 116

4.4.3 融资困难 ················· 118

第5章　西部地区金融发展与反贫困效应的实证分析 ·················· 120

　5.1　金融发展与反贫困效应的相关研究综述 ························· 120

　　5.1.1　金融发展对贫困减缓直接效应的相关研究 ············· 120

　　5.1.2　金融发展对贫困减缓间接效应的相关研究 ············· 121

　5.2　指标选择与模型构建 ······································· 122

　　5.2.1　指标选择 ············································· 122

　　5.2.2　模型构建 ············································· 125

　　5.2.3　数据来源 ············································· 125

　5.3　实证分析 ················································· 126

　　5.3.1　面板数据回归 ········································· 126

　　5.3.2　结果分析 ············································· 129

　5.4　西部地区各省份金融发展反贫困效应现状 ················· 130

　5.5　西部地区金融精准扶贫 ···································· 142

第6章　西部地区金融发展与反贫困的对策和建议 ················ 147

　6.1　刺激金融需求，提升西部地区金融意识 ··················· 147

　6.2　发展特色产业，引导西部地区移民搬迁 ··················· 153

　　6.2.1　发展西部地区反贫困特色产业 ······················· 154

　　6.2.2　引导西部反贫困地区移民搬迁 ······················· 156

　6.3　保护女性赋权，发挥社会减贫效应 ······················· 158

　　6.3.1　保护女性赋权 ········································· 158

　　6.3.2　发挥社会减贫效应 ····································· 161

　6.4　改善金融排斥，促进可持续反贫困发展 ··················· 162

　6.5　构建普惠金融，开展西部农村反贫困实践 ················· 167

　　6.5.1　增强普惠金融服务的供给能力 ······················· 167

　　6.5.2　完善普惠金融基础设施建设 ························· 169

　　6.5.3　支持小微金融机构的发展 ··························· 172

　　6.5.4　大力发展互联网金融 ······························· 172

　6.6　拓展金融体制，加强反贫困金融创新 ··················· 175

　　6.6.1　拓展金融体制 ······································· 175

　　6.6.2　加强反贫困金融创新 ······························· 181

参考文献 ························································· 184

附录 ···························································· 189

# 第1章 导　　论

## 1.1　研究背景及意义

### 1.1.1　研究背景

贫困问题是一个全球性、长期性、现实性和综合性问题。解决贫困问题，是全人类共同目标之所在。金融发展就是解决贫困问题的着眼点之一，且金融发展与反贫困一直是学者和政策制定者关注的重点。近年来，国内外诸多学者就金融发展与贫困减缓问题进行了大量研究，综合起来主要包括以下几种思路。

（1）贫困减缓的研究

系统性地对贫困减缓的研究始于20世纪初，英国学者朗特里（Rowntree）将贫困定义为"家庭总收入不足以支付仅仅维持家庭成员生理正常功能所需的最低量生活必需品开支"，并提出了划分贫困家庭的收入标准，即贫困线。20世纪50年代，以刘易斯（Lewis）为代表的发展经济学家认为，穷人贫困的缓解主要依赖富人阶层通过扩大投资来增加就业机会，即涓滴效应。20世纪70年代，主张政府再分配和政策干预的反贫困思想应运而生，以霍利斯·钱纳里（Hollis B. Chenery）为首的世界银行经济学家正式提出了"伴随增长的再分配"战略。20世纪末，诺贝尔经济学奖获得者阿马蒂亚·森（Amartya Sen），认为不平等的制度安排导致了农民政治自由、经济自由以及社会机会等合法权益的逐渐丧失，并最终沦为最贫困的群体。至21世纪，世界银行（2001）在《2000/2001年世界发展报告——与贫困作斗争》一书中提出了"三位一体"反贫困战略框架，即扩大经济机会—促进参与赋权—加强安全保障。

（2）金融发展的贫困减缓机制研究

对金融发展的研究始于20世纪60年代，雷蒙德·戈德史密斯（Raymond W. Goldsmith）提出4个结构性指标以体现和衡量一国金融的发展程度。罗纳德·麦金农（R. I. Mckinnon）和爱德华·肖（E. S. Shaw）分别提出了金融抑制论和金融深化论，即健全有效的金融制度和政策能够动员社会储蓄并优化其配置，从而促进经济增长。20世纪90年代末以来，我国产生了金融可持续发展理论（白钦先，1997）和金融效率论（王振山，2000）等新理论，强调金融发展要与经济增长相协调、相适应。有效的金融调节可以通过金融中介或融资双方（多方）在市场服务体系下实现金融资源的帕累托效率配置。

金融发展的贫困减缓效应大致可以分为3类。一是金融发展与贫困减缓的非线性关系。Greenwood和Jovanovic（1990）认为金融发展和收入分配呈非线性关系，并利用动态模型验证了Kuznets（1955）的"倒U形"假说，金融发展与经济增长存在正相关关系时，金融发展会使收入差距扩大，但随着收入的增长，更多的人会获得金融服务，这种差距逐步减小，即金融发展与收入分配存在"倒U形"关系。二是金融发展与贫困减缓正相关。Li等（1998）利用1947~1994年49个国家（包括发达国家与发展中国家）的面板数据，证明了金融发展减缓贫困的作用已经超过了其对总量增长的影响。金融深化发展可以显著降低基尼系数，并提高较低收入人口中80%（贫穷的大多数）的平均收入。三是金融发展与贫困减缓关系的非正相关性。Galor和Zeira（1993）、Banerjee和Newman（1993）、Ravallion（1997，2001）等认为二者具有负相关关系，收入分配差距与经济增长对贫困减缓的作用因国家不同而不同，当分配不平等效应足以抵消经济增长的贫困减缓效应时，金融发展会对贫困减缓产生不利影响。

（3）我国关于金融扶贫的研究

我国的金融扶贫是目前扶贫工作中的重要方式，且在扶贫工作中发挥了很大的作用。黄焰（2007）发现行政主导与市场机制在金融扶贫下会发生冲突，金融扶贫效率低下，据此提出以普惠性金融理念为指导，以创建自主性扶贫的金融组织体系为核心，构建市场经济环境下新的金融扶贫体系是关键。黄承伟等（2009）通过对微型金融的研究探讨我国农村微型金融扶贫的有效模式，发现农村金融发展滞后是贫困地区发展的重要制约因素，应该着力建立普惠金融体系来实现农村扶贫。王敬力等（2011）通过参与驻村扶贫工作和设计、运作"拾荷模式"[①]，在对该模式的运作情况及其效果进行长期追踪调查的基础上，剖析了"拾荷模式"成功运作的因素，阐述了该模式对小额农贷和扶贫工作的推动作用，对金融扶贫机制进行了有益探索。初昌雄（2012）总结了"郁南模式"[②]成功的经验，提出金融扶贫是"双到"[③]扶贫的有效途径，在金融扶贫中需要结合行政和市场；政府要抓好信用体系、产业发展平台、农村资产流通的平台及其他配套体系的建设。中国人民银行郑州中心支行课题组（2014）把新时期贫困的特点及贫困减缓速度下

---

① 拾荷模式是指在广东省梅州市丰顺县北斗镇拾荷村的一个"担保基金+农村金融机构+合作社+农业龙头公司+行业协会"的全新金融扶贫模式。

② 郁南模式是广东省云浮市郁南县的创新扶贫模式，其创新在于政府主导的信用社评定、首创县级征信中心、扶贫担保基金贷款等。

③ 双到是指"规划到户、责任到人"的扶贫模式。

降的原因纳入研究的范畴，并探寻金融扶贫的创新模式，运用实证分析论证相关
因素对贫困的影响，找准影响金融扶贫的障碍，分析影响金融扶贫的主要因素，
进而提出构建金融扶贫机制的相关建议。王一飞（2016）论述了现行金融扶贫中
存在的几个问题，并提出拓展金融扶贫空间的对策建议。

　　"十三五"时期是实现全面建成小康社会的决胜阶段和最后冲刺的 5 年。中华
人民共和国成立以来，我国一直十分重视扶贫开发工作，采取了诸多扶贫开发措
施。1994 年 4 月 15 日《国家八七扶贫攻坚计划（1994—2000 年）》提出，要在 7
年左右的时间里，基本解决农村 8000 万贫困人口的温饱问题，这是一场难度很大
的攻坚战。学术界关于扶贫的研究也取得了很大的成果，李红莲（2007）通过对
豫东"月牙形贫困带"个案的研究，总结我国贫困带的现状，并引入平衡增长理
论指导改进我国的扶贫开发工作。余明江（2010）指出，无论是对贫困原因的思
考，还是关于贫困政策的制定，现行反贫困战略都背离了一个最基本的事实，即
人是生产力的决定性因素，经济发展主要取决于人口素质的提高。张彬斌（2013）
通过研究新时期农村扶贫政策的目标选择问题和农民增收效果得出，新时期扶贫
政策对国定扶贫重点县农民收入具有干预效应，但效应的大小根据初期收入水平
的不同而具有差异，扶贫项目对农民的增收效果还具有一定的时期滞后性。吴本
健、马九杰、丁冬（2014）从理论上分析了扶贫贴息贷款利率管制、利率市场化，
以及不同贴息方式对贷款质量、贫困瞄准等的影响，相关部门在深化贴息贷款市
场化和分权化改革的同时，应切实提高贫困农户的信贷可得性。2014 年 1 月，中
共中央办公厅、国务院办公厅印发了《关于创新机制扎实推进农村扶贫开发工作
的意见》，并出台《建立精准扶贫工作机制实施方案》《扶贫开发建档立卡工作方
案》，从而将"精准扶贫"从战略理念向顶层设计、总体布局和工作机制层层推进，
并在全国范围全面开展。精准扶贫，是指依据不同贫困地区、贫困农户的状况，
实行精确识别、精确帮扶、精确管理的扶贫方式，也即"谁贫困帮助谁"。黄承伟、
覃志敏（2015）提出我国扶贫开发目标呈现多元化特点，扶贫治理体系围绕片区
精准和个体精准建立了专项扶贫、行业扶贫和社会扶贫"三位一体"的扶贫战略
格局。张世定（2016）提出一种新型扶贫方式即文化扶贫，文化扶贫在一定程度
上影响经济扶贫，文化扶贫是一个系统工程，它旨在通过文化精神和现代观念的
渗透、信息的输入，提高贫困人口素质，消除贫困地区民众的"宿命论"。这一观
念的提出在一定程度上改变了传统的扶贫方式。

## 1.1.2　研究意义

　　（1）学术价值
　　从现有的文献来看，无论是金融发展领域还是贫困方面，关于二者关系的研

究成果都较少。直到 20 世纪 90 年代，随着贫困问题日益成为世界各国普遍关心的重点，实践领域和学术界才开始关注金融发展对贫困减缓的作用（Kanbur 和 Squire，1999；World Bank，2001；Ravallion，2001）。相关研究主要集中于"涓滴效应"，但是结论仍存在争议。相当多的研究坚持认为，金融部门对贫困减缓的作用依赖于经济的发展，但缺乏对金融发展影响贫困减缓的其他作用机制的探讨。本书从金融发展的角度重构分析模型，深入分析金融发展对贫困减缓的作用机制，包括经济增长、收入分配、金融风险等间接影响，还包括金融服务获得的直接影响机制。这一研究有助于扩展金融发展与贫困减缓关系研究的理论框架，对于理解金融发展对贫困减缓的作用机制有着重要理论意义。

（2）应用价值

"精准扶贫"概念的提出和施行契合时代发展的需要，充分彰显了中央领导集体对扶贫工作的高度重视。《中共中央 国务院关于打赢脱贫攻坚战的决定》和《中华人民共和国国民经济和社会发展第十三个五年规划纲要》等文件的制定，表明了精准扶贫是全面建成小康社会、消除贫困的重要抓手。以贵州省为例，贫困人口从 2013 年的 923 万减少至 2018 年的 155 万，累计减少贫困人口 768 万人，33 个县脱贫摘帽，贫困发生率从 26.8%下降到 4.3%，减贫人数和减贫幅度位居全国各省（自治区、直辖市）前列，脱贫攻坚取得决定性进展。通过验证金融发展与贫困减缓的关系，明确金融发展对我国贫困减缓的作用，有利于洞察我国金融业改革方向，从另一个角度发现贫困产生的原因，为从根源上消除贫困提供重要的参考依据与借鉴，有效促进金融发展减贫效应的发挥。

## 1.2 研究框架与内容

### 1.2.1 研究框架

本书共分为 6 章，具体研究框架如下：

第 1 章为导论。本章主要阐述研究的背景和意义、研究的内容和框架以及研究的创新之处，为后文的展开奠定基础。

第 2 章沿着金融发展和贫困理论的历史研究脉络，厘清金融发展与贫困减缓的交互作用，阐释金融发展对促进贫困减缓的意义。

第 3 章讲述金融发展对贫困减缓效应的作用路径。本章把金融发展对贫困减缓效应的影响分为直接路径和间接路径，分别从这两方面进行梳理。

第 4 章为西部地区金融发展的现状及分析。本章主要分析西部地区金融发展的现状和优劣势，以及西部地区金融发展的难点，为后文的实证分析做好准备。

第 5 章为西部地区金融发展与反贫困效应的实证分析。本章选取贫困水平指标、金融发展规模、金融波动性、金融发展效率、经济增长指标和收入分配指标六个测度，对西部地区贫困现状与特点进行了阐述，分析贫困问题产生的原因。从直接作用和间接作用两方面来研究我国金融发展的反贫困效应，尽可能多地考虑相关因素对金融发展及贫困减缓的影响，从而说明金融发展的反贫困效应具有稳定性。通过西部地区各省（自治区、直辖市）金融增加值、人均地区生产总值和居民消费数据来分析西部地区各省（自治区、直辖市）金融发展对贫困减缓的作用。

第 6 章论述西部地区金融发展与反贫困的对策和建议。本章主要结合全书研究结果，就如何使西部地区金融发展更好地服务于反贫困事业提出建议。

## 1.2.2　研究内容

本书的研究内容主要分为 3 个部分。第一部分是相关理论基础，主要介绍了金融发展理论、金融抑制理论、金融深化理论及贫困理论；第二部分着重介绍了金融发展影响贫困减缓的路径方式，分别阐述了其直接路径、间接路径及微观路径的传导机制；第三部分则运用规范与实证相结合的分析方法，以我国西部地区金融数据为基础，测算西部地区金融发展程度，深度了解并梳理其发展现状，从中发现西部地区在金融发展影响贫困减缓过程中存在的问题，并就相关问题提出对应解决办法。

1.　相关理论基础

（1）金融发展理论

对金融发展内涵的理解自 20 世纪 60 年代以来国内外一直存在差异。雷蒙德·W.戈德史密斯在 1969 年出版的《金融结构与金融发展》一书中指出，"不同类型的金融工具与金融机构的存在、性质以及相对规模就体现了一国的金融结构"。一国金融发展的程度可以通过以下几个结构性指标体现和衡量：第一，金融机构在金融资产中所占份额，可衡量一国金融结构的机构化程度；第二，金融中介机构在全部金融资产和主要金融工具中分别所占份额，体现不同类型金融机构的重要性；第三，金融资产总值与国民财富之比，反映金融资产总额与有形资产总额的关系；第四，各经济部门和子部门在金融资产和各类金融工具中所占份额，反映各经济部门和子部门对各种金融工具的态度。

金融发展理论的主导思想是：健全有效的金融制度和政策，能够动员社会储蓄并优化其配置，从而促进经济增长；有效的经济增长通过国民收入的提高及经济活动参与者对金融服务需求的增长来促进金融的发展。他们还认为，政府实行过度干预的金融政策和制度是欠发达国家经济与金融双重呆滞的根本原因，实行金融自由化（也称金融深化）是发展中国家加快经济发展的有效途径，政府要放弃过度干预，使金融市场和金融体系、利率和汇率成为反映资金供求和外汇供求关系的经济杠杆，从而有利于增加储蓄和投资，促进经济增长。麦金农和肖所作的研究丰富了金融发展的内涵，其政策主张对发展中国家的金融体制改革具有一定的指导和启示，但是他们将金融发展与金融自由化等同起来，既不全面又不客观。

我国学术界越来越关注并进一步研究金融与经济发展问题。吴先满在《中国金融发展论》中，结合我国实际把金融发展分解为金融资产增长、金融机构发展、金融市场成长和金融体系开放 4 个组成部分，并认为金融发展就是这 4 个部分综合形成的动态变化过程。白钦先认为，"从现代的发展观来看，金融发展不仅意味着金融资产和金融机构等金融结构诸要素的增长，还包括随之出现的金融体制的变迁，以及金融活动与变化的一般社会经济金融环境相适应程度的提高"。他还指出，"所谓金融可持续发展，就是在遵循金融发展的内在客观规律的前提下，建立和健全金融体制，发展和完善金融机制，提高和改善金融效率，合理有效地动员和配置金融资源"。黄金老（2001）提出，"金融增长表现为金融资产规模与金融机构数量的扩张。金融发展不单指金融数量上的扩张，更主要的是金融效率的提高，体现为金融对经济发展需要的满足程度和贡献作用"。

综合上述思想，本书认为，金融发展既是金融资源数量扩张的过程，也是金融效率提高的过程。前者表现为金融资产和金融机构数量的增长，后者体现为金融体系效率的提高和金融对经济效率的促进。

（2）金融抑制论

金融抑制论是由经济学家罗纳德·麦金农在《经济发展中的货币与资本》和经济学家爱德华·肖在《经济发展中的金融深化》中分别提出来的。"金融抑制"和"金融自由化""金融深化"相对立。麦金农（1988）认为，"金融抑制"是指"一种货币体系被压制的情形，这种压制导致国内资本市场受到割裂，对于实际资本积聚的质量和数量造成严重的不利后果"。在麦金农的金融抑制理论中，贯穿始终的主导思想是：金融制度和政策同经济增长与发展之间存在着相互促进或相互促退的密切联系。健全有效的金融制度和政策，能够充分动员社会储蓄资金并优化其配置，促进经济增长和发展。反过来，有效的经济增长与发展会通过国民收入的提高以及经济活动参与者对金融服务需求的增长来促进金融的发展，从而形成相互促进的良性循环。但是遗憾的是，在大多数欠发达国家中，金融体制与经济发展之间呈现的却是金融抑制、资本短缺、经济落后的相互促退关系。政府是金融抑制的实施者，其实施的基本工具是对金融市场中的价格和交易进行干预，以实现政府的经济发展战略。从长期来看，金融抑制的实行破坏了稀缺资源配置的市场机制和价格体系，不能发挥金融体系有效配置资金的经济功能，从而影响了金融发展和经济的长远发展。

（3）金融深化论

美国经济学家爱德华·肖和罗纳德·麦金农都强调消除金融抑制，走向金融深化。该理论的要点如下：一是金融制度和经济发展能够相互促进和相互影响。良好的金融制度有助于动员储蓄，并将储蓄资本进行有效的配置，从而促进经济的发展。经济的增长、社会成员收入的增加反过来又刺激金融的发展。对于发展中国家来说，欠发达的金融业很难促进经济发展，而经济发展的停滞又不利于金融业的发展。二是金融欠发展与经济待发展恶性循环的根本原因在于金融抑制。肖和麦金农认为，如果一国政府采取金融抑制政策，必将导致利率、汇率等金融价格的扭曲，最终会破坏经济增长。受到严格管制的利率和汇率不能真实反映市场需求，而是导致实际利率为负。负的实际利率会产生负收入效应、负储蓄效应、负投资效应和负就业效应。三是发展中国家的金融抑制使政府可能积累财政赤字和加剧通货膨胀，反过来又使政府进一步采取金融抑制的办法，由此形成金融抑制与金融停滞的恶性循环。四是金融深化有助于经济的良性循环。金融深化是指发展中国家消除利率管制，从而刺激储蓄、提高投资收益率。

### 2. 作用路径

（1）金融发展影响贫困减缓的间接路径

金融发展促进经济增长和缩小收入分配差距间接作用于贫困减缓，被称为金融减贫的经济增长效应和收入分配效应。经济增长效应是指，一方面，金融发展促进经济增长，自发地优先发展起来的群体或地区通过消费、就业等方面惠及贫困群体或地区，使整个社会共享经济发展带来的好处，也称作经济增长的涓滴效应。涓滴效应依靠市场的引导作用自发地改善贫困状况。另一方面，当涓滴效应不明显时，政府通过宏观调控使经济增长成果更多地向穷人倾斜，称之为亲贫式经济增长。通常，金融扶贫的经济增长效应多指涓滴效应。收入分配效应则是指金融发展促进经济增长，提高收入水平进而减少收入差距，减缓贫困。

（2）金融发展影响贫困减缓的直接路径

金融发展不仅能够通过经济增长和收入分配等间接作用于贫困减缓，还可以通过多种直接路径影响贫困减缓。收入水平较低的人对金融服务有着不同的需求，有时可能表现得比收入水平较高的人更为迫切（如储蓄），而金融发展则提高了企业和家庭对金融服务的可获得性。针对收入水平较低的人的金融需求设计良好的金融服务产品供给，有利于其促成交易、降低汇款成本、积累资产、减缓收入波动等，从而增加收入水平较低的人的可持续生计的潜力，避免贫困的产生。

金融发展通过提供金融服务直接作用于贫困减缓主要有两种渠道：一是金融发展缓解信息不对称导致的信贷约束，为贫困人群提供信贷服务以保障其正常生产生活的融资需求；二是提供储蓄服务，储蓄利息能增加人们的收入，同时帮助其实现资金的积累以增强对未来收入不确定性风险的抵御能力。

（3）金融发展影响贫困减缓的微观路径

金融发展影响贫困减缓的微观路径主要有两个方面：一是金融发展直接作用于中小企业，影响企业的融资渠道和资本结构，进而影响企业的发展方式和职工待遇；二是金融发展直接影响居民的理财行为和投资决策。中小企业大部分属于劳动密集型企业，对工人的技能要求比较低，为非熟练劳动力提供了大量非农就业机会。中小企业的发展有助于贫困人口通过就业增加非农收入，并形成自我发展能力，从而实现脱贫。

3. 实证分析

编者通过对西部地区金融发展现状的分析，发现西部地区金融发展存在较多问题，如西部地区整体金融环境相对落后；金融总量和经济金融化程度相对偏低；信贷投放结构不合理；金融体系发展尚不完善；保险业功能发挥尚显不足，这其中不乏西部地区自然资源、生态环境资源差异较大，整体发展基础相对薄弱等原因，但更多的是缺乏结构完善、直接融资与间接融资并存的金融体系支撑，使整体经济缺乏金融的有效支持而难以形成良性发展。

根据西部地区金融发展的现状，本书对西部地区金融发展进行优劣势分析，发现除宏观政策倾向外，西部地区的支付体系、法律环境、公司治理、会计准则、信用环境，以及由金融监管、中央银行的最后贷款人职能、投资者保护制度组成的金融安全网等金融基础设施也在不断地完善改进。在智慧城市建设中，西部地区具备后发优势。例如，在智慧能源方面，西部拥有充沛的太阳能资源。西部地区应当"弯道超车"，建成更绿色、低碳、可持续发展的新型城市。同时，"一带一路"建设也有利于调动全国的资源来推动西部地区城市的信息化和智慧化。

然而，恶劣的自然条件，使金融扶贫风险增加；基础设施条件差，增加了金融扶贫成本；不合理的农村产业结构，增加了金融扶贫难度；西部贫困地区的生态环境遭到破坏，增加了信用评级难度；金融扶贫认识缺乏统一性，导致金融扶贫的推广力度低；缺乏有效手段，导致金融生态无法满足经济社会发展需求；配套设施不足，导致金融机构缺乏参与扶贫开发的动力；缺乏正确的认识，贫困户的内生需求不足。以上这些带来了西部地区资本市场在市场规模、资产证券化程度、市场融资能力及市场成熟度等方面的发展难点。

根据金融发展的反贫困理论及西部地区金融发展的现状，本书选取了人均消费水平作为贫困（贫困减缓）指标的被解释变量，选取金融发展效率、金融的波动率、金融发展规模、收入差距、经济增长、教育水平、农业增加值作为解释变量，利用 2006~2017 年的西部地区金融数据进行回归分析，发现金融发展促进贫困减缓的直接效应与间接效应作用明显，并根据这一结果，提出了相关对策与建议。

## 1.3　研究思路及方法

### 1.3.1　研究思路

首先，构建理论分析框架。通过对相关文献的检索与整理等，归纳总结金融发展理论、贫困减缓理论，借鉴相关研究成果，构建金融发展影响贫困减缓作用机制的分析框架。其次，实践调研。通过实地调研进行数据采集，并以案例分析等方法对西部金融发展与贫困特点、金融减缓贫困措施效果进行分析评述，深入分析二者发展的实践轨迹。再次，构建实证模型，以西部地区各省（自治区、直辖市）数据对金融发展与贫困减缓的关系进行实证分析，并进一步检验金融发展直接减缓贫困的作用机制，从而明确金融发展对贫困减缓的影响。最后，在理论、实践与实证分析结论基础上，采用系统分析法阐述金融发展减缓贫困的政策启示及对策建议，并对未来的研究进行展望。

### 1.3.2　研究方法

1）理论与实践相结合。理论是研究的基础，实践是对理论的检验。本书以相关理论为指导，对我国实际问题进行分析，通过文献检索、资料整理对相关理论进行梳理，从而构建分析框架。

2）定性分析与定量分析相结合。对西部地区金融发展、贫困问题采用面板数据回归模型进行定量分析，进一步说明金融发展对贫困的减缓作用。

3）规范分析与系统分析相结合。本书运用规范分析的方法，以相关理论为基础，对相关研究成果进行归纳和演绎，以构建金融发展影响贫困减缓的分析机制作为分析的基础，并运用系统分析法对相关结论进行总结，提出政策启示和对策建议。

# 1.4 创 新 之 处

1）结合金融发展理论、贫困减缓理论和精准扶贫政策，在理论分析和实证研究基础上，形成能引导我国金融减贫政策的体系，完善金融发展减贫理论，达到国内相关研究的先进水平。

2）研究范式突破单一计量研究模型，采用多学科工具方法进行综合研究，实现多学科下的内涵分析与模式设计结合、多手段下的制度分析与计量分析结合，拓展金融减贫研究方法的新边界，为西部地区金融减贫问题研究范式的转换和深化奠定基础，丰富精准扶贫的研究方法，丰富金融减贫的实证文献和政策研究。

3）研究视角创新。本书通过对西部地区贫困减缓面临的严峻挑战和制约因素进行研究，探索西部地区金融发展现状及反贫困的制度安排和战略途径。面对西部地区反贫困的严峻现状，本书在总结西部金融发展对反贫困效应的成功案例及经验启示的基础上，立足西部地区反贫困现状，从全面建成小康社会的视角，以缩小贫富差距和实现经济发展为主线来研究地区贫困问题，创新性地从西部地区反贫困的战略定位和特殊发展背景出发，全面分析和总结促进金融发展以带动反贫困效应的对策和建议。

# 第 2 章　金融发展与反贫困相关理论述评

金融发展与反贫困一直是学者和政策制定者关注的重要问题。一些国家的经验表明，贫困群体脱贫时遇到的最大困难就是资金的限制，而此时，金融机构尤其是中小金融机构可给予帮助，金融中介机构的金融服务对反贫困有着重要意义。因此，应充分认识金融发展对反贫困的作用，加大金融产品创新，规范引导金融信贷投向，构建普惠的金融服务体系，同时规避金融风险，促进金融发展环境建设，能够有效发挥金融发展对反贫困的作用。

## 2.1　金融发展理论简述

20 世纪 60 年代以前，金融只被当作工业化和资本积累的工具，并未得到发展经济学家的重视。后来，由于很多国家面临资金短缺、金融发展滞后抑制经济发展等问题，经济学家开始对金融发展理论研究进行深化和创新，使之与发展经济学产生了密切关系。

### 2.1.1　金融发展的含义

金融发展与经济增长理论的基础是由戈德史密斯在《金融结构与金融发展》的研究中所奠定的，但由于戈德史密斯将金融结构的基本内涵理解为金融工具（金融资产）和金融机构，其结论必然是：金融结构越复杂，金融发展程度越高，经济越发展。这一逻辑演绎并不必然成立。对此，戈德史密斯本人在分析英、美、德、日等同为经济发达国家后也不得不承认："即使在长时期内，实际国民生产总值增长率与金融相关比率增长率之间也无密切的相互联系，但不能否认两者之值有正向关联。"[①]因此，戈德史密斯的单纯以金融资产和金融机构的数量增长为内容的金融发展观具有明显的片面性和狭隘性。

进入 20 世纪 60 年代，美国经济学家罗纳德·麦金农（1973）和爱德华·肖（1973）各自发表了具有深远影响的两部著作——《经济发展中的货币与资本》与《经济发展中的金融深化》，分别从"金融抑制"与"金融深化"角度研究了金融

---

① 雷蒙德·W. 戈德史密斯，1993. 金融结构与发展[M]. 北京：中国社会科学出版社：346。

结构，对内源融资与外源融资两类融资方式进行了分析。实际上，金融机构与金融市场是经济不同发展阶段的产物，直接融资方式与间接融资方式也是适应于不同经济发展阶段所需要的两种融资方式，二者之间是既竞争又互补的关系，而并不是完全竞争的关系。在我国，白钦先教授等人在其编写的《金融可持续发展研究导论》中提出，金融发展不仅意味着经济中金融资产和金融机构等金融结构诸要素的增长，还包括随之出现的金融体制的变迁，以及金融活动与变化的一般社会经济金融环境相适应程度的提高。同时，他对金融结构变迁的动因提出了概括性的"运转环境"理论，并指出任何金融体系的产生、发展、演变与运行都必须依赖于一定的社会环境、经济环境和金融环境。

综上所述，金融发展理论是随着经济而不断发展起来的，不断地被完善和丰富。本书认为金融发展的实质就是金融功能不断完善和发挥，金融要素在经济发展过程中的作用不断突出，进而可以提高金融效率，推动经济的增长。

## 2.1.2 金融发展理论的演进过程

### 1. 金融发展理论的思想渊源

金融发展理论是由麦金农和肖于 1973 年创立的。他们都主张在发展中国家实行金融自由化。从这个意义上讲，麦金农和肖理论的思想渊源是英国哲学家约翰·洛克、亚当·斯密和杰里米·边沁等的自由主义思想。

金融发展理论还可追溯至经济学家约瑟夫·熊彼特。熊彼特在《经济发展理论》（1912）一书中指出，为了试用新技术以求发展，企业家只有先成为债务人，才能成为企业家。关于金融和发展的关系，他认为，"在这种意义上的信贷提供，犹如一道命令要求经济体系去适应企业家的目的，也犹如一道命令要求提供商品去满足企业家的需要：这意味着把生产力托付给他。只有这样，才有可能从完全均衡状态的简单循环流转中出现经济的发展"（熊彼特，1990）。

### 2. 金融发展理论的思想基础

20 世纪五六十年代，肖、格利、帕特里克、希克斯和戈德史密斯等所作的开创性研究，为麦金农—肖理论的建立奠定了思想基础。

（1）肖和格利的思想

肖和格利于 1955 年 9 月在《美国经济评论》发表的《经济发展的金融方面》一文和 1956 年 5 月在《金融杂志》上发表的《金融中介体和储蓄—投资过程》一文，对金融中介体在储蓄—投资中的作用和金融与经济的关系进行了阐述。

《金融理论中的货币》一书是肖和格利观点的汇总和发展。他们的共同观点是，货币金融理论应该包括众多的金融资产，各种非货币金融中介体也在储蓄—投资过程中扮演着重要角色。

区分"内在货币"和"外在货币"是肖和格利的突出贡献之一。外在货币是政府购买商品和劳务时或在进行转移支付时发行的货币。内在货币是政府购买私人证券时发行的货币。外在货币是私人部门的债权,内在货币同时是私人部门的债权和债务。外在货币的实际价值与价格水平变动方向相反,而且这种实际价值的变动必然意味着财富在私人部门和政府之间的转移。在现代经济中,大部分货币是内在货币。内在货币实际价值的变动只能使财富在不同的私人部门之间发生转移。

(2)帕特里克的思想

美国经济学家帕特里克在 1966 年发表的《欠发达国家的金融发展和经济增长》一文中指出,对金融发展和经济增长关系的研究主要有两种方法:一是"需求追随"方法,强调的是金融服务的需求方随着经济的增长,不断完善金融体系;二是"供给领先"方法,强调的是金融服务的供给方,金融机构、金融资产与负债和相关金融服务的供给先于需求。他认为,需求追随与供给领先在实践中是交织在一起的。金融体系对资本存量的影响体现在,提高了新资本的配置效率、提高了既定数量的有形财富或资本的配置效率、加快了资本积累的速度等方面。

(3)希克斯的思想

1969 年,英国经济学家希克斯在《经济史理论》一书中认为,在缺乏金融市场的情况下,新技术的应用是无法实现的,因为它需要大量的投资于特定项目和高度非流动性的长期资本。工业革命只有在金融革命后才能发生,而不是技术创新的直接结果。

(4)戈德史密斯的思想

美国经济学家戈德史密斯 1969 年在《金融结构与金融发展》一书中,提出了衡量金融结构与金融发展水平的存量指标和流量指标,其中金融相关比率最为重要。他得出的研究结论是:经济与金融的发展存在平行关系。伴随着总量和人均收入与财富的增加,金融结构的规模及其复杂程度也在增加。经济飞速增长的时期也是金融发展速度较快的时期。

另外,格申克龙和卡梅伦对德国、日本、苏联等银行业和经济发展关系的考察也对麦金农—肖理论的形成起到某种程度的催化作用。

3. 金融发展理论的形成

前述列举的有代表性的金融发展的重要思想只散见于各论著中,没有形成一个完整的体系,只能构成金融发展理论的渊源和基础。1973 年,麦金农《经济发展中的货币与资本》和肖《经济发展中的金融深化》的相继问世,标志着金融发展理论正式形成。

（1）麦金农—肖理论的主要观点

麦金农和肖研究的对象是金融受到抑制的发展中的经济。他们的基本观点是：包括利率和汇率在内的金融价格的扭曲以及其他手段使实际增长率下降，也降低了金融体系的实际规模。

肖批判了传统的货币金融观，认为传统的货币金融观、财富观及凯恩斯的假设条件均不符合欠发达国家的实际。麦金农批判了货币主义模型和凯恩斯主义模型，认为模型的假设脱离发展中国家的实际。两人都主张把金融自由化作为促进增长的经济政策。

以图 2-1 说明麦金农—肖内在货币模型与麦金农理论和肖理论的共同之处。图 2-1 中，$II$ 代表投资函数，它是实际利率的减函数。$S(g_0)$ 代表经济增长率为 $g_0$ 时的储蓄函数，它是增长率的增函数，也是实际利率的增函数。$FF$ 线代表金融抑制，在 $a$ 点，政府对名义利率加以管制，使实际利率 $r_0$ 低于均衡水平。实际投资被限制在 $I_0$ 的水平上，$I_0$ 是实际利率为 $r_0$ 时的储蓄数量。

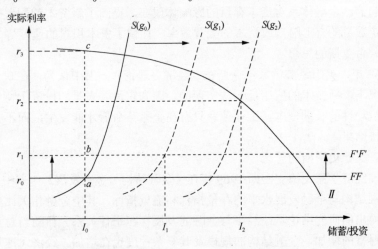

图 2-1　处于利率上限下的储蓄和投资

如果利率上限只施加于储蓄者利率，那么，投资者/借款人面临的利率就是图 2-1 中的 $r_3$，$r_3$ 使供给有限（储蓄量为 $I_0$）的市场出清。虽被管制但仍存在竞争的银行体系将利差 $r_3-r_0$ 用于非价格竞争，实际货币需求总是随着实际存款利率的下降而下降。

在大多数金融受到抑制的经济中，存、贷款利率都有上限。在银行确实遵守贷款利率上限的情况下，可贷资金的非价格配给现象必然发生。信贷不是根据投资项目的预期生产率，而是根据交易成本和所感知的违约风险来配置的。图 2-1

中的 $r_0acr_3$ 部分代表受担保品的质量、政治压力、"名誉"、贷款规模及贷款经手人暗中收受的好处等影响得到资金的投资项目。

在贷款利率上限有约束力的情况下，金融机构无法收取风险溢价，这使相当一部分潜在收益率较高的投资项目得不到贷款支持。对那些得到资金的投资项目来说，其收益率趋向于正好超过上限利率，但也不会超过太多，图 2-1 中的 $r_0abr_1$ 部分代表这些投资项目。

利率上限使经济发生扭曲体现在以下 4 个方面。一是低利率使人们偏向于当下消费，从而使储蓄低于社会最优水平。二是那些能以低的贷款利率得到资金的银行借款人会选择资本密集型的项目。三是潜在的贷款人从事收益率低的直接投资，而不是将钱存入银行再由银行贷出。四是具有低收益项目的企业家不愿意以较高的市场出清利率借款。

在选择性或指导性信贷计划下，银行发放给经济中优先发展部门的贷款都会遇到拖欠或逾期问题。高的拖欠率和违约率使金融体系的灵活性下降，脆弱性上升。

在图 2-1 中，当把利率上限从 $FF$ 线提高到 $F'F'$ 线（从 $r_0$ 提高到 $r_1$）时，储蓄和投资都增加。在这种非均衡状态下，实际利率的变化使储蓄函数随之发生变化。利率上限的提高也使企业家不再投资那些低收益项目（位于 $F'F'$ 线之下）；在较高的利率 $r_1$ 下，这些项目不再有利可图了。这样，总投资的平均收益（或效率）提高了。在这一过程中，经济增长率上升，储蓄函数移至 $S(g_1)$。

麦金农和肖针对金融受到抑制的经济，提出的政策建议是：降低通货膨胀率或提高名义利率。投资最大化和投资平均效率进一步提高是利率上限取消的最优结果。图 2-1 中的均衡点（$I_2$，$r_2$）和较高的经济增长率（$g_2$）说明了这一点。

（2）麦金农的互补性假说和肖的债务中介观

传统理论认为，实际货币余额与投资存在替代效应，原因在于实际利率（$d-\pi^e$）（$d$ 表示名义利率，$\pi^e$ 表示预期通货膨胀率）的变动。麦金农通过考察发展中国家得出结论，实际货币余额和投资是一种相互补充的关系。他认为，由于市场经济不发达，经济间的隔绝和市场的割裂使各经济单位生产技术相差悬殊，同种产品的价格也不一致，资产收益率不可能有平均化的趋势。因此，企业家难以预测增加投资的边际收益，降低实际利率不能刺激投资。麦金农认为，在市场经济不发达的条件下，发展中国家的首要目标是尽可能多地积累资金，提高实际利率会刺激储蓄水平的提高，增加资金积累，而储蓄的增加会引起投资的上升。这样，实际利率水平与投资是正相关的函数关系。

麦金农的模型依赖于两个经济学假设：投资支出的不可分性具有极大重要性；所有经济单位都局限于自我融资。麦金农认为，在欠发达国家，货币和实物资本存在互补关系，这种关系在货币需求函数中的反映如下：

$$M / P = f(Y, I / Y, d - \pi^e) \tag{2-1}$$

式中，$M$ 为货币存量；$P$ 为价格水平；$Y$ 为实际国民生产总值；$I$ 为总投资；$I/Y$ 为总投资与实际国民生产总值的比率；（$d - \pi^e$）为实际存款利率。

麦金农互补性假说的基本表达：

$$\partial(M / P) / \partial(I / Y) > 0$$

$$\partial(I / Y) / \partial(d - \pi^e) > 0$$

也就是说，实际货币存量与投资呈正相关关系，投资与实际利率水平也呈正相关关系。

肖认为实际货币余额与投资并不存在互补关系，经济单位仅仅限于自我融资，是由于没有发挥金融中介机构的作用，其对凯恩斯的融资动机理论和新古典货币增长模型持反对态度，而坚持他一贯强调的债务中介观。格利和肖强调发展中国家和发达国家的金融体系存在巨大差异，发达国家拥有复杂而健全的金融机构体系，有利于在储蓄者和投资者之间建立有效的中介关系。肖认为，存在于储蓄者和投资者之间的金融中介不断拓展，依赖金融自由化不断深入，当利率受到政府管制时，金融中介就被严重地抑制。债务中介观强调银行体系中自由准入和竞争的重要性。债务中介观是严格建立在内在货币的基础之上的，其货币需求函数可以用下式表示：

$$M / P = f(Y, v, d - \pi^e) \tag{2-2}$$

式中，$v$ 为持有货币的机会成本。

在债务中介观中，投资者已经不限于自我融资，当机构性的信贷不存在时，非机构性的信贷就会必然出现。

肖和麦金农的金融自由化理论虽然有所差别，但在基本理论立场和政策倾向方面还是一致的。有学者认为，麦金农和肖的理论是相互补充的关系。摩尔赫认为："麦金农的互补性假说强调存款在鼓励自我融资形式的投资中的作用。存款利率的提高使得积累储蓄的回报更高，并且提高了内在融资形式的投资数量，这就刺激了对于资本的需求。肖的债务中介观，则关注存款积累在扩张金融中介潜在贷款中的作用，更高的存款利率鼓励存款向银行的流入，而银行的存款流入可以提高贷款数量，从而刺激了外部融资形式的投资。尽管肖和麦金农的论文中强调金融资产和负债积累过程的不同侧面，但是迄今为止的探讨很清楚地表明，这两种理论是互补的而非相互竞争的关系。这两种理论的互补性在于，大部分项目部分依赖于自我资金融资，部分来源于借款。"（王曙光，2010）同时，麦金农和肖的金融自由理论对传统的经济增长模型做了重要修正，从而在经典的哈罗德—多马模型中，加入了金融深化这个变量。传统的哈罗德—多马模型中经济增长速度是储蓄倾向与资本生产率的乘积，即：

$$G = S / K = SQ \tag{2-3}$$

式中，$G$ 为经济增长率；$S$ 为储蓄倾向；$K$ 为加速系数；$Q$ 为资本生产率。

但是从金融深化论的发展观来看，发展中国家中的储蓄倾向不是一个常数，经济发展和金融深化程度对其具有直接影响，这说明，$S$ 与 $G$ 和 $F$（表示金融深化程度）存在正的函数关系。因此，传统的哈罗德—多马模型在金融自由化的视角下就成为

$$G = S(G, F)Q$$

金融自由化是对传统经济增长理论的重要拓展。它强调金融中介的作用，强调发展中国家金融市场的联结和消除割裂状况中的作用，从而把金融自由化和经济增长这两个变量结合起来。

（3）对麦金农—肖理论的评价

麦金农—肖理论是基于市场机制的自发力量可以使之处于一种均衡状态——帕累托最优状态。麦金农—肖理论主张尽可能地减少政府对金融的干预，这是其理论的一大特色。

麦金农—肖理论突破了新古典主义和凯恩斯主义的货币和物质资本具有替代关系的观点。他们主张推行金融自由化，认为金融自由化政策既能避免通货膨胀，又不会使经济出现衰退。另外，麦金农对金融、财政和外贸三者关系的深入考察和精辟分析，有助于了解经济扭曲的深层次原因，也使麦金农—肖理论从一种观点上升为较完整的体系。但是，麦金农—肖理论根据影响利率的表面现象来说明利率的形成，没有触及决定利率的真正基础。他们的理论要求资金市场是完全竞争的，这实际是不存在的。因此，麦金农和肖极力主张的金融和外贸全面自由化及财政完全中性只是一种理想而已。

麦金农—肖理论的研究对象是以私有制为基础的发展中国家，有的分析也适用于发达国家。对公有制完善和市场机制健全的社会主义国家来说，其理论也有一定的应用价值。但是，如果公有制不完善或市场机制不健全，麦金农—肖理论的应用就受到极大限制。

### 4. 金融发展理论的最初发展

麦金农和肖的最大贡献是在 20 世纪 70 年代建立了一个用于分析金融自由化和经济增长关系的框架，从金融的角度指出了金融抑制给有关国家带来的不良后果，主张发展金融市场体系，在发展中国家推行金融自由化政策。但麦金农—肖理论的很多观点还停留在经验水平上，理性分析尚显不够，其模型也不具有动态特征。

继麦金农和肖之后，其分析框架经巴桑特·卡普尔、维森特·加尔比斯、唐纳德·马西森等人从不同角度发展逐步完善。其中，国际货币基金组织经济学家马西森和新加坡国立大学经济学教授卡普尔的模型最具代表性。

马西森—卡普尔模型的研究对象是劳动力过剩的发展中经济，用哈罗德—多马总量生产函数作了描述：$Y = \sigma K$，$Y$ 为实际产出，$K$ 为所用总资本，$\sigma$ 代表产出资本率。马西森—卡普尔模型只考察金融条件对投资数量（$\Delta K$）的影响。实证表明，金融自由化对投资质量的影响要大于对投资数量的影响。

麦金农和肖的追随者在 1973 年之后陆续发表了一些论文，但其内容仍在麦金农—肖理论框架之内。学术界把麦金农和肖的追随者统称为麦金农—肖学派，其模型统称为金融抑制模型。

### 5. 金融发展理论的深化

20 世纪 90 年代，金融发展理论有了新的突破：一是对金融中介体和金融市场的内生形成进行了解释；二是对金融中介体和金融市场对经济增长的作用进行了解释。学者为此建立了大量的理论模型和实证模型，如垄断竞争条件下和完全竞争条件下的内生增长模型、史密斯—本西文加模型、博伊德—史密斯模型、施雷夫特—史密斯模型、布—塔科尔模型、杜塔—卡普尔模型、格林伍德—史密斯模型等，这些模型从不同侧面反映了他们对一些问题的看法和政策主张。这些政策主张比较适合发展中经济和转型经济。归纳总结，20 世纪 90 年代金融发展理论家主要政策主张如下。

（1）金融中介体和金融市场在不同经济发展阶段具有不同作用

金融市场的形成条件在内生金融中介体和内生金融市场模型中要求更多，也更为严格，而金融中介体的形成条件比较宽松。当经济很不发达时，人们只能通过组建金融中介体控制或降低交易成本和信息成本。当经济发展到一定阶段之后，人们才有能力参与金融市场，金融市场才得以形成。

在经济发展的早期阶段，通过对社会存在潜在储蓄资源的挖掘，金融市场得到发展。此时，金融中介体中的资源可以从这种挖掘中获取一定好处，在没有外来干预的情况下，金融中介体在与金融市场的竞争中往往能够胜出。金融市场和金融中介体在经济发展的早期阶段是互补的，并非此消彼长的关系。

当金融市场发展到一定阶段时，储蓄资源基本全被挖掘，此时就发生了与早期阶段不同的情况，金融市场越发展，储蓄资源从金融中介体转移至金融市场的就越多，二者由互补关系变为替代关系。在经济发展的高级阶段，境内企业可以发行股票和债券到境外上市，金融中介体和金融市场谁在金融体系中占主导就不重要了。

（2）金融自由化的先决条件

20 世纪 90 年代，金融发展理论家罗伯特·莫顿和兹维·博迪与麦金农—肖学派的主要不同在于，他们认为实行金融自由化的先决条件是良好的宏观经济环境和微观基础，否则金融自由化就不能实行。良好的宏观经济环境、严格的财政纪律和微观基础包括公平的税收制度、稳定的物价、对商业银行适当的监管等。

（3）政府在提供流动性方面的作用

在经济活动中，生产者和消费者都需要流动性。金融中介体和金融市场可以满足他们对流动性的需要。此外，政府通过发行国债和进入国债市场也可以对经济领域中流动资产的数量产生影响，成为流动性的公共供给者。

（4）发展中经济和转型经济的金融发展路径

一般情况下，发展中经济和转型经济不能满足金融自由化所需要的先决条件，这就意味着金融自由化道路是行不通的，20 世纪 90 年代金融发展理论家提出的"金融约束"[①]为此提供了答案。

"金融约束"由托马斯·黑尔曼、凯文·默多克和约瑟夫·斯蒂格利茨提出，这种提法是为了区别"金融抑制"和"金融自由化"，其主要内容是对进入和来自资本市场的竞争加以限制，对存款利率和贷款利率加以控制等。金融约束是指一系列的金融政策，目的是为金融部门和生产部门在追逐租金机会中把私人信息并入配置决策中并为其提供必要的激励，从而缓解那些有碍于完全竞争的、与信息有关的问题。但金融约束有两个条件，一个是宏观经济环境必须稳定，另一个是实际利率必须为正。

### 6. 金融发展理论的最新成果

20 世纪 90 年代，很多学者从不同角度对不同国家金融发展水平的差异进行深入的研究。

Greenwood（1990）等人通过实证研究出了金融中介的发达程度会对经济产生促进作用，他从这一结果认定金融中介的成熟度可以作为地区金融发展的代名词。Merton 和 Bodie（1993）创新性地使用金融功能来衡量金融发展，并认为随着时间和空间的变化，金融功能比金融机构更具稳定性，金融功能比组织结构更具效率性，更能带动一个国家的经济增长。Levine（1997）在前人研究的基础上总结和拓展了金融发展的内涵，他认为金融应该包含五种功能，金融发展通过其具体的金融功能影响一个国家的资源禀赋和发展水平，这对后续学者的研究产生了深远的影响。

---

① "金融约束"这一术语由黑尔曼等提出。他们认为，对于发展中经济和转型经济而言，金融抑制的经历是痛心疾首的，而推行金融自由化又达不到预期效果，所以必须走第三条道路，即所谓的"金融约束"。

2003 年，拉詹和津加莱斯提出的金融发展利益集团理论，将政治因素包含在金融发展研究中，强调了政治权力对金融资源配置和金融活动的直接影响。他们认为，金融业和其他产业的利益集团通常难以在金融发展中获得利益；相反，一些新企业进入并从金融发展中获得收益，还会破坏金融业与其他产业利益集团的信用关系。因此，这些既得利益集团会采取一些措施阻挠金融发展，各国在金融发展水平上存在的差异往往因此而形成。

Guiso，Sapienza & Zingaies（2000）认为，一个国家的社会资本水平越高，其信任程度越高，金融发展水平也越高。他们用 Tobit 模型[1]和 Probit 模型[2]考察了意大利相关家庭和企业的数据，认为社会资本是信任水平重要的决定因素，而信任水平又是融资合约的基础，尽管影响融资合约的制度因素在回归分析中难以控制，但借款人的可信程度仍是交易实施的重要保障。

20 世纪 90 年代末以来，除了对国外理论的实证研究外，我国还产生了金融可持续发展理论（白钦先，1997）和金融效率论（王振山，2000）等新理论。金融可持续发展理论强调，金融发展要与经济增长相协调、相适应。有效的金融调节可以通过金融中介或融资双方或多方，在市场服务体系下实现金融资源的帕累托效率配置。孔祥毅（2001）将两者融合，认为金融高效率发展是金融可持续发展的前提，金融的协调运行又是金融高效率发展的前提。

综上所述，国内外围绕金融发展与经济增长的关系研究金融发展理论，其方向是正确的，充分体现了金融发展理论的目标性；随着金融在各领域作用的强化，一些研究逐步将其与政治、法律、社会、效率及可持续发展相结合，使金融发展理论不断扩充、完善和创新，并成为经济理论中的重要组成部分。

### 2.1.3　金融抑制论与金融深化论

1. 金融抑制论

（1）金融抑制的内涵和传统解释

金融抑制的实施者是政府，其实施的基本工具是对金融市场中的价格和交易进行干预，以实现政府的经济发展战略。从长期来看，金融抑制的实行破坏了稀缺资源配置的市场机制和价格体系，难以发挥金融体系有效配置资金的功能，对金融增长和经济的长远发展产生不利影响。

有些国家要对金融市场体系进行金融抑制，其深层次的原因是什么呢？肖的解释是，在经济欠发达的国家，高利率具有剥削性，要保护弱势群体不受垄断力

---

① 1958 年托宾提出的一种刻画非负因变量与自变量之间关系的模型。

② 将标准正态分布作为随机误差项分布进行回归的一种二元离散选择模型。

量的剥削，国家就有义务限制利率水平，防止经济的停滞和失业率过高。肖还认为，由于某些国家市场机制不完善，只有通过政府对金融体系的行政性干预才能实施国家货币政策和实行宏观调控。这些解释还不能形成一个完整的有说服力的理论框架，因为政府在设置利率上限的金融抑制手段之外，还有信贷配给、对于直接融资市场的抑制、汇率管制、对市场准入的严格限制，以及对于某些金融工具和中介机构的交易限制甚至取缔等，这些复杂的金融抑制措施是肖的理论无法圆满解释的。

（2）金融抑制的内在逻辑

20 世纪 80 年代之前执行赶超战略的国家大多采取了金融抑制政策，王曙光（2010）认为，这不能用偶然巧合来轻易解释，而要用历史的分析方法，将触角深入这些国家真实的历史背景和当时的经济状态中，还原历史的本来逻辑，而不是根据抽象理论逻辑去解释。

王曙光认为，经济发展战略的制定对一个国家而言具有重要的政策指示作用，不同的发展战略需要匹配不同的政策措施。发展中国家一旦制定了赶超战略，其面临的目标函数也就随之确定，即在重工业优先发展条件下的资金积累最大化。但发展中国家在短时间内迅速筹集大规模资金非常困难。为了保证赶超战略的实现，逼迫发展中国家面对资金制约的瓶颈来选择合适的政策策略是必要的。

在这样的约束条件下，要实现重工业优先发展的经济赶超战略，就必须做到以下几点：一是要保证重工业发展所需的资金，就要对利率进行限制；二是要克服资金分散的缺陷，就要有能最大限度筹集资金的金融体系；三是要克服国家资金动员能力弱的缺陷，就要有一种对金融体系有效的控制机制；四是要克服外汇短缺的矛盾，就必须对汇率进行严格管制，对外贸进行限制；五是要保证资金按照政府的战略目标有序流动，就必须对金融市场机制进行严格限制。

金融抑制使政府的作用被过分强调，市场的自发力受到限制。较低的贷款利率为工业部门节约了生产的资金成本，改善了它们的财务状况。较低的存款利率使银行可以以非常低廉的成本从储蓄者那里获取资金，达到低成本筹集资金供应工业部门的目的。得到更多资金是符合国家总体发展趋势的，而不符合国家总体发展战略要求的产业就难以得到政府的资金支持。

（3）金融抑制的主要内容

政府实施金融抑制最主要的手段有如下两项。

1）利率管制。我们先假定一种自源融资的情形。在自源融资中，资本的供给依赖生产者自身的资本积累存量，不利用金融中介的资金融通。资本的需求曲线 $W$（图 2-2）由公式 $K=W(Y_K)Y$ 决定，$Y_K$ 是资本的边际产品，即资本的收益率 $r=Y_K$，表示在每一个资本收益率上所对应的相对于收入或产出的意愿资本持有量，即资本产出比率。曲线 $T$ 代表生产函数在每一个资本收入比率（$K/Y$）上所产出的收益率，由公式 $\lambda Y = Y(\lambda K, \lambda L)$ 决定。两条曲线的交叉点决定了一种静态均衡的条件。不管是直接的还是间接的金融中介渠道，都会产生实际要素成本，我们以 $C$ 为每单位资本的实际要素成本。

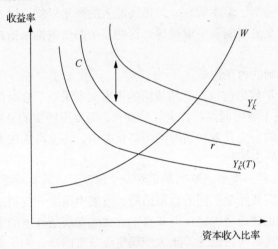

图 2-2　自源融资与外源融资

在图 2-2 中，$Y_K^f$ 代表当投资是依靠金融中介来进行时的资本边际产出，而在自源融资情形下的资本边际产出表示为 $Y_K^s$，即 $T$ 曲线。金融中介由存款性机构所承担且各机构之间充分竞争的时候，金融中介过程中就不存在垄断利润，财富所有者的收益率为 $r = Y_K^f - C$，其中 $r$ 是存款利率，$Y_K^f$ 是融资经济的资本边际产品，$C$ 是每个时期的实际单位融资成本。均衡解为曲线 $r$ 和曲线 $W$ 的交点。单位融资成本越低，表明金融中介越有效率，此时曲线 $r$ 就会越高，均衡的资本密集度就会越高。曲线 $W$ 向右移动的时候，均衡的资本密集度也会提高。金融中介可以通过风险分散和提供适宜的流动性资产比例，来满足财富所有者的需要，从而刺激储蓄率。这是经济中不存在任何抑制性因素的情形。

我们再讨论金融当局为贷款或存款利率设置上限之后对经济和金融体系可能产生的后果。图 2-3 中，贷款利率的上限是 $R_1$，金融中介机构必须保证抵消其单位融资成本，有能力支付的存款利率只能是 $R_2$，在这个存款利率水平线上，金融机构将只能达到 $K/Y_1$ 的资本收入比率水平。由于金融中介必须为其资本收取 $R_1$ 的费用，公司对资本存在过度需求。如果在经济中可供投资的资本数量是 $K/Y_1$，而且其配置效率达到最高，那么它将达到相当于 $R_3$ 的边际资本产品，企业需要支付 $R_1$，其中的差额由企业得到。这个差额使企业会更加努力保证配给的资本的安全性，因为只有其项目的边际生产力超过或等于 $R_1$，企业才会得到利润。假设存款利率上限是 $R_2$，金融机构只能达到的存款收入比率为 $K/Y_1$，这样数量的资本被配置到企业，并没有贷款利率上限，金融中介可以收取 $R_3$ 的费用，在弥补融资成本之后可以得到 $R_4$，因而金融机构可能得到相当于（$R_4-R_2$）的经济利润。如果金融中介之间存在竞争，这些剩余可能因为需求增长所带来的成本而被消耗。不管是存款利率的上限还是贷款利率的上限，其经济后果是相似的。$Y_K^s$ 和曲线 $W$ 的交点所决定的收益率高于存款者在金融中介中所得到的收益，那么他们就有返回到自源融资的倾向。这样，金融中介在经济中的积极作用就被大大削弱了。

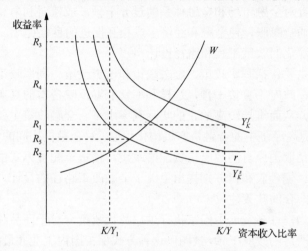

图 2-3　设置利率上限的经济后果

　　2）结构性金融抑制。在实践中，除价格性的金融抑制外，结构性的金融抑制也是最基本的形式之一。结构性金融抑制中最常见的是政府对直接金融和间接金融在国家金融体系中所占比重的干预。在许多发展中国家，银行部门是筹集和分配资金的主要中介，受到政府严格的控制和保护。

　　政府的结构性金融抑制表现在以下几个方面。一是对金融市场中金融工具的结构性管制。经济中的资金被固定地集中在几种金融工具上，财富所有者在投资决策中缺乏多样性的选择，这降低了财富所有者的投资收益，也不利于风险的分散。二是对货币市场比率和资本市场比率的人为控制。货币市场和资本市场的抑制，降低了资本的流动性，不利于政府的宏观经济调控和企业微观效益的改善。三是对国外资本的进入限制。金融市场的封闭性是发展中国家金融抑制的重要特征。四是在严格的金融市场业界隔离上，应利于金融业的监管，但这阻碍了金融资产组合的多样性，也不利于金融市场内部的竞争机制发挥作用。

　　以历史性的眼光对金融抑制进行评价，短期效果确实有助于发展中国家政府战略目标的实现，有助于政府的金融监管。但从长期看，金融抑制政策使金融体系内的结构发生扭曲，降低了整个金融体系的效率，难以达到长远的经济发展目标。

2. 金融深化论

金融深化论亦称"金融自由化理论"，是研究发展中国家金融与经济发展的关系的一种理论。该理论认为，发展中国家要发挥金融对经济发展的促进作用，必须放弃其所奉行的"金融压制"政策，推行"金融自由化"或金融深化。也就是说，政府应放弃对金融市场和金融体系的过分干预，放松对利率和汇率的控制，并有效地抑制通货膨胀，使金融和经济形成相互促进的良性循环。

（1）金融深化的政策工具和路径设计

金融深化主要包括利率政策、金融政策和信贷政策。利率政策是让市场机制决定利率水平，政府不直接干预，这样利率就能够反映资本的真实程度，有利于治理通货膨胀，从而维持较高的正的实际利率水平。金融政策主要是建立多样化的金融机构，提高经济中的金融资产机构化程度，对金融机构间的竞争予以鼓励。信贷政策主要是取消原有的政府信贷配给政策，使资金配置方式由政府主导转向市场机制主导。麦金农和肖分别提出了关于金融改革路径的设计方案和各种宏观经济政策有效配合的政策建议。

麦金农认为，许多发展中国家执行进口替代政策，对于商品和服务的国际流动采取广泛而严格的政府干预，试图以这种方式保护国内工业并最终实现工业化。实践证明，这种做法是非常失败的。麦金农主张在金融制度改革的同时进行外贸体制的全面自由化，从而在投资结构得到改善的前提下逐步减少并最终全部取消对进口和出口的行政性干预。在汇率的改革方面，他主张采取"滑动的汇率平价政策"。肖主张将外贸体制的改革与金融体制的改革加以结合，以汇率改革为突破口，建立完善的外汇交易市场。在财政政策方面，肖认为，发展中国家经济的稳定增长要求财政政策和金融政策相互补充协调，金融体系效率的提高应该与非金融体系（外贸体系、财政体系、汇率政策）结合考虑才会奏效。

（2）金融深化程度的度量

金融深化程度的度量是综合和全面的，常见的有以下 5 种。

1）经济货币化程度。麦金农最早使用货币化指标来比较欧美国家和亚非拉等发展中国家金融深化程度的差异。世界银行在《1989 年世界发展报告：金融体系和发展》一书中，采用货币化指标作为金融深度衡量指标来评价各国金融体系。历史经验说明，经济货币化进程是由国家干预型经济向市场主导型经济转轨过程中必经的历史阶段，一国金融深化的首要表现就是经济货币化。

2）价格市场化程度。价格市场化程度是金融抑制程度的显示器，可以反映金融深化程度，主要通过实际利率水平和银行存贷利差考察一国的利率市场变化情况。实际利率为负，表明金融深化程度较低；利差越大，则金融机构的利润水平就越高。在实践中，通常采用官方名义汇率与非官方市场汇率的差异、资本流动管制强弱两项指标对金融深化程度进行衡量。

3）经济金融化程度。通常以金融相关比率作为比较国家间经济金融化过程的指标。金融相关比率是金融资产总额与国内生产总值的比例。非货币金融资产和货币金融资产构成了金融资产的总量。非货币金融资产包括股票、债券、基金等，货币金融资产是作为交易媒介的金融资产。随着以货币为媒介的商品流通在经济生活中主导地位的确立，人们开始转向货币形式的储蓄，由此推动了经济的货币化过程。

4）金融多样化程度。金融深化不仅意味着金融体系规模的扩大，也意味着金融多样化。金融深化过程涉及两个方面的变化：一是金融机构的多元化；二是金融工具的多样化。金融机构多样性的发展会使金融结构趋于高级化；金融工具多样性能满足不同需要的偏好，能很好地发挥金融功能。

5）金融健全化程度。作为商品经济和信用发展产物的金融市场包括货币市场、资本市场、期货期权市场、外汇市场等。金融健全化程度与商品经济的发展程度、金融机构体系的发展程度、信用制度的发展程度密切相关。一个健全和完善的金融市场不仅有助于促进经济的健康发展，而且对金融深化程度的衡量也是至关重要的。

### 2.1.4　金融对区域经济发展的综合影响

金融发展对经济增长的促进作用，是通过金融体系的融资功能、资产流动与重组功能、筹资用资的风险约束功能体现出来的。金融发展不仅可以促进区域资本的形成，而且还具有促进产业结构的优化、企业活力的激发和内生经济增长机制的建立等功能。

#### 1. 金融发展促进区域资本的形成

（1）资本是区域经济增长的推动力

把一定规模的资本及资本形成看作一国或区域经济增长的重要源泉，是各经济学流派的共同点。

亚当·斯密在 1776 年《国民财富的性质和原因的研究》（简称《国富论》）一书中分析了资本积累对一国财富增长的重要性。他认为，要增加生产性劳动者的数量，就要增加资本，增加维持生产性劳动者的基金。要增加同数量受雇佣劳动者的生产力，唯有缩减劳动的机械和工具，增加那些便利劳动，或者把它们改良……，但无论怎样，都有增加资本的必要。斯密还提到了资本的投向问题，他指出：一切资本，虽都用于生产性的劳动，但等量资本所能推动的生产性劳动量随用途的不同而极不相同。他告诫人们，必须注意资本的用途，因为它可有效地增加国民财富，促进经济增长。

马克思的资本积累理论认为，资本主义生产的实质是扩大再生产，其前提是资本积累，资本积累的过程也就是剩余价值资本化的过程。他指出，生产逐年扩大有两个原因：第一，投入生产的资本不断在增长；第二，资本使用的效率不断提高。在这里，马克思从资本的数量扩张和质量提高两个方面论述了资本形成与经济增长的正向相关关系。

凯恩斯在《就业、利息和货币通论》中认为，国民产出水平与其增长是由一国的总需求决定的。由于总需求=消费+投资，而消费倾向是一个相当稳定的函数，因此，就业量只能伴随着投资量的增加而增加。凯恩斯提出了以扩张投资为核心的政策建议，即在萧条时期要扩大政府支出，以增加投资需求拉动经济增长。

哈罗德—多马经济增长模型提到了资本形成对经济增长的贡献。哈罗德—多马经济增长的基本方程为

$$G=S/C \tag{2-4}$$

式中，$G$ 为产出增长率；$S$ 为储蓄率；$C$ 为资本产出比率，表示生产单位产品所需的资本数量。

式（2-4）中，因资本产出比率被假定为固定不变的，所以产出增长率就要受制于储蓄率。又由于凯恩斯的 $I=S$ 这一经济均衡条件是该方程式推导的基础，因而在哈罗德—多马的经济增长模型中，储蓄率等同于投资率。在现实经济生活中，储蓄与投资并不经常恒等，因而在储蓄率为一定的情况下，产出增长率还要受制于投资转化率。

1966 年，美国经济学家讷克斯在《不发达国家的资本形成问题》中认为，资本形成不足是不发达国家经济发展的主要障碍和约束，如何促进资本的形成是这些国家经济发展的核心问题。

美国经济学家阿瑟·刘易斯在《劳动无限供给条件下的经济发展》中表明，现代的工业部门和传统的农业部门是发展中国家国民经济存在的两个性质不同的部门。若农业部门剩余的劳动力能顺利向工业部门转移，就必须保证现代工业部门能够不断实现自我扩张，为此，现代工业部门必须不断地追加资本投入。

从上述分析得出的结论是：对大多发展中经济体而言，经济增长的首要和持续推动力是资本及资本形成。世界银行在《1991 年世界发展报告：发展面临的挑战》中表明，1960～1987 年，在发展中国家的经济增长中，资本的贡献最大，体

现技术进步的综合要素生产率的作用则相对较弱；在发达国家，情况却恰好相反。

（2）资本市场对区域资本形成具有重要的支撑作用

从经济增长的角度看，一个地区如果拥有较强的资本形成能力，那么资本短缺只能是一种短期的存在；对于资本形成能力薄弱的地区来说，资本短缺则是一种普遍而长期的存在。

实践表明，资本市场的功能对区域资本形成具有重要的支撑作用，具体表现在以下几个方面。

1）连接储蓄与投资。资本形成的直接推动力是投资需求，供给力是储蓄，但储蓄与投资是经常分离的。金融市场作为资金融通和有价证券买卖的场所，借助各种设备、技术和信用中介机构将资金盈余者的资金转移到自有资金不足的赤字者手中，从而使资本的功能作用得到发挥。

2）为投融资提供选择。金融市场上多种多样的金融工具，可以适应资金供应者在利率、收益、方式、风险、期限等方面的不同需求；资金需求者可根据生产经营状况和所需资金的数量，在金融市场上以贷款或发行证券的方式筹措资金。这样，金融市场通过提供各种可供选择的机会给资金融通双方，从而起到广泛动员、筹集资金和分配社会闲散资金的作用。

3）增强金融资产的流动性。金融市场为资金盈余者变换资金存在形式提供了便利。居民和企业部门可以用现金购买银行储蓄存单、股票、证券及其他金融工具，使货币储蓄转化为投资；也可以将银行储蓄存单、股票、证券等金融资产进行变现，以满足投资者即期支付的需要；还可以通过金融交易互换金融资产，以获得更大收益。对投资者来说，增强金融资产的流动性实际就等于减少了金融资产的投资风险，因此，金融市场提供给金融资产的流动性非常重要。

4）突破障碍聚集资金。从本质上说，资金供给者与资金需求者的反复博弈，会使资金运动向着能够最大限度实现资金保值、增值的方面聚集。金融市场的这一功能对资本形成同样具有深刻意义。

5）提供有效的动员资本的制度。资本市场是狭义的金融市场，上市公司是资本市场的参与主体。资本市场的主要交易工具是上市公司发行的股票、公司债券。因此，股份制企业规模和数量的扩张与资本市场的发展密切相关。实践证明，有限责任制度是一种有效的动员资本制度，它所提供的风险锁定和安全保障使更多的资金盈余者参与投资。

6）政策传导的中介。在市场经济的条件下，政府的作用要由直接手段转变为间接手段。这就需要以金融市场作为政策传导的中介。例如，国家政策性银行要发挥特殊作用，就要进行资金的筹措，其主要通过发行国库券、金融债券来实现；政策性资金的运用需要一定的配套资金，需要股票市场或银行信贷市场的支持。

另外，中央银行的货币政策可以通过公开市场的证券买卖活动来实施，而这种方式对实际货币供应量的调节是经常性的，经济生活也不会因此引起大幅波动。

2. 金融发展促进产业结构的优化

经济发展是产业结构向协调化不断演进的过程。产业的结构状态及其效益与结构竞争力，能真正反映一个地区经济发展的质的进展程度，同时，区域经济只有在产业的结构状态及其效益和结构竞争力不断改善的条件下，才能实现持续有效增长。

金融发展对区域产业结构的优化具有特殊的意义，主要体现在以下几个方面。

1）金融市场的融资功能，有助于缓解以至消除产业结构优化中的资金约束。

产业发展和结构升级的路径如下：一是存量调整道路，在投入要素不变的前提下，通过资本重组促进资源从低效产业向高效产业聚集，进而提高产业结构素质；二是增量发展道路，通过增加资本的投入，加快原有产业的发展和新兴产业的形成。一般来说，在经济发展的早期阶段，以增量发展为主；在经济发展的成熟阶段，以存量调整为主。借助金融发展，吸纳优势资源，增强本地区产业发展和结构升级的能力，这是已被实践证明的经济发展的成功经验。我国的股份制商业银行、非银行金融机构和外资金融机构，都率先出现在东部地区，使东部地区成为我国金融机构的密集区域。资本东流使东部地区能够在短期内迅速积累起产业发展和结构转换的资本供应能力。

2）资本市场的重组功能，有助于促进区域产业结构的调整。

区域产业结构调整作为区域分工调整的重要内容和具体体现，其立足点是资产的合理流动、重组和配置。资本市场作为中介，在区域产业结构调整中必然发挥重要作用。一方面，健康的资本市场能够尽量满足高效益企业和行业的资金融通需求，可有效促进产业结构的调整；另一方面，资本市场的重组功能可以推动资源向优势企业和产业聚集，使优势产业在经济结构中的份额和影响力迅速提高。例如，股权转让和收购兼并，可改变传统行业上市公司的主营业务机构，优化其资产的产业配置，使传统行业的上市公司转变成高成长性产业的上市公司。通过资本市场的收购兼并，可以优化资产的配置，迅速扩大优势企业和行业的规模。

3）金融发展有助于推进区域产业结构的技术升级。

区域产业结构高级化的核心内容是提高产业的技术水平，实现结构的技术升级。金融的支持作用主要表现在以下几点。第一，资本市场的出现及其完善，可以为投资者提供方便灵活的聚集资金、保证资金安全、转移资金的交易场所，促进高新技术产业的发展。第二，金融发展为科技成果的传播开辟了道路。一是金融发展促进了资产在不同区域间的流动、重组，由此带动技术的空间转移；二是金融发展促进了股份公司制度的普及，在这一组织形式下，科技成果的所有人可以非专利技术、工业产权等方式进行出资、持股和分享企业收益，公司制企业明晰的产权为出资者提供的权益保障，有利于科技成果由发达地区转移到欠发达地区；三是金融发展可使金融市场与其他市场（如劳动力市场、技术市场、商品市场）整合，成为比较完整的市场体系，这一体系有助于顺利实现区域经济技术合作。

4）市场化的资金融通机制，有助于提高产业结构调整的效率。

产业升级的根本目的是实现结构经济，缺乏效益的产业升级没有任何意义。在推进产业升级的过程中，应从市场竞争力的现实出发，通过错位经营、分层竞争来减少风险，提高效益。这样的市场选择和产业选择只有在有效的市场环境中才能实现，这不仅需要有相对完善的劳动力市场和商品市场，还需要健全的金融市场为其提供动力和压力。其一，在金融市场上，资金在追逐利益过程中向效益好的企业和产业流动，这必然要加快这些企业和产业的发展；其二，竞争性的融资机制和供给过剩的经济环境，会迫使企业更加重视市场需求，积极开拓国内外市场。

### 3. 金融发展促进企业活力的激发

金融发展不仅为企业提供一种更有张力的融资渠道，而且资本市场中的市场投融资机制还能有力地激发企业的活力，促进企业经营机制的转变。

（1）促进国有资产的战略转移，优化国有经济的产业布局

实践证明，要使企业组织保持活力和效率，一个多元化的企业组织体系必不可少。要实现国有资产的战略转移，加快国有经济布局优化，就要通过企业在资本市场上进行的扩股融资、售股变现、收购兼并、债务重组等自主性金融活动，实现产权置换。借助资本市场的资产流动和重组机制，国有资产可以顺畅而公平地实现变现，并将有限的国有资本集中起来投入需要国有经济加强的产业和领域中；非国有经济也能够顺畅而公平地进入原属国有经济的领地，在市场竞争中焕发出生机与活力。

（2）改变企业的注资方式，促进非公有制企业的发展

非公有制经济不仅以其自身的高效益对地区经济增长做出贡献，而且以灵活的高度市场化的经营机制促进公有制经济乃至整个地区经济的市场化进程。资本市场的开放及其不断完善，会使企业的资本注入方式发生深刻变化。这种变化对于促进地区非公有制企业的发展有着积极的推动作用。在比较完善的资本市场上，非公有制企业完全可以依照法定条件和程序直接在资本市场上发股融资和发债融资，不上市的非公有制企业也可以通过争取作为上市公司产业链条中的一个环节，间接地从资本市场筹得发展资金。另外，资本市场发展带来的企业融资的多元化

格局，弱化了企业对银行信贷的依存力度，为国有银行的改造创造了宽松的环境；同时，资本市场上高效率的投融资机制，对以银行为中介的间接融资领域起到示范、催生、促进的作用。

（3）优化企业融资结构，建立良性的银企关系

在资本市场欠发育的金融环境中，企业融资结构表现为对银行信贷的高度依存，企业承负畸高的资产负债率。这种状况既严重损伤企业生命体应有的弹性，又降低了企业应对危险的能力。在单一银行债务融资格局下，间接融资不仅使大多数企业陷入融资困境，而且给银企关系造成了重重矛盾。企业通过直接融资可大幅度充实资本金，优化企业的资本结构。这样既能降低企业对银行的依赖程度，为国有独资银行的企业化改造创造宽松的外部环境，又能为间接融资市场的真正市场化提供动力。这反过来又将硬化银行贷款约束和硬化企业在融资用资问题上的预算约束。

（4）密切企业间的联系，提高企业组织的社会化程度

企业组织的社会化，是指企业财产组织形式和企业生产过程的社会化。从企业财产组织形式的社会化来看，资本市场可以通过设计发行小额化的股票将资本分成较小的单位，再通过一级市场将这些分散的小额私人资本集中起来，形成社会化的大资本。这一过程有效地动员了社会资金，为富有效率的资本形成机制提供了赖以产生的基础。这些具有独立利益的产权主体将储蓄通过投资转化为资本，是为了实现资本的最大增值。所以，这些主体要积极关注和监督企业使用资本的效率。这一过程和机制会对用款者的行为形成强约束，有助于提高企业的用资效率。从企业生产过程的社会化来看，当人类社会进入大机器生产阶段之后，生产过程的社会化分工协作水平就成为企业合理利用社会生产资源、提高资本运营效率的重要标志。现代企业大多十分重视发展专业分工并在此基础上广泛开展横联协作，还通过资本市场相互持有股份，这有助于建立起企业间相互融合渗透、密切协作的平等关系，进而有助于增强地区企业资本的社会化联系，使地区的企业系统真正摆脱疏离的状态。

（5）促进企业的资本集中

资本集中是将几个资本合成一个更大资本的行为和结果。资本存量经过资本集中的调整过程，可使分散小资本集合成大资本，生成一批大型的企业和企业集团，这会增强企业的市场竞争力，降低生产成本。不仅如此，大型企业或企业集团还是改造企业小、单、散、全的组织结构的有效手段。资本市场的发展和完善不仅可以为资本集中提供市场化的运作机制，还可以通过资产证券化的各种工具创新为资本集中提供技术上的便利和支持。与依靠单个资本的自我积累和依靠行政性集中方式相比，在资本市场上通过市场化的金融交易行为而实现的资本集中，

更为公平、快速而高效。

（6）优化企业的内部治理结构

当前，企业组织的主要形式是股份有限公司和有限责任公司，这有利于在企业中推广建立由股东大会、董事会、经理层和监事会组成的职权分明、相互制衡的企业法人治理结构。各类资金盈余者通过对资本市场上多样化的金融工具的选择和利用，实现了对企业的渗透，使企业法人治理结构不断优化；他们还可以通过市场力量强化对企业资本运营的监督，促进企业经营机制的转变。

4. 金融发展促进内生经济增长机制的建立

在现代经济中，金融所提供的市场金融机制可增强资金分配的经济性和资金使用的效益性，促进经济造血机制的建立，提高自增长能力。从这个意义上讲，内生经济增长的获得离不开市场化的资源配置制度作基础。

1）金融市场本质是资金供给者与资金需求者的对立。金融市场的建立和完善，要求交易对象要遵循等价交换的商品经济规律，由此形成的资金收益的比较和约束机制，有利于提高资本的使用效率。

2）金融市场上的资本信用制度对地区的筹资举债行为构成硬约束。现代信用制度的核心是资本信用。在资本信用制度下，企业可以依靠举债来实现扩张。但是在金融市场上，只有那些具有良好偿还能力的企业、预期具有良好收益的项目及具有良好发展前景的企业和行业，才能赢得融资的便利，有效地杜绝资本的浪费和滥用。

3）金融市场的建立，可以更好地发挥市场机制的作用。金融市场在我国发展比较滞后，因此，它的建立将使我国的市场体系更加完善。一个完整的市场体系是市场机制充分发挥作用的必要条件。在一体化的市场环境中，企业生产经营活动所需的要素都能通过市场化的渠道获得，这对促进企业本位的回归和更好地发挥市场机制的作用是非常重要和必要的。

4）金融市场的完善，要求以商品交换关系和市场机制为基础，金融机构多元化。在市场经济环境中，银行资本的盈利性目的非常明确，而市场竞争机制的作用会促使银行资本自觉地抵制外来干预，追逐高收益的投资机会。因此，金融市场的不断完善，可以促进银行资本投融资行为的理性化、弱化乃至消除银行资本的行政化操作倾向。

5）金融市场的发展，有助于区域资源配置的优化，提升经济发展的竞争力。在全球化经济和知识经济时代，知识资本的收益率及其对经济增长的贡献力与日俱增。因此，自然资源的开发利用应与品牌、商标、专利、市场网络、信息、人力资本、创新环境等后天资源的开发结合起来，使资源优势转化为竞争优势和经济优势。要做到这一点，离不开金融市场的支持。金融市场的发展可以促进商品交换并按市场需要聚集各种生产要素，生发新的经济增长点。同时，人才、技术、信息等相关资源的流入要靠资金的流入来吸引和带动，进而达到地区各种资源在更高层次的合理配置。

### 2.1.5 我国金融发展及效用分析

1. 新中国成立后的金融业的演变过程及其发展

（1）计划经济时期的金融发展（1953～1978 年）

中国人民银行自 1948 年成立以来就承担着发行国家货币、经理国家金库、管理国家金融、稳定金融市场、支持经济恢复和国民经济重建的任务。随着社会主义发展进程的加快，私营金融业被纳入了公私合营银行轨道，形成了集中统一的金融体制。1954 年 10 月 1 日，中国建设银行成立。在 1954 年到 1978 年的二十多年间，建设银行主要承担了集中办理国家基本建设预算拨款和企业自筹资金拨付、监督资金合理使用、对施工企业发放短期贷款、办理基本结算业务的职责。1955 年，将公私合营银行并入中国人民银行，使中国人民银行既为金融管理的国家机关又是经营银行业务的国家银行。1953～1978 年，国家实施银行国有化。

（2）改革开放初期的金融发展（1979～1993 年）

1979 年 2 月，中国农业银行恢复成立，3 月，中国银行被国务院指定为专业的外汇银行。1983 年 9 月，国务院发布《关于中国人民银行专门行使中央银行职能的决定》。1984 年 1 月，中国工商银行成立。到 1985 年，我国形成了四大专业银行，一元化银行体系时代宣告终结。1986 年 7 月，恢复设立我国第一家以公有制为主的股份制全国性综合银行——交通银行。1986 年，邓小平提出"金融改革的步子要迈大一些，要把银行真正办成银行"。在此背景下，各专业银行间业务交叉程度迅速加深。继交通银行之后，一批商业性股份银行，以及侨资、外资、中外合资银行相继建立。1979 年 10 月，中国国际信托投资公司成立。上海证券交易所和深圳证券交易所也分别于 1990 年 12 月和 1991 年 7 月相继成立。1993 年 12 月，国务院颁布《关于金融体制改革的决定》，明确了中国人民银行制定并实施货币政策和实施金融监管的两大职能，并明确提出要把我国的专业银行办成真正的商业银行。至此，专业银行的发展正式定位于商业银行。与此同时，银行类金融机构（如交通银行、中信实业银行、深圳发展银行）和非银行类金融机构（如中国国际信托投资公司、中国东方租赁有限公司）纷纷成立，信托、融资租赁、基金行业开始出现。

（3）改革深化时期的金融发展（1994 年至今）

1994 年，国家开发银行、中国进出口银行和中国农业发展银行相继成立，这是我国早期成立的 3 家政策性银行。《中华人民共和国中国人民银行法》和《中华人民共和国商业银行法》于 1995 年颁布。中国华融资产管理公司、中国东方资产管理公司、中国信达资产管理公司、中国长城资产管理公司于 1999 年成立。各类银行和金融机构的建立和发展，促使多元化竞争局面初步形成。2000 年后，金融市场的开放程度逐渐加深。2003 年，开始实行农村信用社改革试点，同年成立中国银行业监督管理委员会。这一阶段致力于以自律为基础强化证券市场秩序化。《中华人民共和国证券投资基金法》于 2003 年 10 月通过。同年的 12 月，第一家中外合资基金管理公司获批成立，基本完成了中国人民保险公司、中国人寿保险公司和中国再保险公司的重组改制。2006 年银行业实行全面对外开放，将银行业逐步引向多元化经营的新阶段，并在 9 月 8 日，中国金融期货交易所在上海宣告成立，成为中国内地首家金融衍生品交易所。2007 年 3 月 20 日，中国邮政储蓄银行在北京挂牌成立。2009 年 10 月 30 日，创业板正式上市。2013 年 7 月 20 日，全面放开金融机构贷款利率管制。2015 年 2 月 17 日，国务院正式公布《存款保险条例》，并决定在 5 月 1 日正式实施。2018 年 3 月 13 日，第十三届全国人大一次会议审议通过组建中国银行保险监督管理委员会，不再保留银监会、保监会。目前，我国已形成银行机构与非银行金融机构并存，银行的间接融资和货币市场、资本市场直接融资并存的多层次、多类型、互为补充的金融体系。

2. 我国金融发展现状

改革开放以来，金融资产总量和金融资产结构发生了显著变化，我国金融发展呈现出突飞猛进的良好势头。

1）金融资产总量快速增长，经济金融化程度不断加深。1978 年，我国金融资产总量占国内生产总值的比率为 97.6%，但是，金融资产的大部分集中在银行和金融机构，银行和金融机构的存贷款占金融资产总量的比例为 93%。2018 年末，我国金融业机构总资产为 293.52 万亿元，占国内生产总值的 326.02%。其中，银行业机构总资产为 268.24 万亿元，同比增长 6.3%；证券业机构总资产为 6.95 万亿元，同比增长 1.7%；保险业机构总资产为 18.33 万亿元，同比增长 9.4%。若把金融衍生品考虑进来，金融资产总量的增速将更快。这都充分说明改革红利的释放，使我国金融深化呈加速发展的态势。

2）货币性金融资产一直是我国金融资产的主体，近 40 年来一直保持快速增长。在货币性金融资产内部，现金所占的比重由 1978 年的 16.5%下降到 2018 年的 4.0%，这主要是由于银行卡支付的推广、银行转账、票据贴现和支票清算等电子化服务的普及，以及互联网金融发展带来支付方式的便捷化。

3）贷款总量相对于经济基础的规模有所上升。改革开放以来，尽管随着金融品种的丰富、金融机构结构的健全，债券市场、股票市场逐步发育成熟，企业融资方式日趋多样化，20世纪90年代后，中长期贷款相对于经济基础的规模较20世纪80年代上升了近一倍。

4）证券类金融资产增长的速度较快。1981年政府债券规模占GDP的比率仅为0.5%，到2018年，政府债券规模达7.27万亿元，占GDP的比率为8.08%；1981年金融债券余额占GDP的比率仅为1.37%，到2018年，金融债券余额为27.4万亿元，占GDP的比率为30.4%。1991年底上市公司仅14家，市价总值为109.19亿元。截至2018年12月29日，在上海、深圳、香港、纽约等15个交易所上市的上市公司共计6961家。

5）保险类金融资产相对来说规模较小，但随着民众保险意识的增强，我国保险类金融资产也在稳步提升。2000年保险业总资产占GDP比重的3.12%，2008年上升到10.66%，2018年保险业实现总资产18.3万亿元，较年初增长9.45%，占GDP的20.32%。

6）国内金融资产与国外金融资产相比，规模相对较小但增长幅度很大。这主要是因为随着金融管制的逐步放松、人民币国际化及资本项目下可兑换的推进，国内居民和企业开始投资国外的金融资产。此外，国内金融资产的快速增长也与外汇储备的快速增长直接相关。

### 3. 金融发展的效用分析

金融发展是衡量一国经济发展速度和社会进步的主要指标。研究表明，我国过去通过"资本积累"和"技术进步"两条途径来实现金融发展对经济增长的影响。金融体系通过发挥储蓄动员功能来促进资本积累，还通过发挥其市场配置功能实现资金的优化配置，促进了技术进步和经济增长。

（1）储蓄动员型金融发展与经济增长

1978~2018年，我国经济高速增长，GDP规模从1978年的3677.2亿元增长到2018年的90.03万亿元。经济增长绩效的取得主要得益于渐进式改革路径的选择。但在转型初期，公有经济占很大比重，1978年为99.6%，吸纳城镇就业人口99.8%。受初始条件的约束，公有经济只有通过加快资本积累，才能尽快摆脱贫穷。

在转轨时期（1978~1986年），由于传统的隐性税收机制崩溃，公有经济资本形成能力迅速下降，企业没有足够的利润自筹发展所需资金，政府和企业自身也没有能力进行资本融资。

　　在改革开放初期，为了动员居民储蓄，国家迅速扩展其垄断金融产权的边界，金融规模不断扩张。同时，政府依托国有银行的信用主导地位，推行了存款利率管制、金融市场准入管制、金融组织体系控制及限制资产替代等一系列政策，支持公有企业的发展，通过较低的利率尽可能多地动员居民的金融剩余，再贷款到重点产业和企业，为其提供强有力的金融支持。

　　胡和立在《1988 年我国租金价值的估算》中提到，1988 年市场利率和政府管制利率利差带来的金融租金相当于中央财政收入的 146.9% 和国家当年财政收入的 48.3%。金融支持政策的推行支持了国有企业的资本积累，保持了宏观经济稳定，带动了就业，进而通过国有企业对非国有企业的商业信用，以及技术和人才交流，支持了非国有经济部门的较快发展。

　　（2）开放条件下的金融发展、技术进步与经济增长

　　在经济转轨初期，我国通过金融系统动员了居民储蓄，促进了经济的增长和经济结构的转变。1994 年后，银行开始从政府配置资源的工具向现代商业银行转变，效益优先替代了信贷规模的简单扩张。20 世纪 90 年代中期以来，以提高资本配置效率为目标的金融体制改革转变了我国金融部门促进增长的机制，通过提高研发的产出效率和技术外溢的吸收能力来提高经济增长率。

　　金融发展既可以直接提高研发的产出效率，又可以提高本国对国际技术外溢的吸收能力，间接地促进技术进步和经济增长。这是我国学者胡德宝和苏基溶（2017）利用 1998~2014 年我国 30 个省（自治区、直辖市）（除西藏、香港、澳门和台湾）的数据进行实证得出的研究结果。

　　通过对金融发展促进技术进步的比较发现，金融发展在通过提高本国技术吸收能力促进经济增长的作用要大于国内研发对经济增长的促进作用。国内技术吸收主要是指对于国外技术外溢的吸收。国外技术外溢主要有两个渠道：一是以外商直接投资为技术外溢的渠道；二是以进口为技术外溢的渠道。经实证结果比较，外商直接投资的技术外溢传导机制更具有多样性：外资企业通过示范效应为当地企业提供模仿和学习其先进技术和管理水平的机会；外资企业的进入有助于打破国内市场垄断，有利于改善国内资源配置效率；外资企业对当地雇用员工的培训、促进当地人力资本积累的作用更是单纯的进口贸易所不具备的。这从一个侧面表明，通过金融发展促进外资发展与通过金融手段促进贸易增长的重要性。

　　关于开放条件下金融发展对促进技术进步与经济增长的研究结果显示，要在自主创新与技术吸收之间进行权衡；要将自主创新与技术吸收、技术引进结合，以低成本地引进、吸收外部先进技术，尽量避免重复研发造成的资源浪费；在制定引资、贸易政策时，不仅要注重引资和进口结构的调整，而且要通过对外贸易

等形式来获取学习机会，更要不断提高当地的金融发展水平，高度重视对自身吸收能力的培养。

# 2.2 贫困理论概述

由于多种原因，在科学技术高度发达的今天，贫困仍是大多数国家存在的社会现象。贫困和反贫困问题已成为影响各国社会稳定和经济增长，以及人口、环境、文化、内政外交政策的重要因素。

## 2.2.1 贫困的定义与特征

### 1. 关于贫困定义的研究

对贫困进行定义是认识贫困问题和制定反贫困政策和措施的出发点。对贫困问题的研究最早可追溯到15～16世纪。空想社会主义者从改造人类社会出发，注意到了资本主义制度的弊端，对贫困进行了研究。

英国的布什和朗特里较早研究了贫困问题。其间，众多学者对贫困问题有着不同的刻画和描述。美国经济学家萨缪尔森认为，贫困是一个难以捉摸的概念。英国学者奥本海默认为，贫困是一个模糊概念，它随时间和空间以及人们的思想观念变化而变化，所以不具备确实性。这说明，贫困是一个非常复杂的现象，其内涵和外延是极为丰富的；贫困是一个动态的、历史的范畴，随着社会经济的发展和人们认识的深化，它的外延和内涵也在不断发生变化。

1901年英国学者朗特里对英国约克市工人家庭的收入与生活支出状况进行了普查。在对普查收集的资料信息进行处理分析后，他发现当时约克市的贫困发生率约为10%。据此，朗特里认为贫困是指家庭总收入不足以支付仅仅维持家庭成员生理正常功能所需的最低量生活必需品开支。朗特里所说的最低量生活必需品，包括食品、衣物、住房和取暖等项目，但不包括报纸、邮票、烟酒、消遣等"享受品""娱乐品""奢侈品"。根据最低量生活必需品的数量及其价格，从而得出了划分贫困家庭的收入标准，即贫困线。这是关于收入贫困和贫困线的经典研究，朗特里方法一直沿用至今。

随着经济的发展和社会的进步，人们对贫困内涵的认识不断深化：对贫困内涵的认识不再局限于物资层面，而是开始关注人文贫困和精神贫困等问题；对贫困的认识不再停留在表面现象上，不只把贫困看作收入低下，开始认识到贫困是"能力贫困"，缺乏"能力"和"手段"。在帮助人们摆脱贫困的物质状况的同时，积极采取社会行动和制度安排改善穷人的能力成为反贫困的核心内容。

英国学者奥本海默在《贫困的真相》一书中指出，贫困是指物质上、社会上和情感上的匮乏。它意味着在食物、保暖和衣着方面的开支少于平均水平……它悄悄地夺去了人们享受生命不受侵害、有体面的教育、有安全的住宅和长时间的退休生活的机会。

1998 年诺贝尔经济学奖获得者阿马蒂亚·森，在获奖次年出版了《以自由看待发展》一书。他在这本书中提出了一个新的发展观，即自由是发展的首要目的，自由也是促进发展的不可缺少的重要手段。他在本书的导论中指出：狭隘的发展观包括发展就是国民生产总值 GNP 的增长、个人收入的提高、工业化、技术进步、社会现代化等观点。他认为，财富、收入、技术进步等固然可以是人们追求的目标，但它们最终只属于工具性的范畴，是为人的发展、人的福利服务的；而以人为中心的最高价值标准就是自由，自由才是发展的主题，自由才是发展的最高目标。他所说的"自由"是在"实质的"意义上定义的，即享受人们有理由珍视的那种生活的可行能力。更具体地说，实质自由包括免受困苦——诸如饥饿、营养不良、可避免的疾病、过早死亡之类，基本的可行能力，以及能够识字算数、享受政治参与等的自由。基于以上观点，他对"贫困"的概念作出了新的定义："有很好的理由把贫困看作是对基本的可行能力的剥夺，而不仅仅是收入低下。"

世界银行在《1981 年世界发展报告》中指出，当某些人、某些家庭或某些群体没有足够的资源去获取他们那个社会公认的、一般都能享受到的饮食和生活条件、参加某些活动的机会，就是处于贫困状态。不难看出，当时世界银行对贫困的认识仍然强调的是经济的层面。

世界银行在《1990 年世界发展报告》中指出，衡量生活水准不仅要考虑家庭的收入和人均支出，还要考虑那些属于社会福利的内容。该报告还认为贫困是指缺少达到最低生活水准的能力。尽管这一报告并未对最低生活水准进行量化，但这一定义与 1981 年的定义已经有了很大的变化。

世界银行（2001）指出，贫困不仅是低收入、低消费，还有缺少受教育的机会以及营养不良、健康状况差。贫困意味着没有发言权和恐惧等。世界银行对贫困的认识已经比较全面和深刻。

国内最初对贫困的定义也主要是指经济上的贫困，而且强调绝对贫困。随着对贫困的进一步认识，理论工作者和政府部门也开始更多地关注造成贫困的制度因素和环境因素。

林闽钢（1994）认为，贫困是由低收入造成的基本物质、基本服务相对缺乏及缺少发展机会和手段的一种状况，是经济、社会、文化落后的总称。

康晓光（1995）认为，贫困的内涵和界定贫困的标准随着社会经济的发展发生相应的变化。贫困是一个历史性的概念，贫困还是外延广泛的概念，就物质生活条件而言，不仅包括食品、衣着、住房等，还包括教育、医疗卫生、生活环境。

叶普万（2005）认为，贫困是指制度和非制度因素致使一部分人得不到维持正常的物质和精神生活所需的一种生存状态。他认为贫困是一部分人的生存状态，在这种生存状态中，他们得不到基本的物质生活条件和参与社会活动的机会，以至维持不了个人生理和社会文化能够接受的生活水准。

无论是从"收入不足"的角度出发，还是在"能力不足"的视角下，贫困的内涵都可以概括为：贫困不仅是指收入不能满足家庭的基本需要的生活状态，还指能力不足、不能享受社会正常的权利，不能融入主流社会，因而被主流社会排斥在外的生活状态，涉及政治、经济、文化、社会和精神的各个层面。

与贫困相对应的概念是反贫困，但是在反贫困的表述中，国内外有"反贫困""扶贫""扶贫开发""消除贫困""减贫"等多种表达。虽然这些用语在实际生活中经常被视为同一概念通用，但是它们在理论研究中有很大的差别。"扶贫"、"扶贫开发"和"减贫"更多的是从政府反贫困的具体操作角度被使用，侧重于反贫困的过程和手段。"消除贫困"主要强调反贫困的目的。"反贫困"这一用语主要是从理论研究的角度来使用，涵盖了前述用语的所有含义。

反贫困的含义即是通过政府和社会等外力的帮助，为贫困地区和贫困人口创造发展机会，培养和增强贫困地区和贫困人口的自我发展能力，在内外力量的共同作用下，逐步减缓贫困，最终实现消除贫困的过程。

### 2. 贫困的特征

基于不同的角度，学术界对贫困的特征有各种各样的认识。本书从相对性是贫困的本质属性出发，将贫困的特征归结为以下几个方面。

（1）贫困具有依存性

"贫"与"富"相依存而存在。恩格斯说，在氏族制社会不会有贫穷困苦的人，大家都是平等、自由的，包括妇女在内。随着社会分工、剩余财产差别和家庭、私有制的出现，以及少数人对财富的贪欲，财富迅速积聚和集中在一个人数很少的阶级手中，与此同时，贫民的人数也日益增长。这对于我们理解"贫"与"富"的相互依存性，以及理解贫困的起源具有重要理论意义。

（2）贫困具有条件性

对贫困的理解、界定和判断，离不开特定的条件、主流价值观念和社会共享规范等。所谓超时空条件、超社会条件的贫困是不存在的。对于同一个国家的不同地区来说，人们对贫困的认识和理解也大不相同。

（3）贫困具有复合性

随着时代的变迁，贫困的内涵是变化的、动态的，而不是一成不变的、固定的，贫困是相对的。当今，人们对贫困的理解已经不仅仅局限于物质层面，已经扩展到健康、能力、权利等人文领域，贫困概念的内涵有了很大的扩展，成为一种多维复合的概念。

（4）贫困具有不定性

贫困尤其是收入贫困是可以比较、度量的，但尺度选择的不同决定了测量结果的不同。另外，贫困尺度的一个重要特性是社会性、动态性、上升性。一个国家的贫困标准，随着社会进步、经济发展和主流生活标准提高，以及随着社会对最低限度体面生活伦理标准认同的变化而变化。马克思指出："我们的需要和享受是由社会产生的，因此我们对于需要和享受是以社会的尺度，而不是以满足它们的物品去衡量的。"

### 2.2.2　贫困的分类

根据不同的标准，贫困可划分为不同类型。

#### 1. 绝对贫困与相对贫困

按照比较标准，贫困可分为绝对贫困和相对贫困。

（1）绝对贫困

绝对贫困的概念起源于 19 世纪末 20 年代初英国的布什和朗特里关于贫困问题的研究。朗特里的《贫困：城镇生活的研究》是对英国贫困的开创性研究。之后，学者对绝对贫困的问题进行了研究。

阿尔柯克（1993）认为，维持生存就是延续生命的最低需求，因此低于维持生存的水平就会遭受绝对贫困，因为他没有足以延续生命的必需品。

童星和林闽钢（1994）认为，绝对贫困是泛指基本生活没有保证，温饱没有解决，简单再生产不能维持或难以维持。

我国统计局在 1990 年《中国农村贫困标准》和《中国城镇居民贫困问题研究》中指出，绝对贫困者是指在一定的生产方式和生活方式下，个人和家庭依靠劳动所得和其他合法收入不能维持其基本的生存需要，生活不得温饱，劳动力的再生产难以维持，这样的个人或家庭称为贫困人口或家庭（黄建新，2008）。

尽管理论界和实际工作部门对绝对贫困的表述有所不同，但实质是一样的，即个人和家庭依靠其劳动所得和其他合法收入不能维持其基本的生存需要，这样的个人或家庭就称之为绝对贫困。从消费方面看，绝对贫困也即人们常说的"食不果腹，衣不蔽体，住不避风寒"的状况。绝对贫困也就是生活贫困，如果所有家庭的所得上升，最终消除贫困是完全可能的；从生产的角度看，绝对贫困是一部分人缺乏再生产的物质条件，不能维持简单再生产。

（2）相对贫困

相对贫困是相比较的一种贫困，国内外专家学者对它也进行了各种各样的定义。

阿尔柯克（1993）认为，相对贫困是较为主观的标准，相对贫困的定义是建立在将穷人的生活水平与其他的社会成员的生活水平相比较的基础上的，通常包括对作为研究对象的社会的总体平均水平的测度。

童星和林闽钢（1994）认为，相对贫困是低于社会公认的基本生活水平，其温饱已经基本得以解决，能够维持简单再生产，但缺乏扩大再生产的能力或者能力很弱。

1990年，我国统计局在《中国农村贫困标准》和《中国城镇居民贫困问题研究》中指出，相对贫困就是相比较的贫困，如占人口5%的那一部分人的生活水平。

从以上定义可以看出，大多数学者或组织机构认为，相对贫困是参照特定的群体而言的，是指低于社会平均水平的那种社会生活状态。

综合上述观点，我们认识到，绝对贫困的确定事关贫困人口的基本生存权，而对相对贫困的认识则可帮助我们认识到反贫困的长期性与艰巨性。

2. 客观贫困与主观贫困

研究者把基于客观法估计的贫困称为客观贫困。客观贫困是按照某种客观标准，判定一些人处于贫困状态。客观贫困概念的发展体现在从以收入定义贫困转变为以能力定义贫困。阿马蒂亚·森认为，应该从概念上将贫困定义为不是收入低下而是能力不足：一是贫困不仅仅是低收入，更是获取收入能力的丧失；二是提高能力可获得更多的收入，获得收入的重要手段是能力；三是教育和健康能够提高获得更多收入的能力，能直接提高生活质量；四是用人们能够取得某种基本生活内容和人们能够得到的自由来理解贫困和剥夺。

主观贫困与客观贫困是依据主观判断而定义的贫困。贫困与贫困标准的确定有一定关系，但更与人们的观念意识、社会文化、历史传统等因素有关。脱贫程度或脱贫速度与质量在很大程度上取决于人们的主观意识。因此，主观贫困概念的提出是对客观贫困的补充和发展，但也引发了一系列问题。例如，主观贫困导致了在贫困测量结果方面的矛盾，相同收入的人会被不同对待。

3. 狭义贫困与广义贫困

按照贫困的内涵或者研究的范围，可将贫困分为狭义的贫困和广义的贫困。狭义的贫困是指最基本的生存需要得不到满足，生命的延续受到威胁。这种状态的人只追求物质上的满足，希望得到一定的收入、食品、衣着、住房等生存资料。

广义的贫困除最基本的生存需要，还包括社会、文化、环境等因素。

4. 普遍性贫困、制度性贫困、区域性贫困与阶层性贫困

按照贫困的成因，可将贫困分为普遍性贫困、制度性贫困、区域性贫困及阶层性贫困。普遍性贫困是整个经济和社会发展水平低下而造成的贫困。制度性贫困是制度所决定的生活资源在不同区域、不同群体和个体之间不平等分配，如就业歧视制度的存在和社会保障制度的不完善，造成某些弱势群体和个人的贫困。区域性贫困是某些地区因其自然条件恶劣以至社会经济发展水平低下而出现的一种贫困。例如，我国欠发达地区由于自然条件的原因，交通不便、信息闭塞、生产经营的交易成本高昂，从而长期落后于其他地区的发展，处于贫困的生活状态。阶层性贫困是指由于身体或文化素质较差等原因而出现的一种贫困状态。

5. 生存贫困、温饱贫困与发展贫困

按社会经济发展层次，可将贫困分为生存贫困、温饱贫困及发展贫困。生存贫困表现为物质贫困，基本生活得不到保障。温饱贫困是初步解决温饱或温饱没有稳定保障，生产生活不够稳定，抗御自然灾害和市场冲击的能力弱，易发生返贫。发展贫困是一种相对贫困，是在解决温饱以后，面临着进一步提高生活质量的问题，主要表现为精神贫困。

6. 长期贫困与暂时贫困

按贫困发生的时间长短，可将贫困分为长期贫困和暂时贫困。长期贫困是指某种贫困状态已经存在很长时间或长时期未能摆脱。暂时贫困是指贫困属于局部性、阶段性和突发性，经过一定周期或一段时间调整后贫困现象消失。应引起高度重视的是，若暂时贫困处理不当，也会发展成为长期贫困。

## 2.2.3　贫困的测量

对贫困的测量，一般分为贫困线（即贫困标准）的测定和贫困程度的衡量两种。

1. 贫困线的测定

贫困线是指衡量个人、家庭或某地区贫困与否的界限（即贫困标准），收入或支出在贫困线以下的群体就是贫困人口。贫困线是确定贫困发生率的基础。一旦划定贫困线，贫困人口的范围也就随之确定。

对贫困线的测定，目前国内外理论界大多认为必须考虑最低需求量和收入因

素。如果一个人的收入水平低于最低需求量，即形成不了相应的购买力，那么他就陷入了贫困。一般情况下，人均收入是测定贫困线的主要指标。

在对贫困进行国际比较时，也存在着另外一种说法，就是应采用根据各国货币购买力平价制定的国际统一的贫困线。该方法是利用购买力平价将各国的人均收入换算成按某一年度的美元值衡量的购买力平价收入，据此确定国际统一的贫困线并用其来估计各国贫困人口的规模。

贫困线可以分为绝对贫困线和相对贫困线。绝对贫困线的确定方法如下：一是根据专家的意见选择最低热量摄入量；二是确定合理的食物消费项目和数量；三是根据一定的价格水平，计算出最低食品费用支出；四是用最低食品费用支出除以合理的恩格尔系数，其商即为绝对贫困线。

相对贫困线是指个人或某群体相对社会上其他个人、群体的实际生活水准或收入水平而确定的贫困线。主要方法如下。

1）收入等分定义法（也称比重法）。把国内各收入群体按等分（通常按 5 等分或 10 等分）划分，再以基尼系数进行比较后把人口中一定比例的人口定义为贫困人口，并根据这个比例通过调查求出贫困线标准。

2）收入平均数法。按不同水平将居民人均生活费收入进行统计分组，全部居民人均生活费除以 2 或 3，就是居民的最低生活费用标准。

3）商品相对不足法。选定一个标准的家庭消费模式作为社会普遍情况的代表，与其相比，家庭中缺少的东西越多，即不足程度越大，贫困程度也越大。

目前我国贫困线以人均年纯收入来界定，实际上是一个绝对贫困线，这个贫困线低于世界银行规定的每人每天生活费一美元的标准；农民在教育、健康等方面的货币性支出是这种纯收入计算体系无法应付的；贫困线以农民的人均纯收入确定，没有城市贫困标准（黄建新，2008）。

2. 贫困程度的衡量

贫困人口的分布状况、特征及其贫困程度都是需要深入研究的问题。这就涉及对贫困的测量，这里仅介绍以下 4 个测量指标。

（1）贫困的广度指标——贫困人口比重指数

贫困人口比重指数（用 $P_1$ 表示），是指可支配收入低于贫困线的人口在总人口中所占的比重，计算公式为

$$P_1 = F(X^*) = \frac{n}{N}$$

式中：$X^*$ 为贫困线；$N$ 为总人口；$n$ 为收入水平低于贫困线的贫困人口；$F$ 表示 $P_1$ 为 $X^*$ 的函数。贫困人口比重指数的特点是，只要确定了贫困线，就可以比较

简单地说明一个国家或地区的贫困相对范围的大小。不足的是，它既不能说明贫困线以下的人口的贫困程度，也不能反映贫困线以下的贫困人口的分布状况。因此，贫困发生率只能简单地测量贫困的规模，而不能全面反映贫困程度。

（2）贫困的深度指标——贫困深度指数

贫困深度指数（用 $P_2$ 表示），又称贫困差距指数，是建立在贫困人口收入水平相对于贫困线的距离基础上的。计算公式为

$$P_2 = \frac{\sum_{i=1}^{n}\left(1 - \frac{\mu_i}{X^*}\right)}{N}$$

式中：$X^*$ 为贫困线；$n$ 为贫困人口；$N$ 为总人口；$\mu_i$ 表示第 $i$ 个贫困人口的收入水平。在贫困发生率保持不变的前提下，$P_2$ 值越大，说明贫困人口的收入水平偏离贫困线越远，即贫困程度越大。这有利于实现由平均分配扶贫资源转到集中力量解决贫困深度指数大的贫困地区或贫困家庭问题。但是，贫困深度指标仍不能完全反映贫困人口分布的实际情况。因为即使出现更贫穷的人的收入转移到相对不贫穷的人的手中的情况，贫困深度指数也是不变的。

（3）贫困的强度指标——贫困强度指数

贫困强度指数（用 $P_3$ 表示），建立在贫困人口的收入或消费水平相对于贫困线的基础之上。计算公式为

$$P_3 = \frac{\sum_{i=1}^{n}\left(1 - \frac{\mu_i}{X^*}\right)^2}{N}$$

在贫困发生率、贫困深度指数一定的情况下，贫困强度指数越大，说明贫困人口群体内部收入水平差异越大，贫困强度越大，扶贫的难度也越大。

（4）贫困相对程度指标——贫困相对程度指数

贫困相对程度指数（用 $P_4$ 表示），其计算公式为

$$P_4 = F(X^*) = \frac{X^* - \mu^*}{\mu}$$

式中：$X^*$ 为贫困线；$F(X^*)$ 为贫困发生率；$\mu$ 为全部居民的平均收入；$\mu^*$ 为贫困人口的平均收入。$P_4$ 的含义是：为了能使贫困线以下的贫困人口的收入提高到贫困线规定的收入，需要从非贫困人口转移到贫困人口的收入占总收入的比重。据此可计算出脱贫所需的财力。

$P_4$ 的计算公式中，$X^*$ 一般小于 $\mu$，但若 $X^* = \mu$，即贫困线等于全体居民的平均收入。$P_4$ 等于要把收入高于 $\mu$ 的人口的收入转移到收入低于 $\mu$ 的人口手中。

3. 其他测量贫困的指标

（1）贫困距

贫困距是测量贫困人口收入同贫困线的总体差额，一次能够计算出使贫困人口收入达到贫困线水平需要收入的总额。用公式表示为

$$T = q \cdot (\pi - yp)$$

式中：$\pi$ 为贫困线；$q$ 为贫困人口数；$yp$ 为贫困人口人均收入；$T$ 为贫困距。这一指标反映的是扶贫工作的难易程度，贫困距越大，意味着脱贫需要的财力、物力越多。但该指标仅反映贫困人口的总体情况。

与之相联系的还有人均贫困距、贫困距比例、成比例贫困距指数、加权贫困距指数、贫困距的倒置的一般化洛伦茨曲线等。

（2）基尼系数

20 世纪初，意大利经济学家基尼根据洛伦茨曲线提出了基尼系数，以此来判断分配平等程度的指标（图 2-4），设实际收入分配曲线与收入分配绝对平等曲线之间的面积为 $A$，实际收入分配曲线右下方的面积为 $B$，并以 $A$ 除以 $A+B$ 的商表示不平等程度。这个数值就是基尼系数或洛伦茨系数。如果 $A$ 为 0，基尼系数为 0，表示收入分配完全平等；如果 $B$ 为零，则系数为 1，收入分配绝对不平等。该系数可在 0 和 1 之间取任何值。如果收入分配越趋向平等，洛伦茨曲线的弧度越小，基尼系数也越小，否则相反。

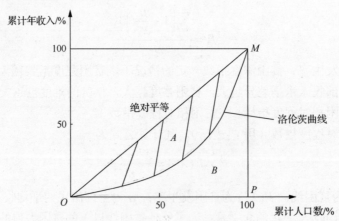

图 2-4　洛伦茨曲线图

图 2-4 中，$OM$ 为 45°线，在这条线上，每 10%的人得到 10%的收入，表明收入分配完全平等，称为绝对平等线。$OPM$ 表明收入分配极度不平等，全部收入集中在一个人手中，称为绝对不平等线，介于二线之间的实际收入分配曲线就是

洛伦茨曲线。它表明，洛伦茨曲线与绝对平等线 $OM$ 越接近，收入分配越平等；与绝对不平等线 $OPM$ 越接近，收入分配越不平等。

用基尼系数来判定收入分配平等程度是国际上的通常做法。基尼系数是介于 0～1 的数值，当基尼系数为 0 时，表示绝对平等；基尼系数越大，不平等程度越高；当基尼系数为 1 时，表示绝对不平等。一般标准如下：基尼系数在 0.2 以下表示绝对平等；0.2～0.3 表示比较平等；0.3～0.4 表示较为合理；0.4～0.5 表示差距较大；0.5 以上说明差距悬殊。

### 2.2.4　反贫困战略与反贫困实践

#### 1. 反贫困战略

第二次世界大战后，国际社会和理论界针对发展中国家的经济发展与减贫战略，经历了一个不断探索、调整和完善的过程，其演变历程值得深思和进一步研究。

（1）涓滴效应反贫困战略

涓滴效应是指一国或地区在经济增长过程中，政府对贫困人口并不给予特别的扶持和再分配干预措施，而寄希望于通过推动工业化主导的经济增长扩大就业机会，提高劳动工资水平，从而使劳动者普遍受益。简而言之，涓滴效应就是经济增长的成果最终可以像涓涓细流一样滴漏给贫困人口。

涓滴效应是先增长后再分配发展战略的重要组成部分，其理论基础是 20 世纪 50～60 年代的传统发展经济学，占主导地位的是资本形成理论、工业化理论和二元经济理论等。这些理论的一个基本出发点认为，发展中国家贫穷落后的原因主要是储蓄不足、工业落后、资本匮乏、经济增长停滞，若要尽快缩小与发达国家的经济差距，则必须实施先增长后再分配的发展战略，着力提高储蓄率，促进资本形成，大力推进工业化，把经济"蛋糕"做大，最大限度地提高整体经济水平和人均国民收入。以刘易斯为代表的发展经济学家认为，一定的收入不平等有助于促进经济增长，有利于提高储蓄率和形成资本。缓解贫困主要依赖于通过扩大投资来增加就业机会，使贫困人口在参与劳动市场过程中分得"一杯羹"。

（2）伴随增长的再分配反贫困战略

发展中国家尤其是拉美国家经济得到了增长。然而，大部分国民的生活水平却依然如旧，低收入群体和贫困者并没有分享受益。到 20 世纪 60 年代末 70 年代初，传统发展理论及先增长后再分配的涓滴效应战略受到了质疑。

英国发展经济学家达德利·西尔斯 1969 年在新德里举行的国际开发协会世界大会上，作为大会主席发表了一篇著名的致辞演讲，"就一个国家发展而言，可以提出如下问题：对于贫穷发生了什么改变？对于失业发生了什么改变？对于不平等发生了什么改变？如果这些问题中有一两个问题，特别是所有三个问题趋向恶化，即使人均收入成倍增加，把这种结果称为'发展'，将使人感到奇怪"（谭诗斌，2012）。

1971 年，当时在世界银行工作的巴基斯坦经济学家马赫布卜·乌尔·哈克，在渥太华第 20 届国际开发协会会议发表的演讲中，对唯国民生产总值增长发展观提出了严厉批评："高增长率过去和现在都不能保证不出现加剧的贫穷和政治突变的爆发……发展的目的一定要确定为减少并最终消灭营养不良、疾病、文盲、失业、不平等……让我们关心国民生产总值分布的均匀，而不是它增加的速度。"（谭诗斌，2012）

发展经济学家艾尔玛·阿德尔曼在 1973 年出版的《发展中国家的经济增长和社会平等》一书中也指出，发展中国家的经济增长并没有像传统发展经济学理论所预言的那样产生"向下涓滴"的反贫困效应，反而出现了有利于"向上涓敛"的聚财效应。

20 世纪 70 年代，主张政府再分配和政策干预的反贫困思想应运而生。其中，"伴随增长的再分配"战略最具有影响力。1974 年，以霍利斯·钱纳里为首的世界银行经济学家们撰写了《伴随增长的再分配：政策分析》一书，提出了"伴随增长的再分配"战略。基本思路是：政府的政策和所规划的发展模式，应使低收入生产者看到增进的机会，同时又能得到必要的资源以获得利益。为了达到这一目的，世界银行课题组提出了 7 项政策建议，即采取有利于更多就业的措施，鼓励非熟练劳力的进一步就业；加强教育，提高识字率和技术水平；鼓励创建贫困者所拥有的资产，如改良农田或小店铺等；进一步加强累进税制；由政府向贫困人口提供基本食品等；为带动贫困的生产者和消费者，要对商品市场进行干预；开发能帮助低收入者提高劳动生产率的新技术。根据世界银行对发展中国家 20 多年的发展政策、收入分配不平等和贫困状况的全面评估，世界银行敦促发展中国家政府采取更为直接的措施消灭贫困。1973 年，世界银行行长罗伯特·麦克纳马拉在内罗毕的演讲中指出："……在许多发展中国家里，迅速增长伴随着更大的收入分配不当。"他极力主张发展应大部分针对占 40%的底层人民，以求到 20 世纪末根除绝对贫困。

"伴随增长的再分配"反贫困战略虽然很有吸引力，但由于缺乏有针对性的操作性计划或政策议程，以及 20 世纪 80 年代保守主义的抬头，没有成为 70~80 年代的主导性政策实践。

（3）基本需要战略

早在 20 世纪 60 年代，国际劳工组织就积极主张应该以就业为主导进行发展，并发起世界就业计划，通过增加就业机会来改善其生活状况。这一主张经过一段时间的演变，便成了闻名于世的"基本需求战略"。1976 年，国际劳工组织在日内瓦世界就业大会上提出，不仅要把增长就业放在优先位置，还要把满足人的基本需求放在优先地位。

国际劳工组织于 1976 年在以关于就业、收入分配与社会进步的国际分工问题为主题的世界会议上提出"基本需求战略"，其中指出国家的发展应优先满足人们特别是贫困人口的最低生活标准的基本需要。这个最低生活标准应包括一个家庭的最低消费需要（食物、衣服、住房），最基本的服务（安全的饮用水、卫生设施、交通运输、教育和保健），以及为每个愿意工作的人提供合适报酬的职业，还有令人满意的环境，并能在影响生计及自由的事务上参与制定决策。虽然基本需求战略很有号召力和影响力，但没有得到发展中国家的积极响应，因而没有推行下去。

（4）返回涓滴效应

20 世纪 80 年代是新自由主义主导的年代，也是全球反贫困被称为"返回涓滴效应"的年代。新自由主义的基本主张包括：对富人大幅度减税，对国有企业实施私有化，最大限度地压缩政府支出和财政赤字，减少政府干预和经济管制，削减政府在社会保障和福利方面的再分配职能等。新自由主义主张应继续发挥市场机制的"涓滴效应"作用。

新自由主义思潮对 20 世纪 80 年代发展中国家的经济发展和反贫困进程产生了一定影响。但与此截然不同的是，20 世纪 80 年代中期，随着改革开放的进一步深入，我国农村扶贫开发的大幕正式拉开。我国针对农村贫困人口和贫困地区这两个目标群体，在全国范围内开展大规模的扶贫开发，为缓解农村贫困、推动全球反贫困做出重大贡献。

（5）直面穷人的反贫困战略

世界银行在 1990 年发表了著名的《1990 年世界发展报告——贫困问题与社会指标》，旨在呼吁国际社会对日益严重的全球贫困问题给予重新关注。该报告给"贫困"下了一个新的定义——"缺少达到最低生活水准的能力"。该报告强调，减少贫困必须直面穷人，采取直接针对穷人的反贫困战略和扶持措施。该报告在总结过去经验教训基础上，提出了一个被称为"2+1"反贫困战略框架，即"机会与能力两项基本战略+转移支付与安全保障辅助措施"。

10 年之后，世界银行在重申《1990 年世界发展报告——贫困问题与社会指标》的基础上，充分应用了该组织 20 世纪 90 年代后期开展的参与式反贫困评价的研究成果（世界银行，2001），对"贫困"的定义给予了扩充和完善："贫困是指福利的被剥夺状态"，"贫困不仅指物质匮乏，还包括低水平的教育和健康……除了以上内容以外，贫困还包括风险和面临风险时的脆弱性，以及不能表达自身的需求和缺乏影响力",并对 1990 年报告中提出的"2+1"反贫困战略框架进行了完善,提出了与贫困作斗争的 3 个相互关联的"三位一体"反贫困战略框架,即"扩大经济机会—促进参与赋权—加强安全保障"。

此外,贫困问题在 20 世纪 90 年代重新得到国际社会高度重视的一个重要标志是,从 1990 年开始,联合国开发计划署推出一年一度的《人类发展报告》,不断完善了"人类发展"和"人类贫困"概念、促进人类发展和消除人类贫困的政策议程。

(6) 面向 21 世纪国际反贫困总体战略

20 世纪 90 年代后,全球化进入一个新的时代,但是全球仍有 10 亿人处于极端贫困,失业人口超过 1.2 亿,以各种歧视和社会排斥为主要特征的社会分裂现象日益加剧。"贫困、失业和社会排斥"成为迈入 21 世纪人类社会面临的最严重的三大社会问题。

联合国在 1995 年哥本哈根社会发展问题世界首脑会议和 2000 年联合国首脑会议上,对面向 21 世纪全球反贫困战略做了总体部署。这两次会议所形成的重要成果——《哥本哈根社会发展问题宣言》《社会发展问题世界首脑会议行动纲领》《联合国千年发展目标》,是指导全球反贫困的纲领性文件和行动指南。

哥本哈根宣言的反贫困承诺如下:以果断的国家行动和国际合作达成消灭世界贫穷的目标;创造一个能够实现社会发展的环境;促进社会融合,建立稳定、安全和公正的社会;将促进全面就业作为经济和社会政策的一个基本优先事项;促进对人的尊严的充分尊重和实现男女平等和公平;促进和实现平等享有良好教育和基本保健服务的目标;确保议定结构调整方案应包括消灭贫穷、促进充分就业和扩大社会融合等社会发展目标;促进非洲和最不发达国家的经济和社会发展;大量增加和更有效地利用社会发展的资源;本着伙伴精神加强促进社会发展的国际合作。

为执行《哥本哈根社会发展问题宣言》阐明的原则并履行其中的承诺,《社会发展问题世界首脑会议行动纲领》(以下简称《行动纲领》)提出政策、行动和措施。《行动纲领》指出,贫穷有各种不同的表现形式,包括:缺乏收入和足以确保可持续生计的生产性资源;健康状况不佳;饥饿和营养不良;发病率和因病死亡率增加;获得教育和其他基本服务的机会有限或者没有这种机会;不安全的环境;无家可归和住房不足;社会歧视和排斥;无法参与决策和参与公民、社会及文化生活。《行动纲领》还提出了反贫困战略框架。

① 综合战略:各国政府应更加重视消灭绝对贫穷和显著减少总体贫穷的公共努力;促请各国政府将减灭贫穷的目标和指标纳入地方和国家各级并酌情纳入区域一级的全面经济和社会政策规划;需要定期检测、评估消灭贫穷的计划的执行

情况和交换有关信息，评价减灭贫穷的政策，提高对贫穷及其因果的了解和认识；应赋予生活于贫困中的人民及其组织权力；国际社会成员应培养一种有利于消灭贫穷的环境。

② 满足所有人的基本需要：各国政府应在国际社会的协助下履行为满足所有人的基本需要而做出的承诺；各国政府应同所有其他发展行动者，特别是同生活于贫穷中的人民及其组织建立伙伴关系，为满足所有人（包括生活于贫穷中的人和易受伤害群体的人）的需要而进行合作；改进生活于贫穷中的人民和易受伤害群体享有社会服务的机会。

③ 增加享用生产性资源和基础设施的机会：增加低收入和贫穷社区创造收入和提高生产力的机会；解决农村贫穷问题；大量增加农村或城市小生产者、无地农民和其他低收入或无收入的人获得信贷的机会，要特别注意妇女及处境不利和易受伤害群体的需要；进一步解决城市贫穷问题。

④ 加强社会保护和减少易受伤害情况：应酌情依法建立社会保护制度，并在必要情况下予以加强和扩大；应做出特别努力保护老人；应做出特别努力保护儿童和青年；在国家和国际两级适当采取行动保护民众和社区不至于因灾难而陷于贫困或长期流离失所和被排斥在外。

《联合国千年发展目标》以 1990 年为基准，2015 年为实现期限，内容如下。

① 消灭极端贫穷和饥饿：使所有人都享有充分的生产性就业和体面的工作；1990～2015 年，将每日收入低于 1.25 美元的人口比例减半；1990～2015 年，将挨饿的人口比例减半。

② 实现普及初等教育：世界各地的儿童到 2015 年都能上完小学全部课程。

③ 改善产妇保健：到 2015 年实现普遍享有生殖保健服务；1990～2015 年，要把产妇死亡率降低 3/4。

④ 促进两性平等并赋予妇女权力：争取到 2005 年最迟于 2015 年在各级教育中消除两性差距。

⑤ 降低儿童死亡率：5 岁以下儿童 1990～2015 年的死亡率降低 2/3。

⑥ 与艾滋病、疟疾和其他疾病作斗争：到 2010 年向所有需要者提供艾滋病治疗；到 2015 年遏制并开始扭转艾滋病和疟疾及其他主要疾病的蔓延。

⑦ 确保环境的可持续能力：将可持续发展原则纳入国家政策和方案；到 2010 年物种多样性丧失率显著降低；无法持续获得安全饮用水和基本卫生设施的人口到 2015 年比例减半；1 亿以上贫民的生活到 2020 年得到显著改善。

⑧ 制订促进发展的全球伙伴关系：发展非歧视性的、开放的贸易和金融体制；处理发展中国家的债务问题；满足最不发达国家、内陆发展中国家和小岛屿发展中国家的特殊需要；与私营部门合作，普及新技术特别是信息和通信技术。

这是联合国成立以来有目标、有计划、有组织地动员全人类团结起来，向贫困、向饥饿进行的宣战。

（7）亚洲开发银行 2020 战略议程

亚洲开发银行（以下简称亚行）是亚洲和太平洋地区的区域性金融机构，以实现"没有贫困的亚太地区"这一目标为使命，宗旨是帮助发展中成员方减少贫困，改善生活条件，提高生活质量。

2005 年，由亚行赞助支持、亚行经济研究局和驻中国代表处联合组织开展"以共享式增长促进社会和谐"的课题研究。2007 年 8 月，亚行在北京举办"以共享式增长促进社会和谐战略研讨会"，交流了课题研究的系列成果。2008 年 4 月，此课题研究系列报告由林毅夫、庄巨忠、汤敏、林暾编辑成书——《以共享式增长促进社会和谐》。2008 年 4 月，亚行正式发布《2020 战略》，明确提出与亚太地区贫困作斗争的 2008～2020 年长期战略框架，即共享式经济增长、环境可持续发展和区域一体化三项战略议程。具体内容如下。

1）共享式经济增长：亚行称共享式增长是 2020 战略的"基石"或"纲"。此发展战略有两个重点：一是经济的高速可持续增长可以创造和增加经济机会；二是改善社会成员获得这些机会的条件并保证其从中获益。共享式增长战略要求亚太地区各发展中成员必须通过教育、卫生和基本社会保障方面的投资，以增强弱势群体的能力，让更多的人能够更方便地获得发展机遇。亚行将继续通过投资基础设施为经济增长创造基本条件，帮助贫困人口改善获得基本生产资料的条件，继续支持教育和基本公共服务投资，改善贫困人口和妇女对公共服务的可获得性。

2）环境可持续发展：由于许多贫困人口依赖自然资源为生，只有环境的可持续的经济增长才能消除贫困。为实现环境可持续发展，亚行将支持采取环境保护措施，支持使用环境友好型技术，支持建立增强环境保护措施执行力度的机构能力，进一步强化缓解和适应气候变化的区域性措施。

3）区域一体化：亚行将加大区域合作和一体化战略的实施力度，尝试通过区域合作和一体化活动来加快经济增长，提高生产率和就业率，缩小经济差距。同时，在应对气候变化、预防艾滋病方面，建立更为紧密的地区性协调与合作。

2. 反贫困实践

发展中国家普遍面临贫困问题，发达国家也受到贫困问题的困扰。因此，贫困问题也被称为人类面临的"超级难题"或"永久难题"。在与贫困的斗争中，一些国家采取的反贫困措施很值得借鉴。

（1）美国的反贫困实践

早期美国深受自由市场经济的影响，人们普遍认为贫穷是个人原因所致，美国政府在反贫困问题上一直无所作为。19 世纪和 20 世纪前 20 年，美国对贫困人口的主要措施是济贫，并且济贫的主要资金来源是慈善家的捐助。

1929～1933 年的"大萧条"在一定程度上显现了自由市场经济的弊端，因此，罗斯福的"新政"将建立社会保障制度作为一项重要内容，并在 1935 年颁布了《社会保障法》，建立了以物质救助为核心的社会保障制度。

20 世纪 60 年代，林登·约翰逊在全国范围内实行了全面的反贫困计划，提出了"向贫困开战"的口号，声称"美国不仅有机会走向一个富裕的社会和强有力的社会，而且有机会走向一个伟大的社会"。他的措施主要体现在《经济机会法》中，其目的不再是收入再分配，而是通过教育和培训的方式改造低收入者，使他们脱贫。

在林登·约翰逊总统之后，美国历届政府都对美国的福利制度进行了修改和改革，主要内容是减轻政府负担，适当降低政府的社会福利责任；积极促使贫困人口开展生产自救，防止将社会福利制度变为"养懒汉"的制度。

克林顿执政时期，1996 年《个人责任和工作机会协调法案》颁布，其主要内容是使救济从原先的无限制终身福利转变为一种有限制的临时福利，将重点放在督促和帮助失业者再就业方面。2002 年，布什提出了《为自立而工作法案》，对原方案进行了部分修改和补充。

随着经济的快速发展，美国贫困问题在 21 世纪初期得到了一定程度的缓解，但在 2008 年的国际金融危机的影响下，美国各项产业受到严重影响，大约有 900 万人失去工作。为此，美国政府采取新的措施以应对严重的失业问题。将失业保险领取期限延长 7 周，对于失业率超过 6%的州，失业保险领取期限延长 13 周；将269 亿美元用于帮助失业者维持他们的医疗保险；奥巴马签署了总额为 180 亿美元的促进就业的一揽子方案。

从美国反贫困政策的演变过程和所采取的反贫困措施看，其经验主要有以下几点。第一，建立比较完善的社会保障制度对贫困人口进行救助。美国的贫困人口主要集中在老年人、妇女、儿童、残疾人等弱势群体；美国在劳动、失业、疾病、生育、教育、住房、死亡等容易造成贫困问题的方面建立了相应的社会保障制度。第二，重视反贫困实施主体的多元化。美国《社会保障法》强调雇主和雇员缴费的重要性，企业和个人均要为自己的老年生活做出贡献。在贫困人口救济方面，美国联邦政府也非常注重发挥州政府的作用，允许各州通过与慈善组织、宗教团体或私人组织签订契约的方式来实施就业培训、福利服务和就业投资等与救济和福利有关的项目。第三，重视对少数族裔贫困人口权利的维护。20 世纪 60年代，少数族裔的社会权利问题越来越得到重视。约翰逊政府时期积极推动通过了具有里程碑意义的 3 个"民权法案"；同时，要求贫困人口最大限度地参与当地社区的各项活动，在地方政治中获得发言权。第四，重视欠发达地区社会经济的开发和发展。20世纪30年代"罗斯福新政"就制定了田纳西河流域工程计划以开发该区域。约翰逊政府通过了《阿巴拉契亚地区发展法》《公共工程经济开发法案》，强调通过加大政府投资，发展欠发达地区经济。1993年，里根政府时期通过了《联邦受援区和受援社区法案》，包括创造就业机会、兴建公共设施、住房、人力资源培训、环境保护和公共安全等方面。第五，逐步建立工作福利制度，提高接受救济者的工作积极性。克林顿政府时期和布什政府时期先后通过了《个人责任和工作机会协调法案》和《为自立而工作法案》，进行了福利制度改革，帮助受救济者参加工作和失业者再就业，推崇"无责任无权利"的救助理念。

（2）英国的反贫困实践

英国是世界上最早开展工业革命的国家，也是最早大规模介入反贫困活动的国家之一。英国的反贫困制度安排大致可分为3个阶段。

1）以新旧济贫法为核心的社会济贫制度阶段。在资本主义工业革命时期，英国的经济实力迅速提升，国民财富迅速积累，但也出现了明显的贫富分化的现象。因此，英国政府于1601年通过了《济贫法案》（即旧《济贫法》），对此前已有的各种社会济贫惯例或普遍做法进行系统化整理，并以法律的形式固定下来，从而使英国成为最早将济贫工作制度化的国家。英国议会在1834年通过的《济贫法案》（新《济贫法》），确立了济贫院检验和劣等处置两个原则，强化了对贫困人口的歧视性惩罚，规定接受救济者不再享有公民权和完整的人身自由，致使很多贫困人口宁愿挨饿也不愿进入济贫院。

2）社会保险制度阶段。济贫制度虽然在保障贫困人口获得基本生存需要方面发挥了重要作用，但由于该制度对贫困者采取了惩罚性歧视措施，人们对济贫制度产生了巨大的不信任感。20世纪初期，英国政府也仿照德国颁布了一系列的社会保险方面的法律，如《养老金法案》《国民保险法》等，初步构成了英国现代社会保险制度的基础。

3）社会福利制度阶段。1929年后，英国失业人数达到近300万人，失业率高达23%，在随后的第二次世界大战中，英国经济更是受到严重冲击，贫困人口剧增。英国政府委托协调委员会经过两年多的研究，提交了《社会保险及相关服务的报告》，为英国以社会福利制度为基础建立福利国家提供了蓝图。工党政府先后通过了《家庭补助法》《社会保险法》《国民保险法》《国民卫生保健服务法》《国民救济法》及其他相关法律法规，为英国公民搭建了"从摇篮到坟墓"全方位的具有"社会安全网"性质的社会保障网络。

英国福利国家式的反贫困模式效果非常明显。到20世纪50年代，绝对贫困现象基本被消除；到80年代，英国人均预期寿命达到70多岁，生活水平普遍提高，绝大多数家庭拥有自己的住宅、轿车、电视、电话等，在世界反贫困斗争中获得巨大进步。

但是，全面的福利国家制度也给英国财政带来了沉重负担，1951～1986 年，国家财政赤字累计达 1209 亿英镑。20 世纪 80 年代后，撒切尔夫人领导的保守党政府削减社会福利开支，降低了养老金的发放标准，对没有努力寻找工作的人降低失业津贴。此后，布莱尔领导的工党政府实行了新型反贫困政策，主要内容包括建立奖惩机制以促进贫困者对持续就业的有效参与、增强贫困人群的持续就业能力、鼓励非全职工作。

通过采取这些措施，英国的就业问题有了很大改观，成为欧盟中就业压力相对较低的国家，其贫困问题在发达国家之中也较为缓和。

英国反贫困的实践及演化过程具有明显特点。一是全民共享。英国社会福利制度建设的最基本的准则就是普遍性原则，包括教育、医疗服务和养老等在内的所有的福利制度均面向全体国民。二是社会福利项目齐全。英国作为福利国家的创造者和典型代表，逐步构建了一个项目众多的社会福利制度。三是政府一直在社会保障制度的构建和完善中起主导作用。

（3）巴西的反贫困实践

巴西是发展中国家经济发展程度较高的国家，但也面临较为严重的贫困问题。自 20 世纪 60 年代以来，巴西政府通过实施"发展极"的反贫困战略来解决贫困问题，主要有两项重大措施：一是新建巴西利亚，将首都迁往内陆地区，以此来带动不发达地区的快速发展；二是通过设立自由贸易区开发东北部的亚马孙地区。与此同时，巴西政府还推行了"全国一体化计划"，目标是把经济不发达的中西部地区、东北部地区和亚马孙部分地区纳入全国交通网。

"发展极"战略的实施，增加了大量就业机会，促进了巴西的经济增长，从而使经济增长的涓滴效应在巴西经济快速起飞的阶段起到了一定的作用。20 世纪 80 年代后，巴西经济增速放缓，但其政府仍然推行之前的"积累优先"的收入分配政策，导致社会贫富差距越来越大。2003 年，卢拉总统率先创设了"社会发展与反饥饿部"，重点负责反贫困问题。

1）巴西政府直接对贫困人口进行救助的计划。

① 最低收入保证计划。1997 年 12 月，巴西联邦政府制订了最低收入保证计划，联邦政府和市政府各出资 50%，帮助人均月收入低于政府规定的最低工资的一半并且有 7～14 岁在校读书的儿童家庭。巴西联邦政府与市政府在 1994 年 4 月签署一项协议，目标是资助 1200 个不发达城市中的 140 万个家庭。2002 年，最低收入保证计划涵盖了约 480 万个家庭，约有 820 万学生受惠。巴西政府在 2003 年 10 月整合过去由多个部门发放的基本食品、燃气补贴、助学金、最低保障金等

为"家庭救助金计划"。2009 年 1 月，巴西政府针对金融危机爆发后的情况，宣布扩大家庭补助金的发放范围，从 1100 万户增加到 1290 万户，有 4950 万人受益，约占全国人口的 26%。2010 年政府将"家庭救助计划"的预算增加到 137 亿雷亚尔，比 2009 年增加了 15.1%（闫坤和刘轶芳，2016）。

② 贫困地区家庭医疗救助计划。实行全民免费医疗制度，在公立医院看病、手术、医院药房供应的基本药物和住院都不收费。为了增强巴西贫困地区人口的健康程度，从 2006 年起，政府对贫困地区开展医疗救助计划，主要是组织医疗救助组定期到贫困地区了解和检查贫困家庭人口的健康情况，并且对贫困地区群众进行健康教育、卫生知识宣传等，还为患者建立档案以便后续跟踪治疗，对肺结核、艾滋病等严重传染病患者，政府给予免费治疗。

③ 在全国实施"零饥饿"计划。2003 年，卢拉政府推出了"零饥饿"计划，目的是解决绝对贫困人口的饥饿问题。政府设立了"大众食堂"，只是收取象征性的费用，政府认定的贫困人口只要花 1 雷亚尔就可以饱餐一顿。"零饥饿"计划还鼓励支持贫困家庭发展家庭农业，为贫困地区创造更多的就业机会，加强教育投入，改善贫困地区的饮水和卫生条件。

④ 推行保障性住房计划。2003～2007 年，联邦政府投资 215 亿雷亚尔修建了 120 万套住房给月收入在最低工资水平以下的贫困家庭。此后，巴西在 2009 年开始实施"国家住房计划"，计划总投资 3000 亿雷亚尔，在此后 15 年内为月收入低于 1500 雷亚尔而高于贫困线的中低收入家庭提供保障性住房 1200 万套（闫坤和刘轶芳，2016）。

2）巴西政府在为贫困人口提供培训和就业方面的主要做法。

① 开展全国性的扫盲计划。2003 年，巴西在全国范围内实施扫盲计划，帮助贫困地区培养教师，免费为成年人提供扫盲培训，为贫困人口免费发放教科书等。仅 2004～2005 年，巴西扫盲计划帮助了 550 万年轻人和成年人接受了基础教育。

② 制订和实施促进就业的计划。1995 年，巴西联邦政府制订了"促进就业计划和增加收入计划"，通过向小微企业、个体劳动及自雇人员提供优惠贷款的方式，帮助他们创造更多的工作岗位。1997 年，巴西经济受东南亚金融危机的严重影响，失业人口剧增。对此，政府又推出了"巴西行动计划"，主要目的是希望通过工程投资解决大量人口失业之后带来的贫困及其他社会问题。2003 年，巴西联邦政府实施"初次就业计划"，主要目的是为 16～24 岁的青年提供就业方面支持。

③ 2011 年，巴西政府宣布实施新的"消除贫困计划"，国家财政每年拨出 126 亿美元用于实施一些核心的反贫困任务。巴西政府的反贫困措施很有成效。2003～2005 年，巴西贫困人口减少了 19%。赤贫人口数量在 2003～2006 年减少了 27.7%。2008 年的巴西低收入阶层和超低收入阶层分别较 2003 年下降了 15.5%

和 37%，中产阶级人数增加了 23.1%。2003～2010 年，巴西的极端贫困人口减少了 2300 多万，入学率达到 90%，基尼系数连续 10 年下降。

（4）印度的反贫困实践

印度的贫困问题除了长期受到殖民剥削、拥有众多的人口及经济发展水平相对不高，一个重要的原因是收入分配的不公平和长期存在的人口歧视政策。

印度历届政府都认识到解决贫困问题的重要性，采取了反贫困措施以抑制贫困现象的蔓延。但由于人口增长率较高，其反贫困效果并不明显，贫困人口减少的速度较慢。综合来看，印度所采取的反贫困措施主要集中在两个方面。

1）采取措施为农业生产创造条件，缓解农村贫困问题。一是开展土地改革。20 世纪 50 年代，尼赫鲁政府制订了第一个五年计划，把重点放在发展农业生产和实行土地改革上，废除了具有浓厚封建主义色彩的"柴明达尔"中间人制度。二是开展"绿色革命"计划。为了解决人民的食物问题，降低粮食对国外的依赖，印度通过农业技术变革来提高粮食产量。1965 年，印度制定了"农业发展新战略"政策，其目的是引进、培养和推广高产农作物品种，运用一系列综合技术措施来增产粮食。经过十多年的运行，印度的粮食产量得到快速提高。三是为农业生产提供信贷支持。印度政府支持信贷合作社、土地开发银行等的发展，并鼓励商业银行开设农村分支机构、建立地区性的农业银行等为农业生产提供新的资金来源。同时，印度政府还要求金融机构对贫困者实行差别利率，这在一定程度上为贫困人口提供了救急资金。四是推行缓解农村贫困计划。印度政府自 20 世纪 70 年代中期以来先后在农村实行了"以工代赈""全印农村开发计划""青年职业培训计划""农村综合开发计划"等一系列促进农村救济发展的计划。印度政府在 20 世纪 80 年代初将这些计划统称为"缓解农村贫困计划"。

2）建立最基本的社会保障制度。印度政府采取的措施主要有两点。一是发展公营分配制度。为了保证广大人民特别是贫困群体能够以合理的价格获得基本消费品，印度建立了一整套公营分配系统，以合理价格向人民供应基本消费品。二是建立和完善社会保障制度。印度政府建立了包括医疗、事故和养老等方面的社会保险制度，为印度的大多数人提供社会保障服务。印度最成功的社会保障措施是实行全民免费医疗制度。该制度的核心是由遍布全国的公立医院体系负责全民免费医疗制度的落实，起到维护社会公平和救助贫弱的作用。

总之，印度虽然采取了一些反贫困措施，但并没有实现真正意义上的人人平等，一些反贫困措施对印度的贫困状况有所缓解，但贫困问题仍然非常严重。同时也要看到，印度的反贫困措施已起到了作用。

### 2.2.5 我国的贫困治理及思考

#### 1. 我国反贫困历程

1949 年到改革开放以前，我国的反贫困政策主要围绕救济和救助展开。改革开放以来，我国反贫困实践具有明显的时代特征，可以分为 5 个时期。

（1）1978～1985 年：制度变革，经济增效与贫困减少

依据我国贫困衡量标准，截至 1978 年底，贫困人口超过 2.5 亿人，占农村总人口的 31%左右。此时，贫困的主要原因是计划经济制度下生产积极性较低，抑制了土地产出率，制度的僵化成为阻碍整个国民经济发展的核心因素。1978 年以后，我国进行了制度变革：一是以家庭联产承包责任制取代集体耕作制度，产生了极大的内在激励效果。二是农产品价格逐步放开，收购价格得到大幅提高。1984 年与 1978 年相比，农副产品收购价格总水平提高了 53.6%，工农剪刀差缩小了 29.9%。三是工商业投资逐步放开，乡镇企业迅速崛起，推动了农村经济结构的优化（闫坤和刘轶芳，2016）。

1980 年，通过实行"分灶吃饭"的财政体制改革，极大地调动了地方发展经济、增加财政收入的积极性，也为扶贫事业提供了较好的经济基础。

从 1980 年开始，为支援经济不发达地区，国家设立了专项资金。1982 年，中央财政投入 20 亿元专项资金用于实施宁夏西海固地区和甘肃定西、河西地区农业建设计划。1984 年，为解决地区贫困问题，中央下发了《关于帮助贫困地区尽快改变面貌的通知》，还实行了"以工代赈"的扶贫措施。

1978～1985 年，农民人均纯收入由 160.7 元增加到 397.6 元，增长了 1.5 倍。扣除价格因素实际增长了 87.23%，年均增长率为 11.02%。平均每年减少绝对贫困人口 1786 万人，未能解决温饱的人口由 2.5 亿人下降到 1.25 亿人，从 30%降至 15%（国家统计局农村社会调查统计司，2006）。

（2）1986～1993 年：设立机构，加强组织与扶贫开发

农村改革以后，绝大多数地区在新的生产组织制度下，经济实现快速发展，但也有部分地区受多方面的因素制约，发展相对滞后。仅靠制度变迁和经济的整体发展难以解决剩余贫困的问题，这就需要从组织上和政策安排上采取相应措施。

1986 年 5 月，国家成立贫困地区经济开发领导小组，还制定了相关的优惠政策，安排扶贫资金，目标是通过开发式扶贫提高贫困人口自我发展的能力，从而改变贫困面貌。在扶贫方式的规范化方面，以 1985 年农村人均纯收入 206 元为贫困标准，确定了 331 个国家重点贫困县和 368 个省重点贫困县。

全国农村贫困人口到 1993 年底，由 1.25 亿人减至 8000 万人，贫困的发生率

也由 14.8%下降到 8.7%。就整体的实际效果而言，由于政策操作水平有限，加之经验不足，这一阶段反贫困效果不如前一阶段明显（周荣，2004）。

（3）1994～2000 年：制订计划，解决温饱与扶贫攻坚

我国社会主义市场经济进一步发展，但经济形势出现了较大波动。就长期经济发展来看，市场的活力越来越强，政府宏观调控能力得以提高，积极的财政政策促进了基础设施的建设，为经济增长打下了基础。

1994 年《国家八七扶贫攻坚计划》的公布，标志着我国的扶贫开发进入攻坚阶段。该计划提出，对于农村剩余的 8000 万贫困人口的温饱问题，要力争用 7 年左右时间使其得到基本解决。该计划还制定了若干具体目标，如增加人均纯收入、建稳产高产基本农田、发展林果园或经济作物、向当地或发达地区转移劳动力、发展养殖业和其他家庭副业、解决人畜饮水困难、牧区户均一个围栏草场、贫困乡通电、普及初等教育扫除青壮年文盲、防治和减少地方病等。1996 年 9 月和 1999 年 6 月，中央分别作出《关于尽快解决农村贫困人口温饱问题的决定》和《关于进一步加强扶贫开发工作的决定》。

这一时期尽管国家财力有限，但扶贫投入逐年增加，到 2000 年已由 1994 年的 97.85 亿元增加至 248.15 亿元，仅中央投入扶贫资金累计达 1127 亿元。

"八七"扶贫攻坚目标到 2000 年底基本得到实现，贫困地区生产生活条件显著改善，各项社会事业全面发展。按当时贫困线的估计，农村贫困人口从 1993 年的 8000 万下降到 2000 年的 3200 万。

（4）2001～2010 年：颁布纲要，巩固成果与促进民生

我国自 21 世纪开始进入全面建设小康社会的发展阶段。到 2000 年底，全国农村没有解决温饱问题的人口尚有 3000 万，还有 6000 多万低收入人口，这些贫困人口成为新时期我国农村扶贫的基本对象。2001 年 5 月颁布的《中国农村扶贫开发纲要（2001—2010 年）》对扶贫工作重点县进行了调整，将贫困村作为基本的瞄准单位，将西部地区作为扶贫工作的重点。

公共财政建设也在不断加强。一是从 2006 年开始每年大约减免农业税 500 亿元。二是从 2001 年起中央财政免费为农村贫困中小学生提供教科书。从 2005 年开始，对国家扶贫开发重点县免除农村义务教育阶段贫困家庭的书本费和杂费，为寄宿生补助生活费，这一政策到 2007 年在全国农村普遍实行。三是 2003 年下半年开始农村合作医疗的试点。2006 年中央财政共安排新型农村合作医疗补助资金 47.3 亿元，至 2008 年全国新型农村合作医疗全面推开（闫坤和刘轶芳，2016）。另外，从 2004 年开始，国家对农村五保户、特困户和重点优抚对象实施贫困人口医疗救助。这一救助体系使 304 万农村困难群众受益（刘坚，2009）。四是强化农村社会保障。2007 年全国农村最低生活保障覆盖 3451.9 万人，525.7 万人得到农

村五保救济，农村特困救济覆盖 30 万农村人口，508.5 万人次得到农村临时救济，农村医疗救助 603.4 万人次（刘坚，2009）。

《中国农村扶贫开发纲要（2001—2010）》实施以来，我国农村贫困人口由 2000 年底的 9423 万减少到 2009 年的 3597 万，贫困人口减少 61.8%，成为首个实现联合国千年发展目标贫困人口减半的国家。闫坤和刘轶芳在《中国特色的反贫困理论与实践研究》中指出，根据我国当时扶贫标准，到 2010 年，农村贫困人口降到 2688 万，十年间有 6734 万人脱贫，贫困发生率下降到 2.8%。

（5）2011～2020 年：创新制度，精准扶贫与全面脱贫

2015 年发布的《中共中央国务院关于打赢脱贫攻坚战的决定》，标志着我国的扶贫工作进入了一个新的历史高度。

我国的反贫困工作依旧任务艰巨。从贫困群体数量来看，按照 2009 年我国的 1196 元贫困线，贫困人口还有 4300 多万；而按照联合国设定的贫困线，我国还有约 1.5 亿贫困人口，返贫问题比较严重。党的十八届五中全会决定，实施精准扶贫战略，到 2020 年全面建成小康社会，贫困县全部摘帽，农村贫困人口全部脱贫。到 2015 年，中央下拨扶贫专项资金由 2010 年的 272 亿元增长至 467.45 亿元，安排支持农村饮水安全工程 125 亿元资金。这一阶段的扶贫制度不断完善。国务院组织实施了《中国农村扶贫开发纲要（2011—2020 年）》，制定了与之相配套的《扶贫开发工作考核办法（试行）》。2013 年，《关于创新机制扎实推进农村扶贫开发工作的意见》要求创新完善扶贫开发机制，重点解决突出问题。为实施精准扶贫措施提供重要技术基础，2014 年国务院扶贫办制定了《扶贫开发建档立卡工作方案》和《关于开展 2015 年扶贫开发信息采集工作的通知》。2014 年底，中央组织部和国务院扶贫办联合印发《关于改进贫困县党政领导班子和领导干部经济社会发展实绩考核工作的意见》，制定了《中央专项彩票公益金支持贫困革命老区整村推进项目资金管理办法》，"十二五"期间，中央财政累计安排 50 多亿元专项彩票公益金，还制定了《雨露计划职业教育工作指南（试行）》等。

我国减贫事业在"十二五"期间收到了很好的效果。第一，制度设计比较完善。一系列新的、相对更加完善的制度性、政策性文件出台，逐步形成了一个完整有效的扶贫政策体系。第二，贫困人口大幅减少。依据现行标准，我国农村贫困人口由"十二五"初期的 1.66 亿减少到 2015 年底的 6000 万左右，有 1 亿多人口脱贫，贫困发生率下降到 5.7%。第三，多方面保障贫困人口增收。在加强贫困地区基础设施方面，道路交通、饮水安全和用电保障等方面目标全面完成。全国农村 5000 多万人纳入低保，城乡基本养老保险制度全面建立。贫困地区传统产业发展势头良好，光伏、电商和旅游扶贫等新兴扶贫模式蓬勃兴起。第四，内蒙古自治区和青海省几个重点地区的脱贫成效进展明显。第五，国际社会对我国扶贫

成就给予高度评价。俄罗斯科学院研究员阿丰采夫认为，中国的扶贫减贫为世界减贫的贡献率超过 70%。巴基斯坦国防大学哈尤姆·汗教授指出，中国将扶贫开发纳入发展战略之中、开展专项扶贫行动的做法具有重要的国际借鉴意义。英国政府国际发展部首席经济学家、牛津大学教授斯蒂文·邓表示："中国近二三十年来在减贫方面的记录令人赞叹。在 20 世纪八九十年代的时候，中国还存在严重的贫困问题。然而，到了 2015 年，中国贫困人口数量已经大大降低，成就是非常明显的。"

### 2. 我国贫困治理存在的主要问题

经过多年的反贫困工作，脱贫攻坚取得决定性胜利，全面建成小康社会取得伟大历史性成就，现行标准下的近 1 亿农村贫困人口全部脱贫。但是，巩固我国的脱贫攻坚成果仍面临一些突出问题。

（1）贫困问题呈现出新特征

贫困问题的新特征主要表现在以下方面。一是贫困人口减少的速度逐渐趋缓。改革初始阶段，农民收入的主要来源是种养业，随着经济的发展，我国第一产业增加值占 GDP 的比重逐年下降，仅靠种养业的农户很难获得较高收入，容易陷入低收入或贫困状态。通过经济结构调整转型，交通条件好、竞争力强的群体更容易享受经济发展的红利，农村困难群众分享经济发展带来的红利面临较多困难。二是返贫现象比较严重。2003 年，我国农村贫困人口首次出现反弹。根据国务院扶贫办的资料，至 2016 年初，在全国 7000 多万贫困农民中，因病致贫返贫的占42%。在地域分布上，贫困面积主要集中在西南、西北地区，一般返贫率高达 20%以上，西北有个别省份甚至出现返贫人口超过脱贫人口的情况。三是处于边缘状态的农民工的贫困问题。据国家统计局的调查数据，到 2018 年，全国农民工总量为 28 836 万，这中间有外出农民工 17 266 万，占农民工总数的 59.9%。四是城市的贫困问题愈加凸显和复杂。学者对城市贫困问题有着不同的估计。朱庆芳（1998）指出，我国城镇贫困人口约有 3000 万，约占城镇人口的 8%，且随着经济社会体制改革的不断深化，城市的贫困人口还将继续增加，城市贫困问题有可能演变为一个长期性的社会问题。

（2）扶贫开发机制存在深层次问题

扶贫开发机制存在深层次问题主要表现以下几个方面。一是扶贫对象不够精准。有的地方扶贫错位现象依然存在。除存在机制设计不合理之处，在扶贫对象选择存在的问题也不可忽视。另外，在统计、民政、扶贫等相关部门对贫困人口的认定标准协调方面也有不足。有的地方缺乏对扶贫对象的动态管理机制，未对其经济状况进行建档跟踪，从而降低了扶贫资金效率与自我脱贫的积极性。二是扶贫项目选择不合理。有的地方对扶贫项目选择存在随意性，论证不充分；项目选择机制与培养地方特色产业等未能有效衔接；未能充分发挥贫困主体的参与精神，项目的选择与贫困群体需求不相吻合。三是扶贫资金投入总量不足与管理质量不高。政府财力资金有限且投入不足，扶贫资金管理中存在部门分割、多头管理、重复配置、缺乏整合等弊端，大大削减了扶贫资金的运用效率，也阻碍了扶贫工作的落实。四是多元主体共同参与的扶贫机制缺乏。当前的扶贫工作更多以政府为主导，这固然可以起到很好的减贫效果，但还要激励更多社会力量参与减贫的积极性，以解决教育培训、医疗卫生、社会保障等社会公共服务供给不足的问题，提升贫困人口的自我发展能力，调动他们主动参与减贫开发的积极性。五是各项扶贫政策不能有效协调搭配，政出多门、缺乏合力，如金融扶贫与科技扶贫的协调、产业扶贫与科技扶贫的协调等几项政策的搭配都存在难以有效配合的情况。六是对贫困项目缺乏有效、系统的监督和评估。

总体来看，我国对扶贫项目的监测和评估尚停留在检查和抽查的层面上，实际操作中重计划轻监测，重投入轻产出，重工程成果轻实际扶贫效果。这些说明，部门之间的扶贫工作缺少必要的协调和信息交换，我国还没有完全建立起有效和系统的扶贫监测评估体系。

（3）部分干部身上存在亟待解决的问题

贫困问题，尤其是民族地区和革命老区的贫困问题，不仅是经济问题，而且是政治问题、社会问题、民族问题。在推进扶贫工作中，少数扶贫干部对扶贫工作认识不到位，并且存在工作"吃不消"、工作理念方法不能适应新形势、对扶贫政策认识有偏差等不良现象，导致其在扶贫工作中缺乏主动性、积极性和创新性。

3. 扎实推进脱贫攻坚成果

习近平总书记在全国脱贫攻坚总结表彰大会上庄严宣告：我国脱贫攻坚战取得了全面胜利。现行标准下9899万农村贫困人口全部脱贫，832个贫困县全部摘帽，12.8万个贫困村全部出列，区域性整体贫困得到解决，完成了消除绝对贫困的艰巨任务。

绝对贫困的消除，标志着我国扶贫事业进入了下半场，即巩固脱贫攻坚成果、衔接乡村振兴、消除相对贫困的新阶段。能不能巩固脱贫攻坚成果，防止规模性返贫，这是脱贫攻坚能否经得起历史考验的关键指标。

要巩固脱贫攻坚成果需要"扶上马送一程"。在脱贫攻坚阶段，地方政府虽然注意到了扶贫又扶智、"授人以鱼不如授人以渔"，但主要力量和精力还是用在了"硬件"帮扶上面。巩固拓展好脱贫攻坚成果，要加强扶志扶智，激励和引导脱贫群众靠自己努力过上美好生活。政府部门可以利用新媒体技术和应用，向脱贫群众介绍现代科学成就，展示当代美好生活。通过短视频传播脱贫故事，激发脱贫群众对美好生活的向往，让他们的思想活起来、身体动起来。由原来的我让你干、我推着你干，变为自己想干、自己要干。发布扶贫村自然风景和日常农耕生活的视频，吸引游客前往游览，带动当地旅游业的发展。激励脱贫群众的奋发斗志，还要给予必要的产业指导。产业就业脱贫，是增加贫困人口收入的主要来源。下一步最关键的，是要提高贫困人口的产业技能和建立稳定脱贫的长效机制。

要探索全面脱贫与乡村振兴的有效衔接。在工作层面，要重点研究和探索如何有效实现产业、人才、规划、组织、政策、资产"六个衔接"，要通过乡村振兴巩固脱贫成果、提高脱贫质量，让脱贫群众与全国人民一道共同实现乡村振兴的伟大目标，真正让农业成为有奔头的产业、让农民成为有吸引力的职业、让农村成为安居乐业的美丽家园。随着电商产业的发展，平台经济在解决贫困地区农产品销售问题上发挥了重要作用，多家互联网平台的大数据折射出巩固脱贫新动能。电商链接起产业上中下游，形成共振，产生巨大溢出效应，推动技术、资本、产品、服务等资源在贫困地区落地，弥补了城乡间"数字鸿沟"。要逐步建立起全产业链的生产、加工、流通体系，探索平台经济助力脱贫攻坚的模式，这些经验将在推进乡村振兴阶段继续发挥积极作用。

# 第3章 金融发展对贫困减缓效应的作用路径

金融发展作用于贫困减缓的路径包括间接路径和直接路径。间接路径是指金融发展通过作用于其他路径使贫困得到减缓，通常是通过经济增长与收入分配这两条路径产生影响。直接路径是指金融发展直接提高企业的发展与中低收入群体生活水平。直接路径一部分是利用商业银行等机构通过向低收入群体提供储蓄和贷款等金融服务，帮助其实现财富的增长和满足生产与财富管理的资金需要，从而提高低收入群体的生活水平；另一部分则通过金融体系改善贫困地区的信贷供给，提高低收入群体对信贷资金的可获得性，从而直接实现了贫困减缓。

此外，金融发展作用于贫困减缓还存在微观路径。微观路径是以企业和家庭的角度去看待金融发展的，即企业与家庭作为金融市场的参与者，如何在金融市场获得服务，从而实现自身价值最大化，最终提高经济发展水平。

## 3.1 金融发展影响贫困减缓的间接路径

关于金融发展促进贫困减缓的研究，最早的研究重点是经济增长如何从金融发展中获得益处和金融发展对收入分配的影响。许多研究表明，贫困减缓需要以经济发展作为支持，缺少经济增长的持久性，贫困减缓不可能实现连续与保持稳定，甚至产生脱贫后返贫的结果。此外，贫困减缓还需要把收入分配这个因素纳入其中，中低收入群体享有经济发展带来的益处，经济增长的贫困减缓效应才能实现。许多学者发现了这样一个事实，即金融发展不仅可以带动经济增长，也能影响收入分配实施。因此，金融发展的贫困减缓效应，即通过金融发展的方式带动经济增长继而实现收入水平的增加，最终实现贫困减缓的目标。金融发展带动经济增长这部分的内容，学术界将其称作金融发展的"经济增长效应"；金融发展与收入分配这部分的内容，被称作金融发展的"收入分配效应"。

金融发展的经济增长效应有两部分内容。一是金融发展的经济成果会自动地从高收入群体流向低收入群体，使经济发展的福利遍及整个社会，此被称作经济增长的"涓滴效应"。涓滴效应是指贫困状况会通过市场的自发引导带来改善。二是当涓滴效应的作用无效时，政府会通过宏观调控，使低收入群体能够享受到经济增长带来的成果，这被称作亲贫式经济增长。学术界一般涉及的金融的经济增长效应多指涓滴效应。金融发展的收入效应则是金融发展带动经济增长，通过提高全部居民的收入水平从而导致全社会的收入差距减小，最终发挥贫困减缓效应。

### 3.1.1　金融发展的经济增长效应

金融发展的贫困减缓效应可以通过经济增长来实现，这表明金融发展带动经济增长，继而通过经济增长实现贫困减缓的目标。也就是说，金融发展减缓贫困的经济增长效应取决于两个部分：金融发展带动经济增长、经济增长对贫困减缓产生效应。

#### 1. 金融发展带动经济增长的方式

金融功能是实现金融发展带动经济增长这一目标的重要基础。根据凯恩斯的国民收入模型，居民个人、财政部门、公司机构等的生产经营、消费支出带动了经济增长；同时，要保证经济发展的可持续性，还需要一个相对稳定的政治环境与经济环境。金融功能大体可以归纳为吸纳储蓄、流动性供给、风险管控、公司治理、信息发现等方面。其中，流动性供给和吸纳储蓄是基本功能，在与其他功能的共同作用下提升了投资回报、降低了成本损耗，为其他部门的健康发展提供了条件，保证了经济环境的稳定，最终带动了经济增长。

1）吸纳储蓄。通常而言，吸纳储蓄就是金融机构或金融市场把社会中大量分散的投资者的储蓄资金转化为资本，继而进行相关项目的投资。相关金融机构设计将金融产品投放到金融市场中，居民在金融市场结合自身的风险偏好筛选各种金融产品，选择适合的金融产品进行投资，使处于快速发展的公司获得所需资金，最终实现了规模经济，极大地推动了经济增长。金融发展通过金融产品吸纳大量闲置资金，以合理配置资金的方式带动了经济增长。

2）流动性供给。金融发展对经济增长的贡献很大程度上取决于货币的流通手段与支付手段。这两项功能可以降低交易成本，提高各行业的专业化水平。居民、企业以货币作为交易的一般等价物，从而减少了交易的琐碎与成本，实现了交易效率的提高，极大地促进了商品市场的流通，提高了社会生产再循环的速度。货币实现了商品市场与货币市场的连接，使居民可以使用货币代替商品成为资本的支付手段，也使居民或企业可以把多余的商品、资产变现，进行储蓄活动与投资活动，实现经济水平的提高。股票、债券的一级市场和二级市场也是同等原理。在以上方式的作用下，交易成本在金融发展的作用下得以降低，从而促进了投资效率的提高，继而提高了社会生产率，最终实现了经济的增长。

3）风险管控。经济生活中存在着大量的交易成本与信息成本，投资活动与生产经营出现失败在所难免，这为经济稳定增长的道路设立了重重障碍。只有规避以上风险，才能实现经济的稳定增长。金融市场恰好可以配置与规避相关风险，如流动性风险，流动性风险的产生是源于交易成本、信息不对称及资产变现能力较差。金融发展可以促进信息流通，使资产的公允价值在市场中得以实现，减少了交易之前收集信息的成本，提高了资产的变现效率，进而通过社会生产再循环，实现经济的增长。

4）公司治理。公司是经济发展中不可缺少的一员，是经济持续发展的动力。金融发展能提高公司治理的效率。成熟的金融市场可以使"代理成本"透明化，股东、社会、政府可以更好地监督公司的运营，使管理层违背股东利益的行为大大降低，极大地提高了公司的运营效率，继而带动经济增长。

5）信息发现。一个国家或地区的经济想要健康增长，居民、企业获取信息的速度与正确处理信息的能力至关重要。如果居民拥有较高的信息收集与处理素养，则其可以选择更好的金融产品，促进财富的增长。如果企业具备这种能力，则其能获得更成熟的经理人，可投资收益更高的项目，实现公司价值的提升。成熟的金融系统可以加速信息的流动性，减少居民、企业花费的信息搜集成本，培育居民、企业处理信息的能力，改善其决策的质量，使得社会资源的配置达到最优，继而为经济稳定增长提供保障。

## 2. 经济增长的贫困减缓效应

经济的良好发展可以使地区的物质条件改善、生产力提高，带来更多的就业岗位和致富途径，并且改善宏观经济环境，实现收入水平的增长。贫困减缓效应建立在经济增长的基础上，贫困减缓的必要条件之一就是经济增长的持久性与稳健性。

经济增长贫困减缓效应的研究主要体现在经济增长的涓滴效应与经济增长的亲贫效应。涓滴效应的一般观点为即使低收入群体不能从经济增长中受益，低收入群体也能通过中间群体受益，即低收入群体可以通过经济增长的涓流惠及，实现减缓贫困这一目标。在发展中国家，政府可以通过二次分配（如失业救济保险、最低生活保障等措施）使经济发展带来的成果流向低收入群体，从而实现减缓贫困的目标。但是过高的初始收入差距会大大抵消经济发展对低收入群体的涓流惠及，造成"富者越富，贫者越贫"的结果，而且对于不用金钱去度量的贫困地区，经济增长的涓滴效应对于低收入群体的作用微乎其微。

经济增长带来的成果能惠及所有人，无论是低收入群体还是高收入群体，只不过这两个群体在经济增长中获益的程度不同，只有提高了低收入群体的收入水平，社会福利与社会价值的增加才更有意义，"亲贫式"增长越来越受到各国的认可，得到了各国的支持。例如，党的十一届三中全会以后，我国处于经济高速增长状态，虽然收入差距扩大，但是农村的低收入人口大大减少了，这明显是亲贫式增长的结果。

3. 经济增长减缓贫困的方式

总财富的增加是经济增长带来的结果，在这一前提下，增加就业岗位、提高收入水平及完善收入分配等是经济增长减缓贫困的主要方式。

1）扩大就业岗位。随着投资项目的产生、消费支出的扩张及贸易规模的扩大，经济增长会大大增加企业的数量、提高企业发展质量，从而为低收入群体提供大量的工作岗位。一般来说，当处于较高的经济增长率时，低收入群体会加大对人力资源的投入，以增加自身的专业技能，提高综合素养，最终脱离贫困。

2）提高收入水平。贫困减缓效应也可得益于较高的人均收入或消费。较高的经济发展水平，也会大大提升居民的收入水平与消费水平，政府可以从居民的收入与消费中获得更多税收，继而加大对教育、医疗、社会保障等领域的财政投入，提升整个社会的福利程度，从而使低收入群体得到更多的实惠。由于税收收入增加，政府也会加大对二次分配与转移支付等领域的重视，为低收入群体提供生存保障，增加低收入群体的收入水平，帮助其脱离贫困的处境。此外，经济增长的贫困减缓效应得益于相对收入增长这一现象。

3）完善收入分配。经济增长可以直接影响收入分配。合理的收入分配制度会降低初始收入对贫困减缓的影响程度，对经济增长实现贫困减缓这一目标意义至关重要。因为低收入群体大多不具备相关专业素养，多从事非技术劳动，所以，缩小技术劳动与非技术劳动的工资水平差距，可以更好地提高低收入群体的生活水平。

## 3.1.2　金融发展的收入分配效应

金融发展一方面可以带动经济增长，实现贫困减缓这一目标；另一方面也可以通过缩小收入差距这一途径，提高低收入群体的收入分配水平。因为金融发展有利于实现配置经济要素，所以金融发展会使经济增长的成果在不同群体中自发分配。假如收入分配受金融发展的影响，加大了收入水平的差距，金融发展带来的贫困减缓效应会减弱甚至恶化。这就与原来的目的背道而驰。金融发展的贫困减缓效应，不能忽视其分配效应的影响。

1. 金融发展影响收入分配的方式

金融发展本身具有的功能可以提高收入的潜在水准。金融发展通常通过推动经济增长、促进劳动力转移、减缓企业融资约束等途径对收入分配施加影响，通过经济增长这一方式间接影响收入分配。因为金融发展会在居民、政府、企业的共同努力下实现经济增长、增加社会物质财富，而这又会通过扩大就业岗位、完善再分配方式等途径，使社会各个群体都能从中受益，最终对收入水平产生影响。目前，大部分欠发达国家或地区处于金融压抑的状态下，一旦其金融管制出现松动，就会提高储蓄率，进而减少借贷成本，扩大投资规模，提高消费水平，最终推动经济的增长。简而言之，利率对投资需求有引导作用，利率上升，能够极大地促进地区的投资水平，从而推动了经济增长。

1）减缓企业融资约束。企业可以通过金融发展的投资转化功能获得融资服务。在不完善的金融市场中，市场透明度较低，信息成本过高，信息的流动性较差，从而导致信息不对称的现象大量存在，潜在的企业家会因为启动资金不足，且不能从金融市场获得资金支持，从而使其无法开展生产与投资活动，降低了其脱贫的概率与潜在的经济增长能力。一个完善的金融体系，能够改善融资环境，可以为低收入群体创业提供条件，帮助成长中的企业扩大其经营规模。

2）促进劳动力转移。产业的健康发展需要金融发展通过资金配置来推动。一方面，产业的健康发展为低收入者提供了更多的就业岗位，使低收入群体从工资水平低的地区流向工资水平高的地区，最终使低收入群体的收入水平增加，实现了贫困减缓；另一方面，低利润率行业的工资水平（如农业、工业）与科技行业、服务业等行业的工资水平差距不断扩大，加剧了收入分配的不公平，贫困得不到减缓。由于以上两个方面对收入分配的影响，劳动力的转移对收入分配的影响着眼点就落在了金融发展转移的是不是技术劳动力这一因素上。

3）积累人力资本。金融发展对于积累人力资本的影响，主要体现在居民个体获得薪资待遇的能力上，即对于专业技能素养的培养。处于一个不完善的金融市场之下，居民的生活水平条件极大地取决于其初始所有的资金与资本，低收入者无法逾越这个障碍，整个经济社会也无法实现贫困减缓这一目标。但是在金融发展的作用下，金融机构可以帮助低收入者获得相关教育贷款，从而提高居民受教育水平，实现人力资本积累，改善了收入分配的结果。

2. 收入分配的贫困减缓效应

收入分配对贫困减缓能否顺利实现至关重要。收入差距的缩小与初始收入水平的提高，对贫困减缓产生立竿见影的效果。因为在人均收入相同的情况下，收入差距过大，往往存在高收入群体拥有更多财富这一现象，所以收入差距的缩小对贫困减缓的意义至关重要。但是收入的分配效应存在地区差异，甚至同一地区的不同时代收入分配的作用结果也不大相同。收入分配的贫困减缓效应主要有两种观点。

一部分专家学者认为，金融发展与收入分配存在倒"U"形关系。持这一类观点的以 Greenwood & Jovanovic（1990）为代表，他们假设收入分配是经济增长与金融发展的外生变量，且认为金融市场存在着固定融资成本，所有人融资都需要支付费用，但是市场上存在着不能支付这一成本的个体。市场上风险的分散与转移需要由金融中介提供，但是在金融发展与经济发展起步阶段，低收入者根本没有足够的资金支付这一成本，继而享受不了金融服务，低收入者与高收入者因为初期持有的可投资资金不同，财富的增长速度、幅度不同，扩大了收入分配的差距。但是因为支付成本是固定不变的，低收入群体比高收入群体更偏好储蓄，在金融发展推动经济水平提高的同时，低收入群体也通过积攒的财富享有相关的金融服务，从而降低了收入分配差距。Clarke，Xu & Zou（2003）通过对 1960～1995 年 91 个国家的数据进行实证研究，论证金融发展程度对收入分配的影响，结果发现金融深度对不平等的影响与部门结构有很大的关系，这也被看作倒"U"形关系的扩展。Iyigun & Owen（2004）在使用相关数据比对了发达国家与欠发达国家的金融指标和收入分配情况后，也证实了倒"U"形关系存在于金融发展和收入分配之间。

另一部分专家则认为收入分配差距的扩大是金融发展导致的。Galbis（1977）一直秉持着这样的观点。他通过构建两部门模型，证明了在绝大多数的欠发达地区，实际均衡水平通常会高于实际利率，这一现象的存在会对金融中介的发展产生不利影响，继而影响了经济发展的水平，并会诱发通货膨胀，导致经济波动与收入差距过大等不良结果。在社会资源总量不变的条件下，完善金融市场体系与优化资本的配置，可以使生产要素由效率低的行业转向效率高的行业以缩小收入差距，推动整个经济的增长与健康发展。Galor & Zeira（1993）使用了跨期的两部门模型，从人力资本的视角来探讨金融发展与收入分配的联系。他们发现，因为资本市场的成熟度不够，不公平的初始财富分配制度与完全平均的初始财富分配制度在日后的金融与经济发展过程中都会一成不变，并产生永久化的效果。但是一个国家的贫困减缓效应可以通过扩大的中产阶级人群来实现，从而推动经济的稳定增长。

**3. 收入分配影响贫困减缓的方式**

收入分配的贫困减缓方式主要有提高收入水平与推动经济增长两个途径。过大的收入差距不利于经济的长久增长，从而对贫困减缓这一目标的实现产生障碍。收入分配的经济增长效应与金融发展的经济增长效应的路径大致相同，在此则不予赘述。

收入水平的提高，使低收入群体可支配收入直接增加，改善了其生活水平，进而使其有闲置资金可以支配。低收入群体可以使用闲置资金在金融市场中投资，实现财富的积累；也可以使用资金学习相关技能，进一步提高自己的收入。因此，收入水平的提高，有利于低收入群体财富的积累与人力资本的增长，最终产生贫困减缓的效果。

### 3.1.3　金融发展的门槛效应

多数学者与专家认为金融发展模式有两种，即供给带动型和需求追逐型。经济发展水平过低，金融体系成熟度不够，金融推动经济发展的角色是扮演"供给者"；如果经济发展水平逐渐提高，金融体系逐渐成熟，经济要素的沟通不断紧密，就会催化相关金融产品的出现，刺激金融服务的产生，促进金融市场的持续发展。

大量的专家与学者通过相关研究发现，金融发展的经济增长效应和收入分配效应不一定能实现贫困减缓，甚至反而会使地区的贫困程度加深，使居民的收入差距扩大。美国著名经济学家库兹涅茨1955年提出收入分配状况随经济发展过程而变化的曲线应呈现倒"U"形的关系，又称作"库兹涅茨曲线"（Kuznets curve）。赞同该假说的学者发现（陈伟国，樊士德，2009），金融发展可以推动经济的增长，但是如果收入分配制度不合理，则经济增长的涓滴效应会大打折扣，甚至不会改善地区的收入水平。某地区的贫困减缓效应不仅与当地的经济发展水平有关，还与收入水平差距、低收入群体的经济机会可获得性等有关。金融发展的贫困减缓效应一般有先恶化，然后达到一定阶段后改善的规律。这是因为当某一地区的经济水平、金融发展程度处于起步阶段时，金融产品作为市场中的一种稀缺产品，其获得成本太高，低收入群体付出的代价过大，从而无法获得金融服务，继而低收入群体与高收入群体的收入差距越来越大，恶化地区的贫困程度。但是随着经济水平的提高与金融市场的成熟，金融产品的获得成本逐渐降低，低收入群体通过前期的财富积累也能从金融机构和市场中获得金融服务，享受金融产品带来的益处，此时金融发展的贫困减缓效应才初现端倪。

学术界把以上现象称作金融发展的"门槛效应"，即在未达到经济发展水平的"门槛值"时，金融机构与市场对经济增长的带动作用不是很强烈，还可能阻碍经济发展，但是随着经济发展程度的不断提高和金融市场的逐渐成熟，经济总量达到必要的"门槛值"，金融市场与机构就会发挥服务经济功能，从而带动经济的稳定增长。

从另一个层面来看，一个金融体系的正常运作需要耗费足够的资源、资本与人力，假如某一地区的金融体系成熟不够，金融体系的产出不能弥补所耗费的相关成本，这时经济增长不会从金融发展中得到益处；但是随着经济发展程度的提高和金融市场的逐渐成熟，经济总量达到必要的"门槛值"时，金融体系的"营业收入"超过其"营业成本"，此时的金融发展会拓宽企业的融资渠道，推动科学技术的进步，最终带动经济的长久稳定发展。

## 3.2　金融发展影响贫困减缓的直接路径

金融发展不仅可以从经济增长、收入分配等间接路径完成贫困减缓的目标，而且能从多种直接路径中达到贫困减缓的目的。

### 3.2.1　金融服务与贫困减缓

社会中的各个阶层对金融产品有着不同的偏好，低收入群体可能更为青睐某些金融服务，如储蓄服务。完善的金融市场提高了企业和居民对金融服务的可获得性。为满足低收入群体的金融需求而设计的金融产品，可以更好地促进交易的产生，降低交易过程中的损耗，实现财富的积累，缓解收入的波动，从而增加低收入群体的抗风险能力，避免遭遇生存危机，最终实现贫困减缓目标。

金融服务实现贫困减缓的路径主要有两条：一是信息不对称产生的信贷压抑可以通过金融发展来减缓，帮助低收入群体获得信贷产品，使其解决融资需求，为维持其正常的生活和经营提供保障；二是为低收入群体提供存款服务，存款的利息可以带来额外收入，且会促进其财富的积累，增强其在面对未来的不确定变化，如失业、重大疾病等抵御风险的能力。

（1）储蓄服务

金融服务中最重要的一个部分就是储蓄服务。金融市场中的金融机构为低收入群体提供存款的机会，且为他们提供额外收入，促进了他们的财富积累。

1）储蓄服务为低收入群体提供了稳定的财富积累途径，且这种途径可以获得额外收入。虽然资产从现金变成存款，流动性大大减小，但正是由于这种限制，这项资金动用成本较大，才能保证财富的积累具有稳定性。最终，这笔资金可以流向更为重要的消费领域和投资产品，实现低收入群体对财富的正确决策。

2）当低收入群体的收入与消费出现较大的变化时，存款可以缓解低收入群体对这种变化的压力，提高其对经济与疾病的抵御能力，减少返贫的可能性。这对于那些没有稳定收入来源的极度贫困者来说意义非同一般。

3）储蓄服务能提高低收入群体的稳定性，并尽可能缓解不利情况的影响。当低收入群体遭遇重大变故时，储蓄服务使其可以有较多的资金面对这种风险，避免其以较低的价格变现生活所需的生产资料，维持其正常生活的可持续性。低收入群体对金融产品有着应对风险的偏好，而不是为了追求金融产品更高的收益率。

4）金融机构吸纳存款可以形成更多的贷款。吸纳存款是金融机构的主要融资渠道，在利率与存款准备金的共同作用下，储蓄率的提高可以产生更多的贷款从而实现更高层次的融资供给，帮助低收入群体实现对生产资料的投资，同时满足小企业的融资需求，完成低收入群体的"自我雇用"，从而改善收入状况，提高生活水平。大部分低收入群体与企业的运作没有交集，但是他们是储蓄服务的享有者。储蓄经常被认为是优于贷款的贫困减缓工具，因为它不但能改善低收入群体的收入状况，而且是低收入群体减缓贫困的一个重要法宝，能够帮其满足未来的消费需求，减缓消费压力，同时增强其面对重大变故和其他风险的抵御能力，实现财富积累，提高生活的稳定性。

（2）信贷服务

金融服务的另一个重要部分就是信贷服务。金融服务的贫困减缓目标得以实现的一种主要方式，就是向低收入群体提供贷款。一方面在面临重大变故时，低收入群体不必以低价变现生产与生活资产，可通过借贷渡过难关，维持其收入与生产的持久性；另一方面，低收入群体可以通过借贷完成对项目的投资，从而改善收入状况，提高生活水平。

1）信贷服务可以提高低收入群体的抵御风险能力。短期来看，风险将会对低收入群体的收入与生活水平产生影响；长期来看，风险是正常家庭步入低收入群体的主要因素，实现贫困减缓的核心途径就是提高低收入群体抵御风险的能力。信贷服务可以丰富低收入群体获得资金的渠道，有利于增强低收入群体在面对重大变故与危机时的承受能力。因此信贷服务是促进地区贫困减缓的有力武器。

2）当低收入群体需要购买相关设备、土地等生产要素，但资金不足时，信贷可以帮助其解决融资需要。低收入群体通过贷款获得所需资金进行相应的经营生产，这样就能促进地区生产力水平的提高，改善低收入群体的收入水平，实现地区的贫困减缓目标。同时，信贷还可以改善低收入群体的资产构成，减少其低收益、低风险的金融产品，增加其高风险、高收益的资产。例如，低收入群体通过教育贷款对自身能力的投资，虽然从短期来看，现金流入不敷出，但是长久来看，则保证了其获得长期现金流的能力，是低收入群体个体脱离贫困的最有效途径。

但是，信贷服务实际的运行情况大相径庭。因为低收入群体财富较少，信用状况不好，低收入群体经常处在信贷服务的"门槛"以外。贫困地区的金融发展水平通常比较低，低收入群体几乎不能获得信贷服务，且金融市场不成熟，金融资产交易成本过高，普遍存在信息不对称等，使低收入群体即使可以获得信贷服务，也因要承担更高的资本成本而加深了其贫困程度。因此，只有在成熟的金融体系中，信贷服务才可以实现地区的贫困减缓目标。

（3）企业融资

实现企业正常运营最重要的一点，就是有充足的营运资金，资本是企业经营的保证，企业可以通过内部融资和外部融资这两种渠道解决资金需求。大部分企业的融资途径往往是向银行贷款、权益融资，对于更深层次的融资，如融资租赁与贸易信贷等，一般企业不会涉及，即使涉及，企业之间的融资差异也较小。尽管受信息不对称等因素的限制，不同类型企业的对外融资程度不同，但中小企业获得对外融资的比例最小。金融机构应为企业提供所需的运营资金，促进企业的成长，从而扩大对劳动力的需求，提高就业水平，促进增收。

（4）转移支付服务

来自移徙工人的汇款常常是家庭的重要收入来源，也是他们抵御风险的一种额外方式。金融机构提供的较低成本，更安全、更快的转移支付服务对接受服务的低收入群体来说非常重要。

（5）保险服务

保险是贫困人口满足意外支付需求的重要保证。食品、健康、住房等领域的投资将带来更高的利润，但同时也面临损失的风险。保险的互动社会资本可以使贫困人口在面对意外情况时，提高寻求外部支持和服务的能力。面临风险冲击的贫困家庭的脆弱性更大，低收入群体对保险的需求与储蓄和贷款的需求相同。

（6）非正规金融服务

不成熟的金融市场，是一个地区，尤其是欠发达地区贫穷的重要原因。金融市场的成熟度不够，银行和其他金融服务业面临诸如信息不对称、道德风险、小规模的借贷成本高、信贷风险管理和贷款抵押物不足等问题，低收入群体难以得到必要的金融服务。因此，在资金需求大且不会在银行得到服务时，低收入群体不得不转向高成本和高风险的非正规金融渠道。

非正规金融部门和客户群体通常一起工作（生活），同时掌握相关的信息，抵押贷款利息灵活，克服了无法从正规金融部门获得贷款的问题，无论是在城市还是在农村，这都往往成为信用的主要来源。当信贷需求强劲时，非正规金融部门可能会从正规金融部门获得信贷。从一定程度上来说，商业的脆弱性可以通过非正规金融服务来缓解，解决正规金融"惜贷"问题，对贫困减缓的实现大有裨益。忽视了它的发展，可能导致资源配置和投资质量下降，不利于贫困减缓。非正规金融对低收入群体，特别是欠发达地区和国家的低收入群体来说意义重大。

实际上，一些有组织无机构的金融会，比如标会、摇会、抬会、合会、呈会，都属于互助基金性质，在国外一般称作循环储蓄和信贷协会，同时它也是最受关注的非正式金融中介机构。它的运作原理是：所有成员定期投入一定量的资金，从而形成一个共同的储蓄资金，然后每个成员依次从金库里获得约定的投资或其他消费会员资金，以减少现金管理和存储的问题。在中国，这种形式也被认为是一种民间自发的信用融资行为，在正常情况下，当人们需要钱时，就会希望能够通过这种方式更快捷地筹集到所需的资金。与正规金融相比，民间金融无须抵押和担保融资，参与者可以计算利息，无技术壁垒，因此，它很容易成为小微企业和个人融资渠道。然而，这种形式大多是自发组织的，许多国家的监管机制和相关政策法规几乎空白，其主体利益之间的权利与义务缺乏法律保障，容易被不法分子利用。非正规金融的这些缺陷使许多国家更加重视小额金融的发展。

（7）微型金融服务

随着孟加拉国乡村银行小额贷款模式的成功及对贫困人口服务范围的扩大，在许多发展中国家，微型金融成为提供给低收入和贫困群体，尤其是农民和农村中小企业的金融制度安排，这使微型金融逐渐成为减贫关注的热点。

1）基本服务。小额信贷贫困减缓的一种方式是提供基本服务，如储蓄、贷款和保险，通过促进投资、平稳消费和风险管理等进而实现贫困减缓的目标。这些服务与普通金融产品相同，功能机制相同，但在提供服务的方式和规模上有所不同。例如，在储蓄服务中，小额信贷主要采取强制和自愿两种储蓄方式，从而增加了贫困家庭的投资机会，降低了他们的脆弱性。在贷款服务中，借贷往往在物质资本、人力资源投资和抵御外部冲击方面具有重要意义。但贷款约束机制是贫困人口的主要桎梏。小额信贷以个人和团体借贷的形式进行。除了融资服务，大部分贷款是消费或紧急借款。在团体实施贷款过程中，强制储蓄可以是现金或抵押的"集体收费"。这种方法是由团体评估获得贷款人的信息和还款能力、相互保证，并有连带责任。如果借款人不能偿还，其他成员将偿还和借用自己的资金，否则他们将无法借款。团体贷款有利于弥补正规金融的不足。小额信贷计划是小额信贷的另一种服务，可帮助贫困家庭应对外部冲击和风险，例如，印度的农作物保险，就提高了贷款的偿还率。

2）小微企业融资。小微企业（包括小型私营企业、个人合伙企业、家庭作坊企业、个体工商户等）在培育国家的产业基础方面发挥着重要作用。以家庭为基础的小微企业可以实现自我就业，为更多贫困群体创造就业机会，提高就业水平；提高地区的储蓄率，为基本需求如食品、衣物提供服务。因此，小微企业的发展是一个国家国民经济健康稳定发展的重要基础，是减少贫困的渠道之一。与中小企业面临的困境一样，小微企业的融资情况不容乐观。小额金融在一定程度上解决了小微企业融资难问题，对贫困减缓有着特别重要的影响。小额信贷以贫困人口和小微企业为重要服务对象，为其提供小额信贷，并提供咨询和培训服务，避免传统金融机构因信息不对称而出现的"惜贷"问题。另外，一部分小额信贷以项目的方式实施，具有明显的针对性。在实践中，许多国家制定了各种项目配套的中小企业的信贷政策，以确保更多的人获得融资。

3）实现人力资本积累。小额信贷可以帮助低收入家庭的儿童享受教育，实现人力资本的积累，避免贫困的代际传递。人力资本是低收入家庭摆脱贫困的重要途径。相关研究表明，金融体制的不完善和贷款服务成本过高会导致童工数量的增加，不利于低收入家庭子女教育和人力资本的积累，会加剧地区贫困程度。

4）扩大妇女的参与程度。小额信贷在贫困减缓方面的作用也体现在妇女参与程度的提高上。因为妇女更关心家庭中子女的健康和教育，并表现出家庭活动中的决策权，低收入家庭妇女的领导力有助于低收入家庭脱离贫困。

5）提供综合培训。小额信贷对减贫的影响也表现在全面的培训上，如咨询、教育等。综合训练能使参与者获得相关技能和经验，增强自信心，增强自我意识、互动能力和训练能力；通过促进参与者之间的交流，参与者可获得更广泛的社会关系和经济能力，从而提高生活水平。此外，综合培训能显著促进小微企业的成长和发展，提高企业家的决策能力。在贫困减缓层面，微型金融服务和主流金融相互补充，不仅可以促进金融市场的成熟，也能使金融发达或不发达的国家在扶贫方面发挥积极作用，微型金融服务已成为许多国际扶贫项目中的重要工具。因此，应该对微型金融扶贫有一个正确的认识，发展小额金融是减少贫困的具体措施。随着经济的发展、金融市场的完善和低收入群体承受能力的增强，金融服务的范围将不断扩大，这必将使社会上更多人受益，从而对建立普惠金融体系、促进地区的贫困减缓发挥积极作用。

## 3.2.2　金融体系与贫困减缓

金融体系直接作用于贫困减缓，是指在一定的经济环境下，一个国家或地区的金融发展水平对该地区贫困问题产生的影响。相较于金融发展水平低的国家，金融发展水平高的国家的贫困减缓速度更快。金融体系发展的滞后对贫困人口的影响尤为显著，这是因为在金融发展面临下行压力时，利益集团可依靠自身内部积累的资金满足生产需求，或者与银行建立关系以获得资金。金融发展水平越高，贫困人口获得的好处也越明显，这是由于金融体系效率的提高，有助于降低融资成本，一方面使贫困人口有能力获得资金，另一方面增强了金融机构为贫困人口提供低价金融服务的承受能力。金融发展有利于促进产业竞争，降低进入门槛，尤其使得大量中小企业进入行业从而有助于对劳动力的吸收，增加贫困人口的就业机会，改善其生活水平。大型金融机构或者金融集团不断扩大业务范围，寻求新的利润点，把贷款业务下沉到贫困人群，从而改善贫困问题。

另外，金融自由化也可能不利于贫困减缓。这是由于发展中国家或处于经济转型期国家的金融体系不完善，金融自由化会扭曲资金配置，大量资金被投入低效率部门，资金利用效率降低。同时，贫困人群无法享受金融服务，收入水平降低。综上，金融深化对贫困水平存在异质关系，一方面金融深化可以有效减少贫困人口数量，另一方面金融深化扩大了贫困人群收入的差距，加剧恶化极端贫困人群的境况。

（1）完善金融市场

1）完善的金融市场可以创造更平等的经济机会。平等的经济机会使各个群体都能公平获得相应的金融服务，通常低收入群体更需要获得金融服务，而平等的经济机会使低收入群体的参与度大大提升，从而提高个体收入水平。一个健全的金融市场意味着个人可以获得资金接受教育、培训，弥补金融市场的缺陷将为个人提供更多的机会。

2）完善的金融市场，能够促进产品市场和要素市场的良好运行。低收入群体可能不是通过获得贷款直接改善其收入水平的，但是通过金融发展来改善市场（包括劳动力市场）环境和提高产品市场要素的流通，提高市场效率，比直接向低收入群体贷款更有利于实现贫困减缓的目标。

3）完善的金融市场，金融服务的门槛效应较小。金融机构之间的市场竞争有助于降低贷款利率，最终惠及低收入群体。当金融机构发现传统业务竞争过于激烈时，利润过低，它将寻求新的目标客户和业务方向（如向低收入群体提供贷款）。

4）完善的金融市场可以促进风险的有效对冲与分散。收益和风险相伴相生，高收益的项目，其风险也让人行前三思。当风险无法分散时，此类项目的投资者应相当谨慎。金融体系完善后，风险对冲与分散途径大量增加、风险溢价下降，筹集资金的成本也随之降低，从而有利于地区经济的良性发展，最终实现贫困减缓的目标。

不断提高金融体系的效率，完善金融市场对一个地区的贫困减缓大有裨益。金融体系效率越高，其融资成本或利率就越低，金融机构就能够承担低收入群体的融资成本，从而增强金融体系为低收入群体提供金融服务的能力，缩小收入分配差距。

（2）改善宏观经济环境

随着经济全球化程度不断加深，技术、知识及管理经验等在比较优势与资源禀赋的作用下，会随着金融自由化带来的资本流动、商品流动等发生转移，从而提高该国的生产率，促进经济增长。金融体系帮助贫困群体的最佳方式并不是直接提供贷款，而是通过发展金融以改善宏观经济环境和市场的运行，以促进竞争、提高效率、创造更多的机会、加快新技术的应用及人力资本的投资等。

提高市场竞争水平可以扩大低收入群体的经济机会。贫困的重要原因之一是缺乏经济机会，必须加快金融发展，促进市场公平竞争，为低收入群体提供更多的选择或更多的经济机会，帮助他们摆脱贫困。帮助低收入群体脱离贫困的主要路径应该通过发展金融来增强市场竞争力，从而为低收入群体创造更多的就业机会。通过发展金融实现公平竞争，实际上是帮助低收入群体获得融资支持，进而改善收入状况，实现财富的积累。

经济发展水平的提高会加快新兴技术在金融领域中的应用。新技术的应用可以提高低收入群体获得金融服务的便利性与可能性，使低收入群体在经济发展与金融发展中更能得到实质性的收益。在保证金融机构可持续经营的同时，必须加快金融领域新技术的应用，降低金融体系所提供的金融服务成本，提供更丰富、更合理的金融产品。

（3）使具有创新精神的人获得金融服务

向有创新精神的企业家提供金融服务，将使金融系统在贫困减缓和改善收入分配方面更有效果。金融服务有助于为企业创造更多的新业务，缓解就业压力和提高工资水平。为创新活动给予财政支持，可以提高新企业的生产率和就业率，加快新企业的生产速度，创造大量新的就业机会，缓解劳动力市场的就业压力。一个国家的财政重点是支持企业家的创新活动，有利于创造更多的新企业和提高工资水平，从而有效地缓解贫困和改善收入分配。

金融系统大力支持企业家的创新活动，使人们不再局限于资本、关系或背景，而是可以依靠知识、技术、努力和创业精神来取得经济上的成功。如果一个国家的金融体系可以支持企业家的创新活动，那么经济中每个人的成功将不再依靠自己的资本或关系（包括与父母的关系），而主要取决于他的知识、观念、能力和创新精神，因此，企业家的创新精神会改变依赖背景或依靠资本获得金融支持的模式。金融体系大力支持具有创新精神的企业家开展创新活动，有利于帮助解决"代际"贫困问题。金融体系有力地支持企业家打破对创业人才财富约束的限制，促使低收入群体创业。这有助于提高社会的收入流动性，解决贫困的代际传承问题。

（4）促进中小企业的发展

中小企业不仅是一个国家的潜在活力源，而且是提高中低收入群体收入水平的重要组织形式。中小企业的发展有利于创造更多的就业机会，促进工资水平的提高。如果中小企业受到金融体系的业务歧视，经济的增长将受到影响，收入分配也会失衡。事实上，中小企业成立之初需要更多的资金，但当金融系统脆弱或资金短缺时，中小企业获得银行融资的难度远大于大型企业。为中小企业和个人创业提供金融服务，扩大金融服务的覆盖面将会发挥以下功能：寻找投资机会使公司达到最优水平；帮助企业获得金融产品，而且生产工艺的创新可以帮助企业创新融资渠道；帮助企业选择一个更有效的组织形式（如公司），并选择一个更有效的投资组合；等等。

总之，为中小企业提供金融服务将有助于金融系统更有效地为低收入群体服务，这一过程将使正规金融和非正规金融的联系更加紧密，并为低收入群体提供致富机会。

（5）宽松的金融管制

金融管制的减少有利于收入分配状况的改善。因为低收入群体缺乏相应的抵押资产，而且相对于银行贷款的固定成本，他们因为收入较低而难以利用银行提供的金融服务。在这种情况下，严格的金融管制将进一步减少低收入群体的融资机会，收入分配差距扩大。因此，通过减少对金融业务的管制，如降低抵押品要求和融资约束，这种结果将增加社会群体获得银行贷款的机会，从而有助于为低收入群体的发展创造条件。在严格限制人们自由进入金融体系的环境下，金融越发展越对少数人有利，这就加剧了收入分配的不平等。金融管制的放松导致更多新业务与新产品的出现，从而实现贫困减缓。这也意味着放松管制有利于缩小收入分配差距，同时限制竞争不利于缩小收入分配差距。

（6）利率市场化

从融资的视角来看，低利率对低收入群体有利，控制利率上限对低收入群体有利。但学者现在普遍认为，利率的自由化不利于解决贫困问题。利率市场化不适用于向低收入群体提供贷款的金融机构。这是因为这些金融机构主要为低收入群体和以家庭为基础的微型企业提供金融服务。低收入群体和以家庭为基础的微型企业规模小、不确定性和风险大，因此金融机构向这些客户提供贷款需要付出更高的交易成本和风险成本。在这种情况下，只有贷款利率足以弥补经营成本和风险成本，并以相对较高的资本利润率吸引资本进入，才能使小额信贷机构符合正常的企业运作规律，继续为低收入群体服务。如果金融价格（利率）过低，为低收入群体提供金融服务的金融机构由于运营成本高，最终不得不退出市场，结果将使低收入群体重返高利率的非正规金融市场。此外，低利率会减少储蓄的收益，这不仅减少了人们（尤其是低收入群体）的财产性收入，也使金融机构难以为低收入群体提供金融服务，结果加大了金融服务差的可能性，降低了这一群体的收入从而使他们更难摆脱贫困。

### 3.2.3 金融风险与贫困减缓

随着金融市场的开放，一方面刺激了经济增长，提高金融发展的效率来减缓贫困；另一方面使金融波动风险伴随金融发展而来，甚至严重时会引发金融危机。金融自由化的渐进性将给新兴市场和相关产业带来大量资金，这可能会导致资产价格的过度波动，从而导致金融市场的不稳定；一旦进一步蔓延，最终会导致资本市场的危机。经济波动、通货膨胀对低收入群体极为不利，甚至加剧贫困程度。金融危机在降低低收入群体生活质量的同时，也严重影响了其减贫能力。在这样的背景下，金融发展只会把更多的资金投入非正规部门，增加高收入群体的信贷比重。低收入群体的收入很少，高收入群体与低收入群体之间的差距将进一步扩大。因此，金融动荡的风险将直接削弱金融发展对贫困减缓的效果。

金融发展在贫困减缓方面的作用需要考虑金融的稳定性。在经济开放和金融自由化的条件下，金融脆弱性大大增强，经济面临更大程度的金融风险甚至金融危机。低收入群体无法隔离金融危机，金融危机对低收入群体产生更大的不利影响。它将减少金融发展对贫困减缓的影响。

（1）就业的影响

金融风险过高会导致金融机构缩减业务量，进而降低工人的收入，减少对正规工人的需求，造成大量失业。失业人员将涌入非正规部门，而企业对非正规劳动者的需求也在下降，造成了非正规劳动力市场的就业压力。这些影响导致正规工人和非正规工人的收入下降。金融危机对就业的影响可能因工人的技术水平和与工作接触的机会而有所不同。

在金融动荡和危机的冲击下，由于技术劳动力的雇用、培训和解雇成本较高，企业会首先通过"劳动储存"（技术劳动力）减少对非必要劳动力的吸纳，非技术工人（典型的低收入群体）失业。当企业认为冲击时间越短，"劳动力储备"越强时，必然导致低收入群体失业率大幅度上升。此外，金融危机还可能影响人力资本的积累和低收入群体的就业能力，增加贫困程度。

（2）通货膨胀

通货膨胀往往对低收入群体和高收入群体产生不同影响。因为低收入群体的财富有限，他们通常持有很大一部分现金。高收入群体除了现金，还有其他形式的财富，如不动产。在低收入群体的收入中，工资占很大比例，而名义工资并没有随着物价指数的上升而增加。因此，低收入群体的通货膨胀率要比高收入群体的通货膨胀率大得多。

（3）政府干预

当一国面临金融风险过高时，会采取财政政策和货币政策等应对。解决金融风险的传统方法是减少社会救助资金，即紧缩财政政策。虽然这一政策可以减轻金融危机的不利影响，但是减少公共开支势必会减少和降低公共服务项目的数量和质量，这对低收入群体的影响是巨大的。此外，低收入群体收入的下降将使他们无法获得相应的金融服务。如果政府利用货币政策（如调整利率）来应对金融风险的负面后果，它也会对资产价值产生影响。资产和产权的变化会影响不同部门的收入分配，从而对贫困减缓进一步产生不利影响。

（4）汇率变动

汇率变动与金融不稳定和金融危机有关。汇率的变动将直接影响商品的相对价格、收入水平，进而对贫困减缓产生作用。金融危机中，一个国家的货币汇率上升，可能会导致货物贸易出口需求的上升，一方面拉动了出口商品生产部门的就业率和收入水平；另一方面，可以促进贸易品和非贸易品相对价格的上升，导致贸易和非贸易部门收入的变化，进而影响低收入群体的收入水平。因此，汇率变动的影响取决于二者的净效应。然而，如果一国的食品以进口产品为主导，进口商品价格的上涨将损害净消费的低收入群体。

（5）国际贸易

金融危机造成国际贸易量和相关投资活动减少，这将降低就业需求，使进行无技术附加工作的低收入群体的收入水平下降，最终结果是恶化依靠这项业务的贫困地区的经济形势。贫困地区的农民拥有的生产资料较少，且人力资本难以产生并转化，所以最终会带来更深层次的消极影响。

国际贸易的减少意味着关税收入和有关部门的税收减少。对一些高度依赖外贸的国家在遭受打击后，实现经济转型是减少受到外贸影响的解决措施，但在这一过程中，低收入群体可能受到更大的影响。金融危机引发的社会环境恶化，也会影响低收入群体的收入水平，加重贫困的广度与深度。

## 3.3  金融发展影响贫困减缓的微观路径

金融发展影响贫困减缓的微观路径主要有两个方面，一方面是金融发展直接作用于中小企业，影响企业的融资渠道和资本结构，进而影响企业的发展方式和职工待遇；另一方面是金融发展直接影响居民的理财行为和投资决策。

大多数中小企业属于劳动密集型企业，对劳动者的技能要求较低，大量的非技术劳动力可以被中小企业吸纳。因此，中小企业的发展有助于低收入群体通过就业增加非农收入，形成自我发展能力，实现地区的贫困减缓。2008 年国际金融危机凸显了中小企业发展减缓贫困的重要性。根据国务院发展研究中心"国际金融危机对农民工就业的影响及对策研究"项目的抽样调查，在 2008 年下半年，沿海的制造业出口企业大规模裁员，超过 2000 万的农民工失去工作，另谋生计。在返乡的农民工中，以前在中小企业就业的占 9.45%；初中文化的占 61%，没有接受岗前培训的占 77.9%；认为下岗对收入水平的影响是巨大的占 85.6%。

### 3.3.1  金融发展影响中小企业的路径

金融发展影响企业资金的获得。企业在发展过程中离不开较为充足的资金，资金不仅包括自有资金还包括外源融资。具体而言，企业需要资金的原因：一是外源融资的可得性与新企业的建立正相关。二是企业为了扩大规模或投资需要融资。三是如果存在成熟的金融市场，企业可安全地进行资产组合以获得最大利润，同时优化自身资本结构。而外源融资的可得性依赖于一个国家整体的金融环境，如果不能从外部融资，那么企业的发展将受到很大的限制，这是企业发展最大的障碍。

不同类型的企业受到金融发展的影响不同。在企业成立之初，小企业更需要金融体系的帮助。如果金融体系比较脆弱，小企业需要克服更多的困难来获得银行的融资。从某些层面上来看，一个国家的潜在经济增长可以被中小企业优化和推动，如果中小企业为金融体系所限，那么其经济增长会受到影响。此外，金融发展对企业的资本结构有很大的影响，企业家通过选择资本结构来确保能够获取足额的资金，通过金融体系的选择效应来改变企业的资本结构。此外，融资环境将影响中小企业是选择自己控制企业还是与其他大企业合并。

（1）银行与中小企业融资

中小企业的发展离不开国有商业银行的大力支持。1998 年后，虽然中央银行明确指出国有商业银行需要加大对中小企业的支持力度，且已经出台了一系列帮助中小企业的政策，但中小企业获得的支持仍然有限。此外，金融业的整合导致银行贷款决策层次普遍上移，以及信用担保体系尚未建立，因此，信贷资金集中在大企业和大项目，而中小企业的融资面临诸多困难。

在金融体系较为完善的市场经济条件下，金融发展对解决中小企业的融资困境有一定的积极作用。为了解决"信息不对称"和"道德风险"问题，商业银行将采用以下技术手段和资金配置策略来应对中小企业贷款。

1）财务报表类贷款。这种贷款大部分为信用贷款，其一般审批思路如下：企业首先向银行提供相关的财务报表，然后银行根据报表提炼出相关财务信息，做出是否向企业贷款的决策。这种贷款一般都是面向大型企业与一些历史悠久的优秀中型企业，因为它们可以提供公开的规范财务信息。大多数中小型企业无缘这种贷款，因为其无法满足这些贷款所需的信息披露和财务指标。

2）抵押贷款。抵押作为一种替代性的信贷审查机制，可以减少信息不对称导致的高额交易成本，在一定程度上有助于缓解银行信贷配给。在过去的几十年中，发达国家的银行创造了各种信用评估技术（如信用评级、担保价值分析和管理）、多种金融服务产品（如信贷承诺、应收账款融资）和多种信贷风险控制技术（如信贷配给、合同管理、时间管理、长期的合作关系、信息共享贷款定价等），有效地满足了中小企业的融资需求。

3）信用评分。为了评价信用风险，商业银行通常考虑客户的 3C，即特征、抵押品与能力。利用现代数理统计模型和信息技术对客户信用记录进行计量分析，是一种决策方法。银行对客户的评价是一项基本工作，其对贷款决策、贷款客户选择和贷款定价具有重要的指导作用。但由于技术的复杂性，客户信息系统和数据积累的要求很高，应用范围也有限。

一般来说，上述三种技术很容易量化和理解。这类信息没有所谓的感性化特征，这一信息属于基于市场交易型的，是一种保持交易双方距离的贷款。此时银行和企业在交易过程中没有一个直接的关系，是一种"硬信息"。关系型贷款不同，其基础是难以量化和传递的"软信息"。这种"软信息"具有强烈的个性特征。银行与企业之间虽然没有统一的模式，但成熟的银企金融关系有助于解决银企之间的信息不对称问题。在一定条件下，信息不对称造成的损失可以控制到最低限度。

一般来说，银行对有关中小企业通过以下几个方面来了解：企业资金的主要构成；主要的进货物流和出货物流；企业的工资和劳动保障支出；员工的稳定程度等。银行获取信息通常需要很长时间。要获得业务量大的企业的完整财务信息，银行需要花费超过两年的时间；但对于那些经营状况不太活跃的企业，银行需要更多的时间与成本来获取信息。如果企业与银行之间的业务往来有限，企业在许多银行开立账户，银行获得的信息是不完整的。结果是，银行拒绝发放贷款给企业，抵押贷款条件更加严格。以"软信息"为基础的关系型贷款，可以缓解融资双方的信息不对称问题，促进交易成本的降低，增加中小企业获得贷款的可能性，更好地解决中小企业融资难的问题。

在银行与中小企业融资方面，中小银行拥有为中小企业提供服务的信息优势。一是中小银行通过与中小企业建立的长期业务关系，进而加强了对中小企业的认识；二是即使中小银行不能真正掌握中小企业的经营状况，但彼此之间基于共同的利益将加强自我监督。中小银行愿意为中小企业提供融资服务，不仅是因为它们缺乏资金，无力满足大型企业的融资需要；还是因为中小银行具备为中小企业提供服务的信息优势。

从理论上来看，金融业发展的根本原因是信息与以信息为基础的信用。银行虽然经济效益高，但交易成本高、管理成本高。银行可能更适合为大型企业提供金融服务。中小银行最能充分利用地方的信息资源，最容易了解中小企业的经营状况、项目前景和信贷水平，最有可能克服信息不对称和信息不完全造成的信用风险。正是这种经济理性使中小银行拥有稳定的服务对象和市场基础。

（2）信用担保机制与中小企业融资

完善的信用担保机制弥补了中小企业规模小、信用等级低的局限性，从而使中小企业的间接融资问题得以解决。

中小企业与金融机构的信息不对称是中小企业间接融资难的一个重要原因。根据信息不对称理论，信息不对称必然导致逆向选择和道德风险，从而使交易难以实现，进而降低金融市场运行的效率。由于借款人与贷款信息不对称，银行纷纷向名牌企业贷款，不敢向急需资金的中小企业放贷。中小企业信用担保体系可以很好地解决这个问题，它可为中小企业间接融资提供强有力的支持，帮助中小企业和银行共同分散风险。信用担保是金融服务业之一，它可以促进社会信用的良性发展，从而推动社会经济快速前进。信用担保融资作为一种高度专业化、高风险的行业，承受着银行或其他债权人难以承受的高信用风险。

信贷担保融资的主要类型是流动性贷款担保和全面信贷担保。对于中小企业来说，流动性贷款担保是一种信用担保，是解决流动性不足、发行难等问题的信用保证。这种方法的特点是周转时间短、贷款方便、短期贷款和融资成本较低。担保公司先进行中小企业的需求调查，在中小企业的申请通过后，担保公司以自身能力作为中小企业的保障资源，缓解中小企业目前的困境，减少缺少抵押品的负面影响，最终使贷款额度扩大。全面信贷担保主要用于解决营运资金需求，包括单一或混合项目和现金流贷款等。企业可以根据批准的信贷额度、年限和使用情况，以及不同的贷款组合，尽可能满足他们的需要。特点是资金来源能满足更大的需求，为企业提供更快捷、更方便的贷款。企业必须充分利用资金，合理安排资金流向。

（3）创业板与中小企业融资

股票的第二个交易市场经常被称作创业板市场，其是作为补充主板市场而存在的另一种交易市场。它是经济发展到一定阶段的产物。主板市场的资质审查严，进入门槛高，不能解决中小型企业尤其是高新技术企业的直接融资需求。它是股票在场外交易市场的主要构成部分和先进形式。

在经济增长过程中，创业板市场扮演着非常重要的角色。对处于发展中的企业而言，创业板市场不仅意味着建立起多层次资本市场体系，进而拥有更多的直接融资渠道，也意味着能给创业投资带来良好的退出机制，将社会资本更多地吸引到科技创新类企业，使企业融资链条日臻完善。

1）可以丰富中小企业的融资渠道。由于许多中小企业难以跨越中小板上市门槛，而创业板市场，可为中小企业提供进入市场的机会。中小企业由于高成长性、高收益性和较强的市场竞争力，一旦获得成功，市场价值将远远高于传统产业。但由于其风险特征高，面临较多的技术风险、市场风险、操作风险和政策风险，所以，信息不对称比一般企业更为严重，采用传统的融资方式更难融资。而创业板市场发行上市标准宽松，对公司历史业绩要求相对较低，公司是否有发展前景和增长空间，才是创业板关注中小企业是否能上市的重要因素。因此，创业板投资者的风险承受能力较强，主要针对那些追求高回报、愿意承担高风险的投资者。

中小企业的有效发展得益于创业板市场的融资机制。这个机制可以保证资金的筹集和使用的透明度高，使社会资本流向发展前景较好与运营效率较高的企业；在流通市场增强股票流动性的情况下，实现投资资金持有期间的转换，使短期投资者进入股市进行创新企业上市的长期投资，确保资本充足率的长期供应；通过公司股票的信息传导机制，提高企业资金的使用效率，缩短公司由成长型变为成熟型的时间。可见，中小企业可以通过创业板市场获得良好的融资渠道，进而可以更快地发展与更好地成长。

2）风险资本可以通过创业板形成一个稳定的退出渠道。风险投资是中小企业发展的催化剂，风险资本家投资的根本目的和动机与所有权无关，仅仅是要获得高的投资回报，因此倾向于寻求企业发展到一定阶段把所持有的企业股票变现，实现风险投资的增值，然后把现金投资新的企业，由此形成一个良性循环。风险投资的退出机制对风险投资的成败意义非凡。风险投资只是中小企业发展过程中的一个金融供给阶段。创业企业正常运营之后，如何实现风险资本的退出一直是风险资本在意之处，但中小企业投资的长期性也形成了中小企业投资的自然障碍。企业上市是实现风险投资退出的最重要形式，使风险投资者在股票流通市场中获利。

现实中选择退出渠道的方式很多，如股权上市、股权转让、公司清算等，但上市是实现投资回报的最佳途径。风险投资家可以通过投资企业向社会发行股票，获得几倍甚至几十倍的投资回报。通过投资企业向社会公开发行股票，成功地将风险资本退出企业，获得了良好的回报。假如缺少合适的退出渠道，风险资本就无法实现增值和流通，无法吸引更多的资金进入风险资本市场。主板市场发行上市标准比较严格。创业板市场为中小企业制定了上市的宽松标准。因此，创业板市场是创业投资的有效渠道和主要退出渠道。风险投资进入一定阶段后，公司的技术、产品和市场管理水平达到了创业板市场的融资标准。此时，风险投资将选择创业板上市，以便回收资金。在没有创业板市场的情况下，风险资本的回流渠道将会受阻，进一步影响风险投资基金的进入，阻碍中小企业的供应链。创业板市场是中小企业进入成长期的"发动机"。创业投资和创业板市场是中小企业发展过程中的一个持续融资渠道，二者相互支持、相辅相成，缺一不可。它们之间的资本运作路径是风险投资、创业板市场、现金回笼和再投资，从而实现资本市场与产业经济之间良好的资本循环。通过这种良性循环的资本，越来越多的中小企业可以成长起来。

（4）风险投资与中小企业直接融资

一个完善的金融体系应该具有完善的风险投资渠道。广义上说，风险投资是指风险项目的投资；狭义上说，风险投资是指高风险、高收益、高增长潜力和高技术项目的投资。它把资金和投资结合在一起，提供资金和管理服务。目前，比较流行的风险投资定义是"投资潜力很大的成长型企业，为企业管理服务提供股权资本"。风险投资作为一种金融创新工具，在现代经济发展中发挥着重要作用。风险投资是一种新型的、先进的投融资形式，具有投资高、风险高、收益高的特点。

大多数风险投资是针对中小企业的。中小企业的融资方式得益于风险投资，解决了一些中小企业，尤其是科技型企业的融资问题。目前，融资问题一直困扰着中小企业，严重影响了中小企业的发展。风险投资的发展进一步丰富了中小企业的融资方式，为中小企业的发展进一步扫清了障碍。因此，风险投资的发展越来越受到国家的关注。

风险投资对于丰富社会融资渠道的意义非同一般，它能帮助企业快速发展，扩大规模，使企业经营趋向成熟。风险投资可以为中小企业提供金融支持，使中小企业快速成长。在公司的运营周期中，初创企业经常处于没有足够收入且迫切需要外部资金的阶段。风险投资公司以获取股权的方式向中小企业提供资金，是中小企业解决资金需求的最佳路径。中小企业的主要资金几乎都来源于风险投资，在中小企业成立初期基本上是垄断的。风险投资是投资管理企业的动态创新过程。许多新兴企业未能获得足够的风险资本，尤其是在创业初期的关键阶段，使企业发展更为困难。风险投资的资金支持促进了企业的发展，帮助企业脱离困境。虽然一些中小企业通过内部的融资方式融资，但其主要资本仍然依赖风险资本。

企业商誉的提高也得益于风险投资。创业企业大多依赖于合作企业，好的风险投资也有利于吸引和留住特别有影响力的合作企业。风险投资是反映企业能力的标志，在选择是否与企业合作时都会考虑潜在的合作伙伴和客户。相关研究表明，风险投资有助于构建被投资企业之间的关系。风险投资提高了企业的声誉，对公司的成功大有裨益。吸引风险资本的企业有助于吸纳人才，因为有风投资本的企业，其在市场上会暗含这样一个信息，即该企业有很强的成长性与发展前景，所以各类人才更愿意在这样的企业工作。此外，供应商更愿意降低供应价格或延长对具有风险资本支持的企业的应收账款时间，客户也更加重视企业的承诺。风险投资者的声誉有助于吸引高水平的承销商首次为被投资企业进行股票在一级市场的发行。

（5）多层次的资本市场体系与中小企业直接融资

在一个相对成熟、健全的资本市场及不同类型的企业或同一行业的不同发展阶段，融资需求呈现出不同的特点，需要由不同层次的市场和不同的融资方式来满足。资本市场的完善与证券市场的成熟密切相关。狭义的多层次资本市场，是指证券市场的多层次结构，主要是主板市场、创业板市场和场外交易市场。一般来说，多层次资本市场是指股票、基金、债券和权证等股票市场的多样化。这样，就需要不断创新股票市场和股票类型，形成证券市场低风险、中风险、高风险的多层次证券交易模式，吸引不同类型的投资者，大大提高资本的流动性。这有助于保持整个资本市场的相对稳定，降低金融风险。

目前世界上相对成熟健全的多层次资本市场是美国的资本市场，其中包括国家集中市场（主板）[①]、区域市场[②]、未注册交易所[③]、国家小资本市场[④]、粉单市场[⑤]。美国多层次资本市场体系相互依存互补的市场结构，为投资者和具有不同特征的融资企业建立了适当的交易平台，资本供求达到了较高的均衡水平。因此，巨大的多层次资本市场功能整合效应促进了美国实体经济的快速增长。我国可以借鉴美国成熟的体系，发展多层次的资本市场体系用以满足各中小企业的直接融资需求。

### 3.3.2  金融发展影响家庭的路径

金融发展影响家庭的生活水平主要是通过金融对低收入群体的创业支持与社会资本对低收入家庭的信贷支持这两种途径。

社会资本在促进贫困家庭享受信用贷款方面发挥着重要作用。信贷业务在运行机制的过程中，通过结构上的关系网络，发挥社会资本的作用，信任、合作、标准体系和认知因素有效克服了信贷市场中的信息不对称问题，降低了信用风险和交易成本，提高了金融服务效率和资源配置。同时也为低收入家庭获得融资提供了便利，还对借款人的积极性起到了正的促进作用，提高了低收入家庭信用贷款的可得性。

（1）金融发展与大众创业

熊彼特秉持这样一个观点，即金融业只有通过支持创业者的创新活动，经济增长才具有持久性与稳定性。金融的核心作用实际上是对创业者的筛选。不发达

---

① 即纽约证券交易所、美国证券交易所和纳斯达克。上市条件依次下降，公司根据规模和特点选择融资市场。

② 即太平洋交易所、中西交易所、波士顿交易所、费城交易所等市场，主要是区域性企业的证券交易，而一些全国性的区域上市公司也在区域市场上进行交易。

③ 即由美国证券监督管理委员会合法注册，主要处理当地中小企业的小型地方证券交易所。

④ 即纳斯达克二板市场，是为有经验的机构投资者设立的，为成长性很强的中小企业提供融资服务。

⑤ 即全国性场外交易市场（未上市股票市场），专门提供一个可交易的股票但不能在全国市场上市。

的金融体系将会抑制国家或者地区的创业精神，完善的金融市场会让人们通过学识与能力来实现财富的积累。金融发展可以通过放松信贷约束、提供创新渠道、建立创业风险分担机制等，实现工作岗位的增加和生产率的提高来带动经济发展，最终实现贫困减缓效应。金融发展主要通过以下几个路径影响创业者进而刺激经济增长。

1）金融发展可以通过消除信贷约束来产生更多的工作岗位。如果一个市场的金融发展水平较高，就能更少地受到流动性约束与市场摩擦的不利影响，充分激发创业创新潜力，从而产生更多的企业并提高就业率，这势必也产生了许多新的工作岗位，从而使社会的就业压力减少，进而带动地区经济增长，改善低收入群体的生活水平。

2）金融发展通过支持创业者的创新活动提高生产率。融资的有效性将显著影响企业的创新能力。但是，较宽松的融资环境只能提高民营企业的创新能力，对国有企业的创新活动无能为力。

然而，社会中创新活力的迸发还要归功于风险分担机制。创新是一项高风险的活动，其通过不断创新金融产品与服务的金融体系，帮助企业家承担了大部分创业风险，并使其创业热情与能力潜质进一步发挥，最终带动了经济增长。金融发展提高企业经营状况与财务信息的透明度，使金融机构更好地掌握企业信息，并且通过签订一些合作协议使金融机构将监督与企业效益相结合，为创新活动提供有效的风险共享机制，改善创业者的创业环境以有利于刺激创业创新活动，带动经济增长。

3）金融发展通过支持创业者的创新活动，增强了市场竞争能力。金融发展可以为创业者的创业活动提供支持，进而使市场中存在更多的公司与企业，刺激竞争和更多元的商品和服务。这两者会带动经济增长，改善居民的收入状况。一个地区或一个行业的创业活动水平越高，则准入门槛就越小，市场的竞争激烈程度就越高。

（2）金融发展与贫困家庭社会资本的可得性

低收入家庭的金融持有量可以很好地反映其当前的财务状况与生活条件，是检验贫困减缓效应的一个重要指标。按照国际货币基金组织的标准，家庭持有的金融类别可以分为货币与活期存款、定期存款、债券、股票等。随着我国金融体系的完善，多层次的资本市场得以建立起来。市场中的金融产品与其衍生品不断增加，居民的金融资产持有种类也开始变得多样化。

但是，小额商业信贷仍然是低收入群体的最佳选择，是低收入家庭在应对资金需求时的主要筹资来源。它对帮助低收入家庭获得金融产品，促进低收入群体创业，提高低收入群体的生活水平等具有重要作用。小额信贷是指为中低收入群体提供额度较小的信用贷款，以解决他们在生产、生活和消费方面的需求。金融机构根据借款人的信用，在有限的额度和期限内发放不需要抵押和背书的小额贷款。小额信贷机制基于社会网络、信赖、分享、道德规范和社会资本因素，克服信贷市场信息不对称，降低道德风险和信贷成本，保持较低的违约率，从而实现发展的可持续性与稳定性。许多国家和地区政府注意到小额信贷对贫困减缓的重要性。虽然各国小额信贷的具体运作模式不同，但可以清楚地看到，小额信贷的成功运作是由结构性和认知型社会资本的作用所共同保证的。

低收入群体还有一种重要的商业信贷方式，那就是联保贷款。这也是贫困家庭的商业信贷方式之一。联保贷款是指由彼此之间没有血缘关系的社区居民或农民自愿组成一个联合保险集团，这个集团再向银行或者信用社进行借款，不过借款规模远远超过他们个体的借款之和，且集团成员之间具有连带责任。2006届诺贝尔和平奖获得者尤努斯创立了一个由5个团体组成的贷款制度，解决了低收入群体获得贷款的财产抵押问题。尤努斯的乡村银行通过建立横向和纵向网络体系，树立新的准则，培育社会信任环境，发挥社会资本的功能，解决了难以获得贷款的问题。通过社会资本的功能，乡村银行的还贷违约率保持在较低的水平，成为世界各国的贫困减缓竞相模仿的案例。目前，这种模式在亚洲、非洲、南美洲等许多欠发达国家以及北美洲和欧洲的一些贫困地区得到了广泛的应用。乡村银行贷款本质上是一个连带责任的金融合同，它直接发挥了社会资本的功能，使社会资本的信贷约束与还款激励的作用得以产生，并且通过发挥集团担保贷款偿还机制，有效降低了贷款的违约风险。这些机制依靠社会资本的非正式保险功能，通过社会隔离和物质惩罚等措施，避免了过高的贷款违约率，增加了低收入家庭获得信用贷款的可能性。

# 第4章 西部地区金融发展的现状及分析

本章以贫困问题多发的西部地区为主要研究对象，通过简述金融发展规模、结构、效率、经济贡献等方面的情况，进一步分析在实践中金融发展对西部地区反贫困的效应。利用西部地区拥有的地理优势、宏观政策优势、成本优势等，引进企业，以解决当地经济发展活跃度低的问题，缓解金融排斥现象。

## 4.1 西部地区金融发展现状

目前，我国东、中、西部的经济差异已日益明显，从地区生产总值来看，西部地区生产总值由 2001 年的 18 248.44 亿元增长到 2018 年的 182 824.46 亿元，但是东部地区生产总值仍然是西部地区的将近三倍。从各地区生产总值占比来看，西部地区占比从 2001 年的 17.1%增长到 2018 年的 20.0%，虽然有涨幅，但是变化不大。在城镇人均可支配收入方面，2007 年东、中、西部城镇人均可支配收入之比为 1∶0.50∶0.74，而 2017 年为 1∶0.51∶0.78，西部地区经济发展带动地区人均收入水平上升。西部地区经济发展的困境与贫困密切相关，随着西部地区经济的发展，我国农村贫困人口规模已从 1978 年的 2.5 亿下降到 2018 年的 0.166 亿，贫困程度得到明显改善。西部是我国贫困人口数量最多的地区，2018 年贫困人口数量为 916 万，较 2017 年减少了 718 万，这也得益于西部地区生产总值的提升。

金融发展作为经济发展的重要工具之一，已成为西部地区打赢脱贫攻坚战、促进产业结构优化升级、加快经济发展的核心战略之一，更是西部地区"大数据、大扶贫"发展战略的基础工具。

### 4.1.1 西部地区金融发展规模分析

金融发展源于经济发展的需求，随着西部地区经济的快速发展，金融发展成为促进经济发展的重要工具。

1. 银行类金融机构的发展现状

我国银行业发展趋于完善。5 家大型商业银行[①]、12 家股份制商业银行[②]、30余家城市商业银行、众多农村商业银行已入驻西部地区各城镇及农村地区，形成了营业网点、分支机构、分行的金融服务网。

由表 4-1 可知，从横向看，银行类金融机构在我国西部地区各省（自治区、直辖市）的分布较广，网点数量较多。

表4-1　2017 年西部地区各省（自治区、直辖市）金融机构网点分布　　单位：家

| 地区 | 五大商业银行 | 邮政储蓄银行 | 股份制商业银行 | 合计 |
|---|---|---|---|---|
| 重庆 | 1 362 | 234 | 288 | 1 884 |
| 四川 | 3 347 | 3 085 | 587 | 7 019 |
| 贵州 | 1 103 | 963 | 119 | 2 185 |
| 云南 | 1 601 | 855 | 411 | 2 867 |
| 广西 | 1 982 | 969 | 206 | 3 157 |
| 陕西 | 1 905 | 1 251 | 443 | 3 599 |
| 甘肃 | 1 375 | 600 | 130 | 2 105 |
| 内蒙古 | 1 601 | 810 | 210 | 2 621 |
| 青海 | 430 | 178 | 39 | 647 |
| 西藏 | 565 | 89 | 6 | 660 |
| 新疆 | 1 258 | 665 | 125 | 2 048 |
| 宁夏 | 510 | 202 | 39 | 751 |
| 西部地区合计 | 17 039 | 9 901 | 2 603 | 29 543 |
| 全国 | 67 714 | 39 999 | — | — |

资料来源：五大商业银行、邮政储蓄银行、股份制银行 2015 年年报及官方网站信息披露。

从纵向看，我国西部地区银行类金融机构的数量在全国银行类金融机构总数中的占比较小。五大商业银行在境内共拥有 6 万余家分行及营业网点，西部地区仅占 25.16%；邮政储蓄银行在全国共有 39 999 个分行及营业网点，西部地区占比24.75%。

此外，银行机构也逐步向农村地区延伸发展。目前我国农村银行体系通过长期的改革和完善，形成了以政策性农村银行机构为保障、传统型农村银行机构为基础、新型农村银行机构为重要补充的农村银行体系结构。新型农村银行机构作

---

① 5 家大型商业银行分别为工商银行、农业银行、中国银行、建设银行、交通银行（目前 5 家大型商业银行已完成了股份制改革，成为股份制商业银行，但是为了方便区分，我们还是称之为大型商业银行）。

② 12 家股份制商业银行分别为浦发银行、平安银行、招商银行、中信银行、民生银行、华夏银行、兴业银行、光大银行、广发银行、浙商银行、恒丰银行、渤海银行。

为促进我国广大农村经济发展的新型力量，主要包括村镇银行、农村商业银行等。

村镇银行的主要服务对象即"三农"。虽然目前我国商业银行的数量很多，但大型商业银行的服务重点仍在经济发展较好的城市，无论是授信额度、金融新产品、金融服务、服务覆盖面，农村地区仍然处于弱势地位，从而导致农民、农业企业、农村企业很难从银行获得贷款，金融发展带来的成果并未普惠给农村。村镇银行的出现恰恰弥补了农村地区银行业发展的缺陷。

随着经济的不断发展，金融成为宏观调控的重要手段，是社会资源优化配置的重要杠杆。我国西部地区金融产业获得了长足的发展和进步。在金融资产总量方面，西部地区的银行类金融机构存款余额从 1978 年的 299.38 亿元增长到 2018 年的 321 401.31 亿元，是原来的近 1074 倍；银行类金融机构的贷款余额由 1978 年的 365.47 亿元增长到 2018 年的 274 413.44 亿元，是原来的近 751 倍[①]。近年来西部地区生产总值也大幅增加，地区生产总值由 1978 年的 721.58 亿元增加到 2018 年的 184 302.16 亿元，是原来的近 255 倍，如表 4-2 所示。

表 4-2　2018 年末西部地区生产总值

| 地区 | 地区生产总值/亿元 | 增长/% |
|---|---|---|
| 重庆 | 20 363.19 | 6.0 |
| 四川 | 40 678.13 | 8 |
| 贵州 | 14 806.45 | 9.1 |
| 云南 | 17 881.12 | 8.9 |
| 广西 | 20 352.51 | 6.8 |
| 陕西 | 24 438.32 | 8.3 |
| 甘肃 | 8 246.1 | 6.3 |
| 内蒙古 | 17 289.22 | 5.3 |
| 青海 | 2 865.23 | 7.2 |
| 西藏 | 1 477.63 | 9.1 |
| 新疆 | 12 199.08 | 6.1 |
| 宁夏 | 3 705.18 | 7.0 |
| 西部地区合计 | 184 302.16 | — |
| 全国 | 900 309 | 6.6 |

资料来源：西部各地区 2018 年国民经济和社会发展统计公报。

国内外支持金融发展有利于减缓贫困的学者大多肯定了银行这一基础金融机构的贡献。Burgess 和 Pande（2005）通过对 20 世纪 70～90 年代印度金融发展对贫困的影响的研究，得出银行对减缓当地贫困的贡献程度为 34%，即银行在当地

---

① 相关数据由 1978 年、2018 年国民经济和社会发展统计公报第八项内容"金融"板块公布的数据整理得来。

农村设立的数量每增加 1%，农村的贫困率将下降 0.34%；谭险峰（2010）强调不仅增加银行服务机构能够减缓贫困，而且在农村建立服务于当地的微型城镇银行也有利于因地制宜、高效率地解决融资问题，他还对孟加拉国、印度尼西亚等国家的微型金融机构进行了实证研究；师荣蓉等（2013）对金融减贫的门槛效应进行研究，结果表明，虽然减贫速度根据人均收入水平的高低而不同，但从整体看，金融发展对减缓贫困具有一定有利影响。

由表 4-3 可知，我国西部地区 2018 年银行类存贷款余额相关数据的特点：余额占全国比例小。2018 年西部地区存款余额占全国 17.72%，贷款余额占全国 19.54%，西部地区存款余额仅相当于北京、上海、河北三地的总和；部分地区增速较快。通过对比西部地区贷款余额增速的相关数据，发现重庆、贵州、广西、陕西的贷款余额增速超过全国增长速度。在贷款增长速度中，贵州省增长了 18.3%，成为贷款增速最高的地区。在西部地区的所有数据中，四川省的存贷款余额总数位于第一梯队，存款 77 391.02 亿元，贷款 55 390.86 亿元，而西藏、青海、宁夏等地区的存贷款余额均未破万亿。

表 4-3　2018 年末西部地区银行类金融机构存贷款余额

| 地区 | 存款余额/亿元 | 增长/% | 贷款余额/亿元 | 增长/% |
|---|---|---|---|---|
| 重庆 | 36 887.34 | 5.8 | 32 247.75 | 13.5 |
| 四川 | 77 391.02 | 5.9 | 55 390.86 | 12.7 |
| 贵州 | 26 542.45 | 1.3 | 24 811.37 | 18.3 |
| 云南 | 30 740.84 | 1.9 | 28 485.69 | 10.2 |
| 广西 | 29 789.78 | 6.8 | 26 688.31 | 14.9 |
| 陕西 | 40 927.56 | 7.3 | 30 742.73 | 14.2 |
| 甘肃 | 18 678.46 | 5.1 | 19 371.74 | 9.4 |
| 内蒙古 | 23 342.05 | 1.1 | 22 195.73 | 2.9 |
| 青海 | 5 770.89 | -1.2 | 6 634.93 | 4.4 |
| 西藏 | 4 934.62 | -0.5 | 4 555.74 | 12.7 |
| 新疆 | 22 378.08 | 2.9 | 18 774.26 | 7.4 |
| 宁夏 | 6 046.14 | 3.0 | 7 038.52 | 8.9 |
| 西部地区合计 | 323 429.22 | — | 276 937.63 | — |
| 全国 | 1 825 158 | 7.8 | 1 417 516 | 12.9 |

资料来源：西部各地区 2018 年国民经济和社会发展统计公报。

2. 证券机构的发展现状

在西部地区设立的证券营业部，为当地企业提供发行承销、收购兼并、资产重组及投资咨询服务，同时上市公司的增加能够扩大生产，为当地带来经济效益并吸纳就业。

表 4-4 和表 4-5 分别为 2017 年和 2016 年西部地区证券行业现状的情况汇总。从中可以看出，在我国西部地区设立的证券公司（总部）较少，且两年证券公司（总部）的数量几乎没有变化。但从证券分公司和证券营业部的数量来看，西部地区 2017 年与 2016 年相比都有所上升。上市公司的数量也有不同程度的增加，其中 2017 年四川省的上市公司已经达到 119 家，成为西部地区上市公司数量最多的地区。

表 4-4 2017 年西部地区证券行业现状

| 地区 | 证券公司总部/家 | 证券分公司/家 | 证券营业部/家 | 期货公司/家 | 上市公司/家 | 上市公司股本/亿元 | 上市公司股票总市值/亿元 |
|---|---|---|---|---|---|---|---|
| 重庆 | 1 | 37 | 202 | 4 | 50 | 692.74 | 6 129.17 |
| 四川 | 4 | 47 | 415 | 3 | 119 | — | — |
| 贵州 | 2 | 23 | 103 | 12 | 27 | — | — |
| 云南 | 2 | 28 | 157 | 2 | 34 | 567.71 | 5 125.98 |
| 广西 | 1 | 19 | 184 | 2 | 36 | 299.0 | 3 082.56 |
| 陕西 | 3 | 41 | 258 | 3 | 47 | 634.52 | 6 097.24 |
| 甘肃 | 1 | 19 | 95 | 1 | 33 | 421.06 | 3 408.70 |
| 青海 | 1 | 32 | 28 | 1 | 12 | — | — |
| 宁夏 | 1 | 12 | 44 | 3 | 13 | 103.00 | 916.64 |
| 新疆 | 2 | 18 | 102 | 2 | 52 | 866.78 | 7 523.35 |
| 内蒙古 | 2 | 17 | 101 | 10 | 26 | 963.92 | 5 701.47 |
| 西藏 | 2 | 16 | 26 | 1 | 17 | 105.07 | 1 559.39 |

资料来源：由西部地区 2017 年国民经济和社会发展统计公报有关金融部分整理得到。

表 4-5 2016 年西部地区证券行业现状

| 地区 | 证券公司总部/家 | 证券分公司/家 | 证券营业部/家 | 期货公司/家 | 上市公司/家 | 上市公司股本/亿元 | 上市公司股票总市值/亿元 |
|---|---|---|---|---|---|---|---|
| 重庆 | 1 | 23 | 186 | 4 | 44 | 549.92 | 6 691.25 |
| 四川 | 4 | 36 | 400 | 3 | 111 | — | — |
| 贵州 | 2 | 16 | 85 | 12 | 23 | 228.05 | 6 839.13 |
| 云南 | 2 | 18 | 147 | 6 | 32 | 353.55 | 3 928.65 |
| 广西 | 1 | 19 | 184 | 2 | 35 | 299.0 | 3 541.45 |
| 陕西 | 3 | 31 | 245 | 3 | 45 | 570.5 | 6 437.8 |
| 甘肃 | 1 | 14 | 92 | 1 | 30 | 301.8 | 2 767.86 |
| 青海 | 1 | 34 | 25 | 1 | 12 | 101.3 | — |

续表

| 地区 | 证券公司总部/家 | 证券分公司/家 | 证券营业部/家 | 期货公司/家 | 上市公司/家 | 上市公司股本/亿元 | 上市公司股票总市值/亿元 |
|---|---|---|---|---|---|---|---|
| 宁夏 | 1 | 9 | 42 | 3 | 12 | 81.83 | 1 057.13 |
| 新疆 | 2 | 18 | 94 | 4 | 47 | 768.66 | 6 605.2 |
| 内蒙古 | 2 | 10 | 98 | 11 | 26 | 701.8 | 5 357.5 |
| 西藏 | 2 | 2 | 13 | 1 | 14 | 89.22 | 1 528.48 |

资料来源：由西部地区 2016 年国民经济和社会发展统计公报有关金融部分整理得到。

西部地区资金需求者的主要融资方式是向银行借款，证券业发展的基础相对比较薄弱，但是近年来，随着西部大开发政策的支持，西部地区证券业发展快速，分散了银行贷款的压力，融资方式与渠道变得更多元化。上市公司对经济发展的促进作用主要体现在增强了区域资金的流动性、拓宽了融资渠道、增加了地方税收收入。表 4-6 描述了西部地区上市公司的数量情况。从整体上看，各省（自治区、直辖市）上市公司均有所增加，宁夏、青海地区上市公司数量增长缓慢。截至 2017 年，四川省上市公司数量最多，有 119 家，比 2006 年增加了 85.94%，宁夏和青海各仅有 13 家、12 家。

表 4-6　西部地区上市公司数量　　　　　　单位：家

| 地区 | 2006 年 | 2007 年 | 2014 年 | 2015 年 | 2016 年 | 2017 年 |
|---|---|---|---|---|---|---|
| 重庆 | 30 | 30 | 186 | 40 | 44 | 50 |
| 四川 | 64 | 65 | 92 | 103 | 111 | 119 |
| 贵州 | 17 | 17 | 75 | 21 | 23 | 27 |
| 云南 | 23 | 26 | 29 | 30 | 32 | 34 |
| 广西 | 22 | 25 | 32 | 35 | 35 | 36 |
| 陕西 | 24 | 26 | 42 | 43 | 45 | 47 |
| 甘肃 | 19 | 20 | 26 | 27 | 30 | 33 |
| 青海 | 9 | 9 | 10 | 10 | 12 | 12 |
| 宁夏 | 11 | 11 | 12 | 12 | 12 | 13 |
| 新疆 | 2 | 30 | 40 | 43 | 47 | 52 |
| 内蒙古 | 19 | 20 | 25 | 26 | 26 | 26 |
| 西藏 | 8 | 8 | 10 | 11 | 14 | 17 |

资料来源：由中国金融年鉴第三部分统计篇整理得到。

虽然证券业在我国西部地区已经得到了发展，但发展水平仍然较低，上市公司数量及筹资金额有限，仍然有巨大的发展潜力。西部地区 2017 年新增上市公司 35 家，累计共 466 家，仅占全国上市公司数量的 13%左右。从对比数据中可以得知，西部地区证券市场发展水平较低，企业融资效率不高，但仍有很大的发展潜力。

### 3. 保险业的发展现状

保险业发展与当地经济发展水平密切相关，原保险保费收入和原保险赔付支出在一定程度上可作为衡量一个地区保险业发达程度的指标。表 4-7 为 2017 年我国东、西部部分地区保险行业的收入和赔付情况。

表 4-7　2017 年我国东、西部部分地区保险行业的收入和赔付情况　　　单位：亿元

| 东部地区 | 原保险保费收入 | 原保险赔付支出 | 西部地区 | 原保险保费收入 | 原保险赔付支出 |
|---|---|---|---|---|---|
| 广东 | 4 304.60 | 1 142.40 | 四川 | 1 939.40 | 583.29 |
| 江苏 | 3 449.50 | 983.60 | 陕西 | 868.69 | 260.01 |
| 山东 | 2 738.10 | 831.30 | 重庆 | 744.75 | 256.83 |
| 北京 | 1 972.96 | 577.72 | 云南 | 613.28 | 218.05 |
| 浙江 | 1 844.41 | 540.07 | 内蒙古 | 569.90 | 186.50 |
| 上海 | 1 587.10 | 548.93 | 广西 | 565.10 | 181.80 |
| 河北 | 1 714.40 | 547.54 | 新疆 | 523.77 | 173.39 |
| 辽宁 | 1 275.40 | 375.30 | 贵州 | 387.73 | 153.81 |
| 福建 | 1 032.10 | 325.70 | 甘肃 | 366.38 | 119.18 |
| 天津 | 565.01 | 155.32 | 宁夏 | 165.21 | 49.56 |
| 海南 | 164.83 | 49.08 | 青海 | 80.18 | 29.25 |
| — | | | 西藏 | 28.01 | 12.32 |

资料来源：中国保险监督管理委员会各省分支机构统计信息。

注：中国保险监督管理委员会现为中国银行保险监督管理委员会。

由表 4-7 可知，四川省是我国西部地区原保险保费收入和原保险赔付支出最高的地区。青海省和西藏自治区的原保险保费收入在 100 亿元以下，位列西部地区后两位。西部地区十二省（自治区、直辖市）中，四川省是唯一原保险保费收入过千亿元的地区，位列第二的陕西省仅有 868.69 亿元，在东部地区中也仅高于天津市和海南省，保险业在西部地区的发展程度极不平衡。通过将西部地区与东部地区的原保险保费收入和支付各类赔款及给付比较发现，东、西部地区保险业发展差距较大，除四川省外，西部其他地区的原保险保费收入较低。

### 4. 特殊经济发展群——金融城

近年来，无论是制造业还是商业都更加强调规模经济，地域的集中不仅能吸引更多的消费者，同时还能节省成本。金融业作为高附加值的服务业，其经营对象是一种特殊的商品（货币资金），这使金融产业的发展严重依赖于实体经济和商业群体。此时，聚集商业、金融、交通、医疗、住宅的金融城应运而生。

目前，坐落在贵阳西北部金融产业园区的贵州金融城，是贵州省"引金入黔"的战略核心工程，在建成后将成为西南地区规模最大的世界级金融枢纽。贵州金融城将被打造成面向西南、服务西部、具有较大影响力的国际化区域金融中心，旨在发展成集金融、文化、生活、交通、医疗、教育等产业于一体的平台。作为贵州机构聚集的发展平台，金融城将发挥聚集效应、辐射效应、引领效应、带动效应和联动效应，从而助推观山湖区产融发展，加快"引金入黔"的发展进程。金融城建设将产生多种利好：①助推传统金融机构的发展。银行机构、证券公司、基金公司、保险公司及期货公司等传统金融机构的引入，成为助推观山湖区金融发展的中坚力量。②助推新型金融机构发展。在做大做强传统金融机构的同时，积极筹建设立或引进信托投资、货币经纪、融资租赁、互联网金融、财务公司、汽车金融、消费金融、再担保等各类金融主体，填补市场空白，完善金融服务功能。③助推金融服务机构的产生和发展。引进经济、管理、信息、会计、税务、审计、法律、节能、环保、会展等咨询与服务机构和类金融机构、金融中介服务企业，将金融与产业经济相结合。

### 4.1.2 西部地区发展结构分析

本节主要从经济发展现状、产业发展结构和金融发展结构三个方面分析西部地区发展结构。本节主要探讨了西部地区 2015～2018 年生产总值的绝对值及其增长速度，发现该地区从 2015 年开始虽继续保持增长态势，但增速趋于平缓。在对西部地区产业结构现状进行整理的过程中发现，第二、三产业是经济发展的主要贡献者，但与全国水平相比第一、二产业的比重较高，第三产业的比重较低。

1. 西部地区经济发展现状

表 4-8 是西部地区十二省（自治区、直辖市）2015～2018 年的生产总值和增速的数据。从宏观上来看，西部地区十二省（自治区、直辖市）的生产总值均为正增长，且部分地区增速超出全国平均水平。

表 4-8 2015～2018 年西部地区经济发展指标

| 地区 | 2018 年 | | 2017 年 | | 2016 年 | | 2015 年 | |
| --- | --- | --- | --- | --- | --- | --- | --- | --- |
| | 地区生产总值/亿元 | 增长率/% | 地区生产总值/亿元 | 增长率/% | 地区生产总值/亿元 | 增长率/% | 地区生产总值/亿元 | 增长率/% |
| 重庆 | 20 363.19 | 6.0 | 19 500.27 | 9.3 | 17 558.76 | 10.7 | 15 719.72 | 11.0 |
| 四川 | 40 678.13 | 8.0 | 36 980.20 | 8.1 | 32 680.50 | 7.7 | 30 103.10 | 7.9 |
| 贵州 | 14 806.45 | 9.1 | 13 540.83 | 10.2 | 11 734.73 | 10.5 | 10 502.60 | 10.7 |
| 云南 | 17 881.12 | 8.9 | 16 531.34 | 9.5 | 14 869.95 | 8.7 | 13 717.88 | 8.7 |

续表

| 地区 | 2018 年 | | 2017 年 | | 2016 年 | | 2015 年 | |
|---|---|---|---|---|---|---|---|---|
| | 地区生产总值/亿元 | 增长率/% | 地区生产总值/亿元 | 增长率/% | 地区生产总值/亿元 | 增长率/% | 地区生产总值/亿元 | 增长率/% |
| 广西 | 20 352.51 | 6.8 | 20 396.25 | 7.3 | 18 245.07 | 7.3 | 16 803.12 | 8.1 |
| 陕西 | 24 438.32 | 8.3 | 21 898.81 | 8.0 | 19 165.39 | 7.6 | 18 171.86 | 8.0 |
| 甘肃 | 8 246.07 | 6.3 | 7 677.00 | 3.6 | 7 152.04 | 7.6 | 6 790.32 | 8.1 |
| 内蒙古 | 17 289.22 | 5.3 | 16 103.20 | 4.0 | 18 632.60 | 7.2 | 18 032.79 | 7.7 |
| 青海 | 2 865.23 | 7.2 | 2 642.80 | 7.3 | 2 572.49 | 8.0 | 2 417.05 | 8.2 |
| 西藏 | 1 477.63 | 9.1 | 1 310.63 | 10.0 | 1 150.07 | 10.0 | 1 026.39 | 11.0 |
| 新疆 | 12 199.08 | 6.1 | 10 920.09 | 7.6 | 9 617.23 | 7.6 | 9 324.80 | 8.8 |
| 宁夏 | 3 705.18 | 7.0 | 3 453.93 | 7.8 | 3 150.06 | 8.1 | 2 911.77 | 8.0 |
| 合计 | 184 302.13 | | 170 955.35 | | 156 528.89 | | 145 521.40 | |
| 全国 | 900 309 | 6.6 | 827 122 | 6.9 | 744 127 | 6.7 | 676 708 | 6.9 |

资料来源：西部各地区 2015～2018 年国民经济和社会发展统计公报。

单从地区生产总值这一指标来看，2015 年西部地区中共有 5 个省（自治区）生产总值未破万亿，分别是甘肃、青海、西藏、宁夏、新疆，其中西藏生产总值仅 1026.39 亿元。2018 年仍有 4 个省（自治区）的生产总值未破万亿。其中贵州省生产总值在 2015 年破万亿、新疆生产总值在 2017 年破万亿。2018 年西部地区十二省（自治区、直辖市）生产总值达到 184 302.13 亿元，较 2015 年增加 38 780.73亿元。从增速来看，西部地区十二省（自治区、直辖市）生产总值的增速大多超过全国平均水平。

综上所述，西部地区正值快速发展时期，其中重庆、四川经济发展水平较高，西部地区各省（自治区、直辖市）应紧抓目前政策倾斜的优势发展好当地的实体经济，保证规模以上企业的发展，解决中小企业的现实困难，关注金融集聚发展。

2. 西部地区产业发展结构现状

产业发展是区域经济发展的核心内容，是推动区域经济发展速度的关键助力，直接关系到地区的劳动生产率、经济发展水平、人民生活水平。

如图 4-1 所示，我国三大产业的趋势：第一产业比重维持相对平稳下降的趋势，从 2012 年的 9.4%下降到 2017 年的 7.9%；第二产业比重大体下降，2012 年第二产业比重达 45.3%，与第三产业的比重持平，但随着时间推移，第二产业比重小于第三产业，且差距在逐渐拉大；第三产业的比重大体上升，在 2015 年第三产业比重突破 50%。

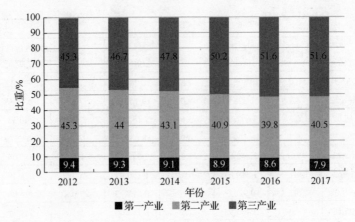

图 4-1　2012～2017 年三大产业增加值占国内生产总值比重

　　如表 4-8 所示，2017 年，我国国内生产总值 827 122 亿元，比 2016 年增长 6.9%。西部地区生产总值为 170 955.35 亿元，仅占全国国内生产总值的 20.7%。如表 4-9 所示，2017 年第一产业增加值 65 468 亿元，增长 3.9%；第二产业增加值 334 623 亿元，增长 6.1%；第三产业增加值 427 032 亿元，增长 8.0%。对比我国东部地区与西部地区三大产业增加值变化可以看到：2012～2017 年西部地区第一产业增加值占地区生产总值的比重高于全国和东部地区水平。2017 年我国第一产业增加值占地区生产总值的比重为 7.9%，东部地区第一产业增加值占地区生产总值的比重为 4.9%，而西部地区第一产业增加值占地区生产总值的比重为 11.4%。2017 年西部地区第二产业增加值占地区生产总值的比重略低于东部地区，高于全国平均水平 0.7 个百分点；西部地区第三产业增加值占地区生产总值的比重较低。2015 年，全国第三产业增加值占国内生产总值的平均水平突破 50%，2016 年东部地区这一数值达到 52.3%，西部地区第三产业增加值的比重虽然在连年上升，但 2016 年仍低于全国平均水平 6.4 个百分点。

　　通过对表 4-9 的数据分析可知，我国西部地区产业结构的发展特点如下。

　　1）生产效率低。通过观察 2012～2017 年三大产业的相关数据，发现西部地区第一产业增加值比重平均为 12.0%，东部地区第一产业增加值比重平均为 5.8%。2017 年西部地区第一产业增加值仅为东部地区的 83.4% 左右。

　　2）第二产业增加值低。西部地区与东部地区的第二产业增加值比重相当，2017 年东部地区第二产业增加值为 195 486 亿元，而西部地区仅有 69 429 亿元，第二产业增加值远低于东部地区。

　　3）第三产业增速不稳定。2013 年西部地区第三产业增速较快，2014 年第三产业增速大幅提高，2015 年第三产业的增速大幅降低并趋于正常水平，说明西部地区第三产业基础较为薄弱。

表 4-9 2012~2017 年三大产业增加值及比重

| 地区 | 年度 | 第一产业增加值/亿元 | 增速/% | 比重/% | 第二产业增加值/亿元 | 增速/% | 比重/% | 第三产业增加值/亿元 | 增速/% | 比重/% |
|---|---|---|---|---|---|---|---|---|---|---|
| 全国 | 2012 | 52 377 | 4.5 | 9.4 | 235 319 | 8.1 | 45.3 | 231 626 | 8.1 | 45.3 |
| | 2013 | 56 957 | 4.0 | 9.3 | 249 684 | 7.8 | 44.0 | 262 204 | 8.3 | 46.7 |
| | 2014 | 58 332 | 4.1 | 9.1 | 271 392 | 7.3 | 43.1 | 306 739 | 8.1 | 47.8 |
| | 2015 | 60 863 | 3.9 | 8.8 | 274 278 | 6.0 | 40.9 | 341 567 | 8.3 | 50.2 |
| | 2016 | 63 671 | 3.3 | 8.6 | 296 236 | 6.1 | 39.8 | 384 221 | 7.8 | 51.6 |
| | 2017 | 65 468 | 3.9 | 7.9 | 334 623 | 6.1 | 40.5 | 427 032 | 8.0 | 51.6 |
| 东部 | 2012 | 20 495 | — | 6.4 | 154 679 | — | 48.2 | 145 564 | — | 45.4 |
| | 2013 | 22 215 | 8.4 | 6.3 | 165 266 | 6.8 | 47.0 | 161 856 | 11.2 | 46.0 |
| | 2014 | 22 417 | 0.9 | 5.9 | 173 471 | 5.0 | 45.8 | 182 839 | 13.0 | 48.3 |
| | 2015 | 23 399 | 4.4 | 5.8 | 175 463 | 1.1 | 43.7 | 202 790 | 10.9 | 51.5 |
| | 2016 | 24 103 | 3.0 | 5.6 | 182 052 | 3.8 | 42.1 | 226 278 | 11.6 | 52.3 |
| | 2017 | 23 034 | −4.4 | 4.9 | 195 486 | 7.4 | 41.5 | 252 726 | 11.7 | 53.6 |
| 西部 | 2012 | 14 333 | — | 12.6 | 57 104 | — | 50.1 | 42 468 | — | 37.3 |
| | 2013 | 15 701 | 9.5 | 12.4 | 62 357 | 9.2 | 49.1 | 47 945 | 12.9 | 37.8 |
| | 2014 | 16 433 | 4.7 | 11.9 | 65 441 | 4.9 | 47.4 | 56 227 | 17.3 | 40.7 |
| | 2015 | 17 362 | 5.7 | 12.0 | 64 736 | −1.1 | 44.6 | 62 921 | 11.9 | 43.4 |
| | 2016 | 18 613 | 7.2 | 11.9 | 67 356 | 4.0 | 42.9 | 70 860 | 12.6 | 45.2 |
| | 2017 | 19 202 | 3.0 | 11.4 | 69 429 | 3.1 | 41.2 | 79 931 | 12.8 | 47.4 |

资料来源：国家统计局、国民经济和社会发展统计公报。

注：东部地区为北京、天津、河北、辽宁、上海、江苏、浙江、福建、山东、广东、海南。西部地区为内蒙古、广西、重庆、四川、贵州、云南、西藏、陕西、甘肃、青海、宁夏、新疆。以上各区域数据为各省、自治区、直辖市相应数据的加总和做简单除法。

综上，我国西部地区产业基础薄弱，虽然发展速度较快，但各项指标的数值仍比较低；产业结构优化升级的进度较为滞后，第一、二产业比重较大，说明西部地区的发展仍然比较依赖自然资源，而附加值更高的第三产业相对全国而言发展较为落后。基于目前西部地区产业发展的现状，应进一步提高第一、二产业的生产效率，重点发展产业附加值较高的第三产业。

3. 西部地区金融发展结构现状

金融产业在社会中主要充当媒介角色，为其他实体经济管理资金、提供资金、投资、提供上市、保险等服务，是一种高附加值产业。如表 4-10 所示，2017 年西部地区金融业增加值较 2016 年普遍增加，重庆和四川的金融业增加值较高，其他地区金融业增加值普遍较低。西藏、青海、宁夏的金融业增加值在 350 亿元以下，其中西藏更是不足 150 亿元。2017 年全国金融业增加值的增速为 7.6%，而西部地区增速为 13.3%，远高于全国平均水平。金融业增加值在地区生产总值中的比重变化较为稳定，说明我国西部地区经济、金融均处于高速发展时期。

表 4-10　2016～2017 年西部地区金融业增加值

| 地区 | 2016 年 | | 2017 年 | |
| --- | --- | --- | --- | --- |
| | 金融业增加值/亿元 | 地区生产总值占比/% | 金融业增加值/亿元 | 地区生产总值占比/% |
| 重庆 | 1 642.59 | 9.5 | 1 813.73 | 9.3 |
| 四川 | 2 729.45 | 8.4 | 3 303.27 | 8.9 |
| 贵州 | 689.40 | 5.9 | 787.88 | 5.8 |
| 云南 | 1 091.40 | 7.3 | 1 194.67 | 7.2 |
| 广西 | 1 135.45 | 6.2 | 1 273.40 | 6.2 |
| 陕西 | 1 181.54 | 6.2 | 1 300.10 | 5.9 |
| 甘肃 | 507.02 | 7.1 | 553.60 | 7.2 |
| 内蒙古 | 992.14 | 5.3 | 1 099.85 | 6.8 |
| 青海 | 245.81 | 9.5 | 274.60 | 10.4 |
| 西藏 | 93.05 | 8.1 | 110.20 | 8.4 |
| 新疆 | 573.70 | 6.0 | 623.53 | 5.7 |
| 宁夏 | 284.11 | 9.0 | 314.69 | 17.5 |
| 合计 | 11 165.66 | 1.5 | 12 649.52 | 1.5 |
| 全国 | 61 121.70 | 8.2 | 65 749 | 8.0 |

资料来源：相关数据来自西部地区 2016～2017 年国民经济和社会发展统计公报。

### 4.1.3　西部地区金融发展的效率分析

金融发展效率是指金融部门的投入与产出之间的关系，即衡量金融部门对经济增长的贡献。金融作为现代经济的"血液"，金融部门效率不仅关系着整个金融市场的活力，还关系着整个国家经济的运转，影响着金融资源在行业间、地区间的配置。周国富、胡慧敏（2007）指出金融效率就是一国金融资源的配置状态，就是金融资源投入对金融产出效果及对整个国民经济运行结果的影响。一个国家或者一个地区的金融机构效率越高，金融市场越发达，其储蓄动员能力越强，该国或者该地区的储蓄率也必然很高。一个国家或者地区的金融效率越高，也意味着金融机构将储蓄转化为投资过程中的"漏出"比例越小，储蓄向投资转化率越高。因此，分析西部金融效率主要包括两个方面：一是动员储蓄能力；二是储蓄向投资转化能力。

### 1. 储蓄率持续增加，增加经济动力

储蓄动员能力直接影响储蓄转投资效率，总体上可以用储蓄率来综合反映。同时居民是储蓄的主体，居民的多余资金主要通过金融体系聚集。

从表 4-11 可以看出，西部各省（自治区、直辖市）储蓄额持续增长，储蓄动员能力基本上逐年上升，这表明随着西部地区居民收入的增加，金融机构的动员储蓄能力提高，为西部地区的经济增长提供了良好的动力基础。

表 4-11　2014～2016 年西部地区各省（自治区、直辖市）城乡储蓄率

| 地区 | 2014 年 | | 2015 年 | | 2016 年 | |
|---|---|---|---|---|---|---|
| | 城乡居民储蓄/亿元 | 储蓄率/% | 城乡居民储蓄/亿元 | 储蓄率/% | 城乡居民储蓄/亿元 | 储蓄率/% |
| 重庆 | 10 803.06 | 75.74 | 12 255.22 | 77.96 | 13 480.84 | 76.78 |
| 四川 | 25 388.64 | 88.97 | 28 708.17 | 95.37 | 32 184.28 | 98.48 |
| 贵州 | 6 632 | 71.57 | 7 410.92 | 70.56 | 8 556.56 | 72.92 |
| 云南 | 9 733.80 | 75.96 | 10 787.57 | 78.64 | 12 012.49 | 80.78 |
| 广西 | 10 055 | 64.16 | 11 434.29 | 68.05 | 12 606.56 | 69.10 |
| 陕西 | 13 486 | 76.24 | 15 496.84 | 85.28 | 17 212.82 | 89.81 |
| 甘肃 | 6 696.24 | 97.94 | 7 804.53 | 114.94 | 8 492.87 | 118.75 |
| 内蒙古 | 8 342.9 | 46.95 | 8 905.43 | 49.38 | 9 690.08 | 52.01 |
| 青海 | 1 640.73 | 71.23 | 1 816.76 | 75.16 | 2 002.42 | 77.84 |
| 西藏 | 559.76 | 60.79 | 654.17 | 63.74 | 786.56 | 68.39 |
| 新疆 | 6 210.87 | 66.97 | 6 822.8 | 73.17 | 7 543.08 | 78.43 |
| 宁夏 | 2 061.19 | 74.90 | 2 366.5 | 81.27 | 2 562.23 | 81.34 |
| 合计 | 101 610.19 | 73.58 | 114 463.2 | 78.66 | 127 130.79 | 81.22 |
| 全国 | 485 261.30 | 75.35 | — | — | — | — |

资料来源：通过整理 2017 年中国金融年鉴第一部分各地金融篇相关数据得到。

### 2. 储蓄转投资效率不高，渠道不畅

储蓄动员能力主要从资金筹集的角度反映西部金融发展效率，而储蓄转投资效率则主要从投资的角度诠释筹集资金分配的效率。储蓄转投资效率主要表现在储蓄是否能够顺畅地转化为投资，以及投资是否配置到有利于西部地区经济发展的部门和产业。储蓄转投资效率越高，储蓄动员的金融资源被闲置的就越少，越有利于经济发展。

我国西部地区动员储蓄能力较强，但只依靠较高的动员储蓄能力并不能保障经济的增长，还需要提高储蓄向投资转化的效率，这样西部金融效率才能真正得到改善。从表 4-12 存贷款比中可以看出，西部地区的银行贷款的增量小于存款的增量，这主要是由于我国银行业加强了风险管理，限制银行盲目投放贷款的行为，银行的储蓄投资转化率较低。但是存贷款比值在一定程度上可以反映西部地区间接融资渠道储蓄投资的转化效率，在间接融资渠道下，金融中介机构吸收存款，再按照一定的原则将贷款发放出去，储蓄转化为投资的渠道越通畅、效率越高，存款就可以更好地利用。从西部存贷款比指标来看，储蓄投资转化率有逐渐降低的趋势，在一定程度上说明了西部金融中介机构在将资金放贷出去的过程中效率不高。仅极个别地区的存贷款比较高，如新疆贷款总额超过了存款总额，银行投放贷款的积极性较高。

表 4-12　2014～2016 年西部地区各省（自治区、直辖市）存贷款比

| 地区 | 2014 年 | | | 2015 年 | | | 2016 年 | | |
|---|---|---|---|---|---|---|---|---|---|
| | 金融机构各项存款余额/亿元 | 金融机构各项贷款余额/亿元 | 比值/% | 金融机构各项存款余额/亿元 | 金融机构各项贷款余额/亿元 | 比值/% | 金融机构各项存款余额/亿元 | 金融机构各项贷款余额/亿元 | 比值/% |
| 重庆 | 25 160.1 | 20 630.7 | 82.00 | 28 778.8 | 22 955.21 | 79.76 | 32 160.09 | 25 524.17 | 79.37 |
| 四川 | 53 935.8 | 34 750.7 | 64.43 | 60 117.72 | 38 703.99 | 64.38 | 65 010.83 | 43 775.85 | 67.34 |
| 贵州 | 15 307.38 | 12 438 | 81.25 | 19 537.12 | 15 120.99 | 77.40 | 23 831.36 | 17 961.04 | 75.37 |
| 云南 | 22 528 | 18 368.4 | 81.54 | 25 204.56 | 21 243.17 | 84.28 | 27 921.53 | 23 491.38 | 84.13 |
| 广西 | 20 298.54 | 16 070.95 | 79.17 | 22 793.54 | 18 119.03 | 79.49 | 25 477.8 | 20 640.54 | 81.01 |
| 陕西 | 28 288.72 | 19 174.05 | 67.78 | 32 685.32 | 22 096.84 | 67.60 | 35 707.36 | 24 224.37 | 67.84 |
| 甘肃 | 13 957.98 | 11 075.78 | 79.35 | 16 299.5 | 13 728.89 | 84.23 | 17 515.66 | 15 926.41 | 90.93 |
| 内蒙古 | 16 290.6 | 15 066 | 92.48 | 18 172.17 | 17 264.33 | 95.00 | 21 245.66 | 19 458.45 | 91.59 |
| 青海 | 4 529.87 | 4 171.73 | 92.09 | 5 212.8 | 4 988.01 | 95.69 | 5 570.17 | 5 579.76 | 100.17 |
| 西藏 | 3 089.19 | 1 619.46 | 52.42 | 3 671.22 | 2 124.49 | 57.87 | 4 379.66 | 3 048.64 | 69.61 |
| 新疆 | 4 228.84 | 4 608.28 | 108.97 | 4 822.96 | 5 150.32 | 106.79 | 5 460.63 | 5 695.96 | 104.31 |
| 宁夏 | 15 216.98 | 12 237.63 | 80.42 | 17 822.14 | 13 650.96 | 76.60 | 19 300.08 | 15 196.01 | 78.74 |
| 合计 | 25 160.1 | 20 630.7 | 82.00 | 28 778.8 | 22 955.21 | 79.76 | 32 160.09 | 25 524.17 | 79.37 |
| 全国 | 1 173 735 | 867 868 | 73.94 | 1 397 752 | 993 460 | 71.08 | 1 555 247 | 1 120 552 | 72.05 |

资料来源：各省（自治区、直辖市）的存贷款来源于 EPS 数据库；全国存贷款来自 2014～2016 年国民经济和社会发展统计公报。

#### 4.1.4　西部地区金融发展的经济贡献分析

当某一产业对地区生产总值的贡献率达到 5%以上时，则这一产业成为该地区的支柱性产业。通过对比 31 个省（自治区、直辖市）（不包括港澳台）金融业与地区生产总值的关系发现，除山东、吉林、湖南外，其余 28 个省（自治区、直辖市）金融业增加值在地区生产总值中的比重均超过 5%，成为当地的支柱性产业。金融的发展不仅能直接影响当地生产总值的增加，还能加快当地脱贫的步伐。2016年中国证券监督管理委员会提倡证券公司对国家级贫困县的帮扶，数据显示截至 2016 年底，证券公司帮助贫困地区实现融资 828.92 亿元。同时，金融的发展吸引高科技产业和智能技术，如在贵阳市开展的大数据博览会、区块链技术等。

1. 对地区生产总值的直接贡献

国内生产总值作为一个国家国民经济合算的核心指标，是衡量一个国家总体经济发展水平的重要指标，主要是指一个国家或地区在一定时期内生产的全部最终产品和服务价值的总和，金融业增加值也是其中一个重要参量。金融业增加值是指金融部门在一定时期内通过提供金融服务所创造出的价值总和，主要由融资服务增加值[①]和中间服务增加值[②]组成。

表 4-13 主要对西部地区 2016 年和 2017 年金融业增加值的具体数值及对地区生产总值的贡献率进行了统计。无论该地区金融业增加值是否达到全国平均水平，其数值均为正，即对地区生产总值做出一定贡献。对比 2016 年和 2017 年的两项数据发现，金融业增加值的绝对量均有所增加。其中，四川省的金融增加值提升最快，2017 年比 2016 年增加了 573.82 亿元，增速达 21%。在 2016 年 31 个省（自治区、直辖市）（不包括港澳台）金融业增加值对地区生产总值贡献率的排名中，重庆、青海、宁夏、四川、西藏成为榜单前 5 名；贵州和内蒙古金融业增加值对地区生产总值的拉动率还存在一定的差距。

表 4-13　2016 年和 2017 年西部地区金融业增加值对地区生产总值贡献

| 地区 | 2016 年 | | 2017 年 | |
| --- | --- | --- | --- | --- |
| | 金融业增加值/亿元 | 地区生产总值占比/% | 金融业增加值/亿元 | 地区生产总值占比/% |
| 重庆 | 1 642.59 | 9.5 | 1 813.73 | 9.3 |
| 四川 | 2 729.45 | 8.4 | 3 303.27 | 8.9 |
| 贵州 | 689.40 | 5.9 | 787.88 | 5.8 |

---

① 融资服务增加值是指金融机构通过吸收存款、发放贷款、证券的发行、购买等活动所获得的产出。

② 中间服务增加值是指金融机构从事投资管理、证券买卖、结算、外汇交易等活动的产出。

续表

| 地区 | 2016 年 | | 2017 年 | |
|------|---------|---|---------|---|
| | 金融业增加值/亿元 | 地区生产总值占比/% | 金融业增加值/亿元 | 地区生产总值占比/% |
| 云南 | 1 091.40 | 7.3 | 1 194.67 | 7.2 |
| 广西 | 1 135.45 | 6.2 | 1 273.40 | 6.2 |
| 陕西 | 1 181.54 | 6.2 | 1 300.10 | 5.9 |
| 甘肃 | 507.02 | 7.1 | 553.60 | 7.2 |
| 内蒙古 | 992.14 | 5.3 | 1 099.85 | 6.8 |
| 青海 | 245.81 | 9.5 | 274.60 | 10.4 |
| 西藏 | 93.05 | 8.1 | 110.20 | 8.4 |
| 新疆 | 573.70 | 6.0 | 623.53 | 5.7 |
| 宁夏 | 284.11 | 9.0 | 314.69 | 17.5 |
| 合计 | 11 165.66 | 1.5 | 12 649.52 | 1.5 |
| 全国 | 61 121.70 | 8.2 | 65 749 | 8.0 |

资料来源：西部各地区 2016 年和 2017 年国民经济和社会发展统计公报。

金融业的发展有利于促进经济发展，且各地区金融业对地区生产总值做出贡献，但其增加值和贡献率较东部地区仍有差距。2017 年北京市金融业增加值为 4 634.5 亿元，增速 8.6%，对地区生产总值的贡献率达 16.6%；上海市金融业增加值为 5 330.54 亿元，比 2016 年增长 11.8%，对地区生产总值的贡献率达到 17.7%[1]。

### 2. 金融发展助推扶贫

在以市场调节资源配置为主的现代化经济发展模式中，金融首先在商品经济发达的东部沿海地区扎根发展，而在经济不发达的西部地区发展较慢。金融作为经济发展的支柱性产业，要把金融资源充分配置到经济发展欠发达地区。

2016 年，中国证券业协会发起"一司一县"结对帮扶（表 4-14）国家级贫困县的倡议书。截至 2018 年 9 月，已有 98 家证券公司结对帮扶 256 个国家级贫困县。各证券公司通过设立扶贫工作领导小组、推进产业扶贫、组织开展资本市场教育、派驻挂职干部、设立金融扶贫工作站等方式，与县建立了长效的帮扶机制[2]。

---

① 数据来源：北京、上海 2017 年国民经济和社会发展统计公报。
② 数据来源：中国经济网。

表 4-14　2016 年证券公司一对一结对帮扶名单列表

| 公司名称 | 贫困县 | 公司名称 | 贫困县 |
|---|---|---|---|
| 方正证券 | 湖南省益阳市安化县 | 国信证券 | 云南省保山市龙陵县 |
| | 河南省信阳市新县 | | 新疆维吾尔自治区喀什地区英吉沙县 |
| | 湖北省宜昌市秭归县、麻城市、襄阳市保康县 | | 贵州省黔南布依族苗族自治州三都水族自治县 |
| | 江西省赣州市石城县 | | 新疆维吾尔自治区喀什地区麦盖提县 |
| | 宁夏回族自治区固原市隆德县 | | 贵州省毕节市织金县 |
| | 云南省大理白族自治州弥渡县 | | 新疆维吾尔自治区喀什地区塔什库尔干塔吉克自治县 |
| 中泰证券 | 新疆维吾尔自治区喀什地区疏勒县 | 华林证券 | 西藏自治区拉萨市堆龙德庆区 |
| | 宁夏回族自治区固原市原州区 | | |
| | 安徽省阜阳市临泉县六安市舒城县、六安市裕安区 | | 西藏自治区日喀则市江孜县 |
| | 贵州省黔南布依族苗族自治州龙里县、平塘县 | | 西藏自治区日喀则市南木林县 |
| | 江西省九江市修水县 | | 西藏自治区日喀则市拉孜县 |
| 财富证券 | 湖南省益阳市安化县 | 东北证券 | 吉林省白山市靖宇县 |
| | 湖南省怀化市沅陵县 | | 吉林省大安市 |
| | 湖南省郴州市安仁县 | | 吉林省延边朝鲜族自治州汪清县 |
| | 湖南省邵阳市邵阳县 | | 吉林省和龙市 |
| 光大证券 | 湖南省永州市新田县 | 华金证券 | 内蒙古自治区呼和浩特市武川县 |
| | 江西省吉安市万安县 | | 广西壮族自治区河池市巴马瑶族自治县 |
| | 宁夏回族自治区固原市西吉县 | | 贵州省毕节市黔西县 |
| | 江西省赣州市兴国县 | | 安徽省宿州市砀山县 |
| | 江西省赣州市寻乌县 | | 西藏自治区林芝市米林县 |
| 长城证券 | 湖北省黄冈市团风县 | 申万宏源 | 新疆维吾尔自治区阿勒泰地区吉木乃县 |
| | 新疆维吾尔自治区伊犁哈萨克自治州尼勒克县 | | 新疆维吾尔自治区喀什地区麦盖提县 |
| | 江西省吉安市遂川县 | | 甘肃省白银市会宁县 |
| 长江证券 | 宁夏回族自治区吴忠市盐池县 | 中原证券 | 河南省开封市兰考县 |
| | 湖南省娄底市新化县 | | 河南省信阳市固始县 |
| | 湖北省黄冈市红安县 | | 河南省驻马店市上蔡县 |
| | 湖北省十堰市郧阳区 | | 河南省南阳市桐柏县 |
| | 宁夏回族自治区中卫市海原县 | 广发证券 | 海南省五指山市 |

资料来源：http://www.sac.net.cn/shzr/hyfpdt/。

2016 年至 2018 年，证券公司在遵循产业发展规律和市场需求的基础上，帮助贫困地区企业融资达 2026 亿元，为贫困地区发展注入新动力。证券行业还在贫困地区派驻挂职干部 126 人，设立金融扶贫工作站 55 个，开展资本市场教育培训 434 场，培训人员 7.89 万余人，推广销售贫困地区特色产品 1.01 亿元，通过志智双扶，为贫困地区经济发展注入新动能。

### 3. 金融发展推动产业升级

近年来，我国西部金融体系不断完善，发展实力不断增强，新增机构如雨后春笋般涌现，形成了以银行信贷市场为主导，证券、保险、期货及货币市场等协调发展的格局，彰显金融业勃勃生机。

在建设全面体现新发展理念的国家中心城市大背景下，成都的西部金融中心地位正不断增强，致力于建设成实体经济服务的现代金融体系。截至 2017 年 6 月末，成都共有各类金融机构、准金融机构 1950 家。随着入驻成都的金融类企业的不断增多，金融市场规模也持续扩大。成都发挥财政资金杠杆作用，选择了金融服务支撑实体发展，努力构建财政资金引导投资机构和社会资本系统的联动机制。同时，成都进一步加快发展新兴金融业态，优化金融生态环境，提升金融服务实体经济的能力。

## 4.2　西部地区金融发展优势

虽然西部地区金融发展基础薄弱，起步较晚，但也具备促进金融发展的优势。第一类为政策优势。国家出台了多项扶贫政策，响应担负社会责任的企事业单位助力脱贫攻坚，还出台多项产业扶持政策和税收优惠政策促进西部地区市场发展。第二类为成本优势。控制成本是提高利润的一大有效途径，西部地区的廉价劳动力和低成本厂房设施等成为金融聚集的重要吸引力。第三类为资源优势。西部地区凭借自身的自然资源优势、气候优势、地理位置优势获取发展。

### 4.2.1　宏观政策倾向

#### 1. 扶贫政策

按照国际标准，我国已经对全球减贫贡献率达到 70% 以上，成为全球第一个实现联合国千年发展目标的发展中国家。

为响应国家精准扶贫工作，响应打赢脱贫攻坚战的号召，银行业、证券业、保险业相继推出扶贫政策，开创了金融扶贫的新模式。《中共中央　国务院关于打赢脱贫攻坚战的决定》指出，银行等金融机构要延伸服务网络，创新金融产品，增加贫困地区信贷投放；为贯彻落实《中国证监会关于发挥资本市场作用服务国家脱贫攻坚战略的意见》，证券公司积极响应中国证券业协会发出的开展"一司一县"结对帮扶的倡议，开展精准扶贫行动；中国保监会（今中国银行保险监督管理委员会）与国务院扶贫开发领导小组办公室联合发布了《关于做好保险业助推脱贫攻坚工作的意见》。

银行、证券公司、保险公司加入扶贫队伍，既可以保证充足的扶贫资金、创新扶贫模式，也进一步促进贫困地区产业发展，向当地企业输血。同时，银行、证券、保险公司运用自身的信息优势、平台优势、人才优势帮助贫困地区提高教育水平和医疗条件。目前，银行将扶贫重点放在信贷方面，为贫困地区农业发展、旅游业发展提供优惠资金。例如，中国农业银行在内蒙古推行的"金穗富农贷"和"金穗强农贷"项目截至 2016 年底，该行投放"金穗富农贷"240.26 亿元，其覆盖 668 个乡镇、5766 个行政村，支持了 52.59 万户（次）农牧民；投放"金穗强农贷"23.9 亿元，支持了 189 户扶贫龙头企业；[①]在贵州省推出乡村旅游贷款，向镇宁黄果树、毕节韭菜坪景区、桐梓、赤水、盘州等地 697 户发放乡村旅游贷款 1.07 亿元。证券公司将扶贫重点放在发掘当地企业、辅导企业上市、打造产业链等方面。保险公司则推出"大病险"等险种，防止人口返贫。

2. 产业发展政策

2017 年国家发展和改革委、商务部发布《中西部地区外商投资优势产业目录（2017 年修订）》，目录涉及西部地区的优势产业。例如，贵州省就涉及多项优势产业：退耕还林还草、天然林保护等国家重点生态工程后续产业开发；节水灌溉和旱作节水技术开发与应用；马铃薯、魔芋等产品深加工；畜禽、辣椒、苦荞、山药、核桃深加工；高档棉、毛、麻、丝、化纤的纺织、针织及服装加工生产；钛冶炼；用先进技术对固定层合成氨装置进行优化节能技改；利用甲醇开发 M100 新型动力燃料及合成氨生产尾气发展新能源；利用工业生产二氧化碳废气发展工业级、食品级二氧化碳；己二酸生产；采用先进技术建设 30 万吨/年及以上煤制合成氨及配套尿素项目；动植物药材资源开发、保护和可持续利用（列入《外商投资产业指导目录》限制类、禁止类的除外）；特殊品种（超白、超薄、低辐射、中空、超厚）优质浮法玻璃技术开发及深加工；铝等有色金属精深加工；高性能铝合金系列产品开发；新型短流程钢铁冶炼技术开发及应用；非高炉冶炼技术（直接还原法）；大型、高压、高纯度工业气体的生产和供应；磨料磨具产品生产；新

---

① 数据来源：内蒙古自治区扶贫开发办公室（http://www.nmgfpw.gov.cn）。

型凿岩钎具的开发及用钢材料生产；等等。

《关于加强西部大开发科技工作的若干意见》表明：发展高新技术产业是促进西部地区产业结构优化升级、形成新的经济增长点的重要途径，在西部有技术优势的地区发展高新技术产业是实现西部地区跨越式发展的重要途径。大力发展信息技术、生物技术、先进制造、新能源、新材料、环保和医药等新兴产业，加大对成都、重庆、兰州等高新技术产业开发区的支持，推动当地科技兴贸。《"十五"工业结构调整规划纲要》也指出要依托重庆、西安、成都、兰州、贵阳等中心城市的人才和科研优势，建设西部航空航天、电子信息、生物工程等高技术产业基地。同时，要加快水电、石油、天然气、有色金属、钾盐、磷矿等优势资源合理开发，配合"西电东送"工程，建设一批大型水电站和坑口电站，逐步形成陕西重化工，青海柴达木盐湖钾肥，云南、贵州磷化工，云南铅锌，甘肃镍，贵州和广西铝等产品的生产、开发与加工。结合生态建设和环境保护，发展特色经济，结合旅游资源开发，发展地方和民族特色旅游产品。

### 3. 补贴及税收优惠政策

农业是西部地区产业的重要组成部分，但由于农业生产周期长、利润低的特点，国家对西部特色农业发展给予了多项优惠政策。《"十五"西部开发总体规划》指出，继续抓好新疆棉花基地建设，稳步发展广西和云南地区的甘蔗基地，内蒙古、新疆地区的甜菜基地，云南和贵州地区的烟叶基地，云南地区的花卉基地等。国家在增加对优势农产品和优势产区的建设投资的基础上，还对优势农产品和优势产区实行财政扶持政策。免征甘蔗、苹果、柑橘、出口水产品生产的农业特产税，提高 11 种优势农产品出口退税率。此项政策对西部农业的发展产生重大促进作用。

除农业外，国家对西部地区其他基础产业和优势产业制定了一系列税收优惠政策：对设在西部地区的国家鼓励类产业项目，可按 15%税率缴纳企业所得税。对在西部地区新办交通、电力、水利、邮政、广播电视基础产业的企业，内资企业自开始生产经营之日起，第 1 至第 2 年免征企业所得税，第 3 到第 5 年减半征收企业所得税；外商投资企业经营期在 10 年以上的，自获利年度起，第 1 至第 2 年免征企业所得税，第 3 到第 5 年减半征收企业所得税。经省级人民政府批准，民族自治地方的内资企业可以定期减征或免征企业所得税，外商投资企业可以减征或免征地方所得税。对为保护生态环境退耕还林还草产出的农业特产收入，自取得收入年份起 10 年内免征农业特产税。对西部地区公路国道、省道建设用地，比照铁路、民航建设用地免征更低占用税。

### 4.2.2 金融整体发展向好

国务院发布的《推进普惠金融发展规划（2016—2020 年）》指出当前我国普惠金融重点服务对象是"小微企业、农民、城镇低收入人群、贫困人群和残疾人、老年人等特殊群体"，并提出"到 2020 年，建立与全面建成小康社会相适应的普惠金融服务和保障体系""使我国普惠金融发展水平居于国际中上游水平"的总体目标。

虽然由于西部地区自身经济底子薄，金融业规模相对较小，存在"高成本高风险"的问题，但在国家一系列相关政策的鼓励支持和引导下，普惠金融在我国西部农村地区的发展正稳步提升。我国于 2007 年 3 月提出要"加强农村金融体系建设"，2014 年 4 月提出"大力发展农村普惠金融"，要"优化县域金融机构网点布局""推动农村基础金融服务全覆盖""加大金融扶贫力度"，并在《国务院办公厅关于推进农村一二三产业融合发展的指导意见》对此加以强调。在国家相关财政政策和货币政策的支持下，西部地区进一步加大了对扶贫灾后恢复重建、助学等民生领域的金融支持和服务，普惠金融发展较为顺利。据农行甘肃分行统计，仅 2016 年该行累计发放小微企业贷款达 152 亿元，在一定程度上弥补了市场配置机制的不足。

西部地区中如甘肃、青海、新疆、西藏等的农村地区由于地广人稀的特殊条件，交通状况普遍较为不便，一定程度上制约了农民获得金融服务的便利性。如农村信用社等部分金融机构为实现"普惠金融"目标，在达不到盈利条件的情况下在边远村镇设立网点，金融网点服务的覆盖面正不断扩大。但由于物质条件不足、较高的经营成本、较低甚至为负的盈利率等因素存在，金融机构网点普及率依然无法满足广大农民的需求。

### 4.2.3 后发优势日渐明显

随着产业结构的逐步调整，第二产业的比重逐步下降，第一产业比重基本稳定，而第三产业的比重逐渐加大。由于地理因素、资源因素、历史等因素，我国西部地区第二产业与东部地区相比较为落后，但随着国家发展政策的逐步倾斜，西部地区特色产业优势逐步显现。

#### 1. 经济发展增速快

改革开放以来，东部沿海地区受国家战略发展布局的影响，加之交通便利、交易成本更低，最先尝到改革开放带来的甜果，而西部地区则发展较为迟缓。近年来，随着改革开放的逐渐深入及国家政策的引导，更多的资源涌入西部地区，在科技和资本的带动下，西部地区生产总值增长迅速，成为目前发展潜力最大的地区。

由表 4-15 可以看出，2014～2017 年，我国国民生产总值的绝对值不断上升，但增长速度大致呈下降趋势。通过对西部地区十二省（自治区、直辖市）在 2014～2017 年地区生产总值变化的趋势的观察发现，虽然其增长速度出现了小幅度的下降，但其年均增长速度大多仍然高于全国增长水平。从各省（自治区、直辖市）的地区生产总值变化情况来看，重庆、贵州、西藏的地区生产总值增长速度在 4 年中基本连续保持在 10% 以上；从总量来看，四川常年保持地区生产总值第一，且在全国位列前十。

表 4-15　2014～2017 年西部地区生产总值

| 地区 | 2017 年 | | 2016 年 | | 2015 年 | | 2014 年 | |
|---|---|---|---|---|---|---|---|---|
| | 地区生产总值/亿元 | 增长/% | 地区生产总值/亿元 | 增长/% | 地区生产总值/亿元 | 增长/% | 地区生产总值/亿元 | 增长/% |
| 重庆 | 19 500.27 | 9.30 | 17 558.76 | 10.7 | 15 719.72 | 11.0 | 14 265.40 | 10.9 |
| 四川 | 36 980.20 | 8.10 | 32 680.50 | 7.7 | 30 103.10 | 7.9 | 28 536.66 | 8.5 |
| 贵州 | 13 540.83 | 10.20 | 11 734.73 | 10.5 | 10 502.60 | 10.7 | 9 266.39 | 10.8 |
| 云南 | 16 531.34 | 9.50 | 14 869.95 | 8.7 | 13 717.88 | 8.7 | 12 814.59 | 8.1 |
| 广西 | 20 396.25 | 7.30 | 18 245.07 | 7.3 | 16 803.12 | 8.1 | 15 672.89 | 8.5 |
| 陕西 | 21 898.81 | 8.00 | 19 165.39 | 7.6 | 18 171.86 | 8.0 | 17 689.94 | 9.7 |
| 甘肃 | 7 677.00 | 3.60 | 7 152.04 | 7.6 | 6 790.32 | 8.1 | 6 836.82 | 8.9 |
| 内蒙古 | 16 103.20 | 4.00 | 18 632.60 | 7.2 | 18 032.79 | 7.7 | 17 770.19 | 7.8 |
| 青海 | 2 642.80 | 7.30 | 2 572.49 | 8.0 | 2 417.05 | 8.2 | 2 303.32 | 9.2 |
| 西藏 | 1 310.63 | 10.00 | 1 150.07 | 10.0 | 1 026.39 | 11.0 | 920.83 | 10.8 |
| 新疆 | 10 920.09 | 7.60 | 9 617.23 | 7.6 | 9 324.80 | 8.8 | 9 264.10 | 10.0 |
| 宁夏 | 3 453.93 | 7.80 | 3 150.06 | 8.1 | 2 911.77 | 8.0 | 2 752.10 | 8.0 |
| 合计 | 170 955.35 | — | 156 528.89 | — | 145 521.40 | — | 138 093.23 | — |
| 全国 | 827 122.00 | 6.9 | 744 127 | 6.7 | 676 708 | 6.9 | 636 463 | 7.4 |

资料来源：西部地区 2014～2017 年国民经济和社会发展统计公报。

虽然我国西部地区生产总值增速较快，但在国内生产总值中所占的比例却连续下滑，由 2014 年的 21.70% 下降到 2017 年的 20.67%。通过分析不难发现，虽然增长速度高于全国各省（自治区、直辖市）的平均水平，但我国西部地区生产总体的基数较小，故在一定时期内占比不会发生大的变化。

**2. 丰富的旅游资源**

我国西部地区地域辽阔，土地面积 681 万平方千米，约占我国国土面积的

71%，区内多高原、盆地、沙漠，少平原。西部地区山地占比在 80%以上的分别为重庆、四川、贵州、云南、广西、陕西，其中四川、贵州和云南的山地面积占土地面积的 90%以上，且四川、云南、广西、内蒙古、新疆和西藏的民族县数量较多，四川、贵州、云南和西藏的山区县数量明显较多，四川、广西和内蒙古的丘陵县数量较多（表 4-16）。

表 4-16　西部地区各省（自治区、直辖市）自然环境地势统计

| 地区 | 民族县/个 | 山区县/个 | 丘陵县/个 | 山地占比/% |
|------|-----------|-----------|-----------|------------|
| 重庆 | 4 | 13 | 13 | 86.9 |
| 四川 | 50 | 78 | 45 | 94.7 |
| 贵州 | 9 | 78 | 0 | 95.1 |
| 云南 | 78 | 112 | 8 | 95.0 |
| 广西 | 81 | 28 | 49 | 86.0 |
| 陕西 | 0 | 23 | 24 | 84.6 |
| 内蒙古 | 84 | 4 | 62 | 48.5 |
| 青海 | 35 | 39 | 0 | 69.9 |
| 新疆 | 85 | 8 | 1 | 56.0 |
| 西藏 | 72 | 60 | 10 | 76.5 |
| 宁夏 | 14 | 39 | 0 | 54.1 |
| 甘肃 | 20 | 49 | 12 | 77.8 |

资料来源：王子健，2014. 我国西部地区农村金融排斥的实证研究[D]. 重庆：西南大学.

正是特殊的地势和独特的历史经历使西部地区的自然风光和人文景观更加独具一格。四川的九寨沟、贵州的黄果树瀑布、云南的玉龙雪山、广西的漓江、内蒙古的呼伦贝尔大草原、青海的青海湖、新疆的天山、西藏的雅鲁藏布江都是全国著名的自然景观。同样，人文景观也在这些地区绽放光彩，如陕西的秦始皇兵马俑、甘肃的敦煌莫高窟、西藏的布达拉宫等（表 4-17）。

表 4-17　西部地区各省（自治区、直辖市）旅游资源

| 地区 | 旅游资源 |
|------|----------|
| 重庆 | 小南海、洪崖洞、歌乐山、武陵山大裂谷、磁器口 |
| 四川 | 九寨沟、峨眉山、都江堰、乐山、西岭雪山、亚丁、康定古城、四姑娘山、三星堆博物馆、牟尼沟 |
| 贵州 | 黄果树瀑布、西江千户苗寨、青岩古镇、梵净山、镇远古镇、大小七孔、黔灵山公园、赤水大瀑布、甲秀楼、天和潭、朗德上寨 |
| 云南 | 泸沽湖、大理古城、洱海、玉龙雪山、梅里雪山、孔雀王国、石林风景区、茶马古道、野象谷 |
| 广西 | 龙脊梯田、虹吸瀑布、世外桃源、银子岩、兴坪漓江、靖江王府、容珊瑚、多耶古寨 |
| 陕西 | 秦始皇兵马俑、大雁塔、钟楼、秦岭野生动物园、高冠瀑布、宝塔山、南泥湾、黄帝陵 |
| 内蒙古 | 呼伦贝尔大草原、阿尔山、哈素海、鄂尔多斯大草原 |

| 地区 | 旅游资源 |
|------|---------|
| 青海 | 青海湖、塔尔寺、茶卡盐湖、玉珠峰 |
| 新疆 | 天山天池、一号冰川、盐湖、博格达峰、五彩城、东小天池、飞雪峡谷、定海神针、帕米尔高原、香妃墓、火焰山、坎儿井、艾丁湖 |
| 西藏 | 布达拉宫、大昭寺、扎西多寺、合掌石、珠穆朗玛峰、雅鲁藏布大峡谷、南迦巴瓦峰 |
| 宁夏 | 沙湖、西夏王陵、贺兰山、水洞沟、海宝塔、金沙鸣钟、河湾水车、沙湖、滚钟口、拜寺口双塔 |
| 甘肃 | 敦煌莫高窟、吐鲁沟、白塔山、云龙桥、鸣沙山、月牙泉、大佛寺、冰沟丹霞、祁连山、七一冰川 |

丰富的旅游资源同样吸引了更多投资者。例如，方正证券于 2017 年与江西石城签订战略扶贫合作协议，以旅游投资为合作的重要方式，意图通过当地丰富多样的旅游资源撬动经济发展。在这一合作过程中，资本运作、融资等金融工具成为桥梁，"金融+旅游资源"的扶贫模式进一步创新了脱贫摘帽的方式。

# 4.3 西部地区金融发展劣势

国家倾斜性的优惠政策、金融机构对扶贫事业的助推、地区特有的地理优势和社会人文优势使西部地区金融产业得到有力发展，但其金融发展仍受到很多限制，如市场活跃度不足、金融风险高、不健全的金融产业链和薄弱的产业实力，都成为西部地区金融发展的阻碍。

## 4.3.1 政府执行力薄弱，人才流失严重

西部地区的金融工作部门建设不完善。部分地区未建立专门负责金融规划和监管的行政管理机构，金融产业的规划、基础设施的建设和管理、政府融资等工作缺乏高效的协调和统一。部分地区政府未做到决策、协商、引导、招商引资等一系列职能任务，导致该地区虽然有国家优惠政策的倾斜，但未能被充分利用。例如，贵州金融城在建设过程中，一些应由政府部门挑起重担的工作却由民营企业中天城投公司主导，其在规划布局、招商引资、市政建设、城市管理及道路绿化、电力等方面的统筹存在一定的局限性，项目推进较缓慢。这些基础性建设项目的缓慢推进，极大地影响了后期引进金融机构、类金融机构、服务机构、商业购物中心的入驻。

西部地区的高校数量较少，外加这些地区由于经济水平欠发达导致人才流失现象严重，这对当地的经济建设构成了严重的阻碍，导致专业管理的发展进程缓慢。目前，大数据金融和互联网金融成为西部地区的发展热点，人才和技术是将科技与金融融合的重要因素。现阶段，西部地区发展新型高端产业需要由政府主导，完善发展计划，而专业人才的缺失极大地限制了产业的进步和发展空间。

### 4.3.2　金融市场不完善，经营风险偏高

大部分西部地区产业基础薄弱，企业实力不足。金融业具有高风险、高收益的特性，加之西部地区特殊的经济环境，使金融发展的风险高于其他地区。

城市金融机构的经营风险主要在融资方面。在政府的大力倡导下，金融的发展势头迅猛，金融机构如雨后春笋般涌现，但市场的承载力和社会的需求是有限的，这就注定将出现一部分金融机构投资的项目中断等情况。农村金融机构经营风险高主要体现在信贷业务方面。农户、农村企业、农村集体在向金融机构提交贷款申请时，金融机构在考虑收益的同时更加注重资金的回笼。农村地区由于生产经营的特殊性，居民收入不稳定性较强，且数额较低，金融机构需要承担的信用违约风险较大。

### 4.3.3　金融体系不平衡，业态不完善

成熟的金融体系是实现金融体系与实体经济相融合、传统金融与新兴金融相互补、金融资源供给与企业需求相契合，并且集高效服务为一体的综合体系。我国西部地区大多数省（自治区、直辖市）金融发展较晚，金融发展水平较低，加之实体经济也处在发展时期，部分地区出现金融排斥甚至是金融空白。

1）金融机构不健全。金融机构包括传统型金融机构，如银行、证券公司、保险公司、期货公司、基金公司等，也包括新型金融机构，如信托公司等，还有类金融机构，如小额贷款公司、汽车金融公司等。随着金融机构的产生，金融服务机构也应得到相应发展，如财务公司、律师事务所、信息咨询公司等。目前，银行在西部地区分布较为广泛，覆盖面较大，无论是中心城市还是偏远的农村地区，均设有不同规模的网点服务。证券公司和保险公司处于快速发展时期，虽然营业网点的数量增长较快，但从项目数量、业务复杂程度而言仍较发达地区有很大差距。大数据金融和互联网金融在西部地区也仅仅处在初步发展阶段。

2）金融市场发展不平衡。从纵向看，西部地区十二省（自治区、直辖市）金融发展不一致，发展程度相差较大。重庆和四川是西部地区经济发展的领头羊，其包括金融在内的各项经济指标均与东部地区无明显差距，而其他地区，尤其是青海、宁夏和西藏经济发展水平极为欠发达。其他地区，例如贵州、云南等处于快速发展时期，尤其是贵州2016～2018年地区生产总值增速位于前三。从横向看，各金融机构发展层次不一。相对于银行的信贷融资，资本市场和保险市场发展缓慢，从资本市场和保险市场获取的资金严重不足。

3）金融与关联产业发展不配套。西部地区主要通过金融产业的发展、金融机构的集聚带动相关产业的发展，从而提升整体经济水平。产业链应与金融同步发

展，相辅相成。高端产业体系尤其是现代制造业受制于西部地区经济发展现状还不完善，一个具备完整产业链的现代制造业还没有形成，实体经济对金融业的反哺作用未能显现。相关产业园区的规划布局只是初具雏形，从广度和深度上还需要继续推进和夯实，几大产业聚集带还没有完全形成，缺乏有效的融合与渗透。因此，统筹发展、合理规划，在金融产业引领下相互促进共同发展是目前亟须解决的问题。

### 4.3.4　上市公司数量少，金融集聚程度低

金融与实体经济密不可分，西部地区经济的发展水平成为制约金融业发展的瓶颈。目前西部地区多个省（自治区、直辖市）的金融业发展尚不成熟。例如，贵州省金融产业尚处于起步阶段，与一线城市的金融业相比，无论是金融机构的数量、规模、种类、发展速度、实力都还存在一定差距。

股市在资本市场中扮演重要角色，对于企业而言是融资的有效渠道，同时由于股市准入门槛较高，上市公司通常是已完成现代化股权改制，实现了现代化经营管理的现代企业。一个地区上市企业的数量通常可以在一定程度上体现出实体经济的发达程度和金融的发展程度。

表 4-18 统计了西部地区上市公司数量和股本、股票市值情况，西部地区截至 2017 年末共有上市公司 466 家，其中四川的上市公司数量位列西部十二省（自治区、直辖市）的首位，共有 119 家上市公司，其中有 68 家上市公司注册地为成都。四川作为西部地区经济发展的领头羊，各项经济指标均远远领先于其他省（自治区、直辖市），在实体经济发展较好的同时金融业快速发展。

#### 表 4-18　2017 年西部地区上市公司数量及股票市值

| 地区 | 上市公司/家 | 股本/亿元 | 股票市值/亿元 |
| --- | --- | --- | --- |
| 重庆 | 50 | 692.74 | 6 129.17 |
| 四川 | 119 | — | — |
| 贵州 | 27 | — | — |
| 云南 | 34 | 567.71 | 5 125.98 |
| 广西 | 36 | 299.0 | 3 082.56 |
| 陕西 | 47 | 634.52 | 6 097.24 |
| 甘肃 | 33 | 421.06 | 3 408.70 |
| 青海 | 12 | — | — |
| 宁夏 | 13 | 103.00 | 916.64 |
| 新疆 | 52 | 866.78 | 7 523.35 |
| 内蒙古 | 26 | 963.92 | 5 701.47 |
| 西藏 | 17 | 105.07 | 1 559.39 |

资料来源：中国证券监督管理委员会统计信息。

除四川、重庆和新疆外，其他省（自治区）上市公司的数量均未超过 50 家，其中青海、宁夏和西藏证券业发展薄弱，上市公司数量仅 10 余家。另外值得注意的是，贵州的上市公司虽然只有 27 家，但是贵州茅台的市值 2017 年在我国所有上市公司市值中排名 11。

表 4-19 统计了西部地区各行业在中小板、创业板上市的数量，中小板共 75 家，创业板共 48 家。西部地区共有上市公司 466 家，这意味着西部地区主板上市的数量远高于中小板和创业板上市的总和。此外，上市公司多为制造业，而其他行业的上市公司较少。

表 4-19　西部地区各行业在中小板、创业板上市的数量　　　　单位：家

| 部分行业 | 中小板 | 创业板 |
|---|---|---|
| 制造业 | 52 | 34 |
| 采矿业 | 3 | 2 |
| 水电煤气 | 3 | 0 |
| 信息技术 | 3 | 5 |
| 公共环保 | 3 | 1 |
| 金融 | 1 | 0 |
| 建筑业 | 3 | 2 |
| 批发零售业 | 2 | 1 |
| 农林牧渔业 | 2 | 2 |
| 运输仓储业 | 2 | 0 |
| 商务服务业 | 1 | 0 |
| 科研服务业 | 0 | 1 |
| 小计 | 75 | 48 |

## 4.4　西部地区金融发展难点分析

### 4.4.1　贫困问题突出

1. 我国西部地区贫困现状

截至 2018 年 2 月，我国共有贫困县 585 个，其中西部地区有贫困县 375 个，占全国贫困县总数的 64%。虽然与 2016 年相比，西部地区共减少贫困县 74 个，但仍为东、中、西部地区中贫困发生率最高的地区[①]；2017 年，全国共有贫困人

---

[①] 数据来源：相关数据从国务院扶贫开发领导小组办公室官方网站发布的《国家扶贫开发工作重点县名单》中整理得来。

口 3046 万，其中西部地区有 1634 万，占全国贫困人口总数的 54%，较 2016 年减少 617 万，虽然贫困人口减少的数量多于东部和中部地区，但由于贫困人口基数大，同比下降率仅为 28%，低于东部地区（39%）和中部地区（30%）。[1]

我国西部地区贫困范围较广，贫困人口数量众多，贫困程度较高，四川、云南、贵州、广西等甚至形成了集中连片特困区。其中，云南有 73 个贫困县，贵州有 50 个贫困县，四川有 36 个贫困县，广西有 28 个贫困县，这些贫困县不仅在地势上相连，且经济欠发达、交通闭塞。[2]

我国认定贫困的标准仍以 2011 年的 2300 元每人每年为基准。根据 2017 年发布的《国民经济和社会发展统计公报》，按照每人每年 2300 元的农村贫困标准计算，全国农村贫困人口 3046 万，贫困发生率为 3.1%，其中西部地区贫困人口有 1634 万。这组数据表明，西部地区共有 1634 万人年均收入在 2300 元以下。

表 4-20　2017 年西部地区人口数量和人均可支配收入

| 地区 | 人口数量/万人 | 全省（自治区、直辖市）人均可支配收入/元 | 城镇居民人均可支配收入/元 | 农村居民人均可支配收入/元 |
|---|---|---|---|---|
| 重庆 | 3 075.16 | 24 153 | 32 193 | 12 638 |
| 四川 | 8 302 | 20 580 | 30 727 | 12 227 |
| 贵州 | 3 580 | 16 704 | 29 080 | 8 869 |
| 云南 | 4 800.5 | 18 348 | 30 996 | 9 862 |
| 广西 | 5 600 | 19 905 | 30 502 | 11 325 |
| 陕西 | 3 835.44 | 20 635 | 30 810 | 10 265 |
| 甘肃 | 2 625.71 | 16 011 | 27 763.4 | 8 076.1 |
| 内蒙古 | 2 528.6 | 26 212 | 35 670 | 12 584 |
| 青海 | 598.38 | 19 001 | 29 169 | 9 462 |
| 西藏 | 337.15 | 15 457 | 30 671 | 10 330 |
| 新疆 | 2 444.67 | 19 975 | 30 775 | 11 045 |
| 宁夏 | 222.54 | 18 832 | 32 981 | 13 087 |

资料来源：国家统计局、国民经济和社会发展统计公报。

通过对 2017 年国民经济和社会发展统计公报数据的查阅，2017 年全年全国居民人均可支配收入 25 947 元；全国居民人均可支配收入中位数 22 408 元。按常住地分，城镇居民人均可支配收入 36 396 元；城镇居民人均可支配收入中位数 33 834 元。农村居民人均可支配收入 13 432 元；农村居民人均可支配收入中位数

---

① 数据来源：2017 年国民经济和社会发展统计公报。

② 资料来源：相关数据从国务院扶贫开发领导小组办公室官方网站发布的《关于公布全国连片特困地区分县名单的说明》中整理得来。

11 969 元。按全国居民五等份收入分组，低收入组人均可支配收入 5958 元，中等偏下收入组人均可支配收入 13 843 元，中等收入组人均可支配收入 22 495 元，中等偏上收入组人均可支配收入 34 547 元，高收入组人均可支配收入 64 934 元。

由表 4-20 可知，我国西部地区人均可支配收入有以下几个特点。一是全体居民人均可支配收入低。只有内蒙古的居民人均可支配收入高于全国水平。二是城镇、农村居民人均可支配收入均低于全国平均水平。内蒙古的城镇、农村居民人均可支配收入最高，分别达到 35 670 元、12 584 元，但仍低于全国平均水平的 36 396 元、13 432 元。三是城乡收入差距较大。大部分地区城镇居民人均可支配收入在 28 000 元以上，而农村居民人均可支配收入仅有 8 个省（自治区、直辖市）在 10 000 元以上。其中，甘肃省的农村居民人均可支配收入仅有 8076.1 元。

2. 贫困原因

贫困问题是多种因素共同作用的结果，不仅包括历史因素，也包括市场经济的影响因素。其中最主要的因素是经济基础、人口素质、地理条件、政府参与度等。

1）西部地区由于历史因素，经济基础薄弱，是目前经济发展欠发达的主要原因。在我国早期发展时期，受改革开放的影响，我国东部地区凭借政策、地理、气候、历史、资源等因素率先发展起来，是国内各金融机构、企业的首选地。而西部地区发展相对较晚，产业结构优化升级较慢，金融接受度普遍较差，金融机构的总部及网点较少。

2）当地人口受教育程度低是西部地区贫困的深层原因。人力资本是促进企业创新革新、提高单位时间劳动生产率的决定性生产要素。全国大多数地区的高中阶段教育毛入学率已经达到 90% 以上的水平，全国仅有 9 个省（自治区、直辖市）的毛入学率在 90% 以下，这些地区主要集中在中西部地区，其中西部地区有 3 个省（自治区、直辖市）的毛入学率低于 85%。教育水平与当地经济、居民收入水平、相关岗位人员的数量有直接联系，教育作为改革创新的动力，是一个地区甚至全民族发展的重要环节，是提高人民素质的关键。

3）当地恶劣的地理环境是西部地区贫困的客观原因。我国西部地区多高原、盆地、沙漠，少平原，贵州省山地、丘陵面积占全省土地总面积约 94.6%，云南省山地、高原、丘陵占总面积的 94%。山区物质资源相对比较贫瘠，不利于农作物和经济作物的种植，农业的发展受到很大限制；西部地区交通运输极为不便，与外界经济社会沟通较少，广西、贵州、云南、西藏等仍然存在生活方式古老的少数民族部落，而这些地区正是我国贫困人口的聚集地。

4）扶贫政策的不完善、扶贫资金短缺成为西部地区脱贫的阻碍。虽然在国家的大力倡导下，银行、证券、保险、个人、公益组织都不同程度地开展了扶贫工作，但扶贫政策的不完善，导致企业扶贫动力不足，扶贫效果不明显。在扶贫过程中，早期多数企业和组织采取"输血"的方式帮助贫困地区摘帽，但扶贫不力的情况多发。

### 4.4.2 地区金融排斥现象严重

1995年"金融排斥"一词由英国金融地理学家 Leyshon 和 Thrift 在研究金融地理学时提出，后被国内外金融学者广泛用于金融领域。它是指社会部分群体缺少享受和使用金融产品及服务的一种状态。Dymski（2005）强调低收入人群是金融排斥的主要社会群体，获得金融产品和享受金融服务的可能性更低。我国学者也对金融排斥进行了深入的调查研究，相关研究主要分为两大方向：人们被动接受金融排斥和主动排斥金融。田霖（2013）通过实证检验发现地区经济发展水平、居民的受教育程度、收入状况、金融普及度等都是金融排斥的因素。王修华和谭露则认为金融排斥主要由金融机构的"理性人"角色造成。王修华（2009）指出金融机构在衡量各项金融指标后理性地选择发展地点，造成经济欠发达、金融基础薄弱的地区出现金融排斥。谭露和黄明华（2009）则从成本和利润的角度分析金融机构由于自身的营利性质，导致经济欠发达地区金融排斥现象的加剧。

关于金融排斥产生的原因，国内外学者提供了大量的支撑材料。地理因素首先被提出，当某些人群距离金融机构太远时，人们无法获得金融产品和享受金融服务，更容易产生金融排斥，而这一现象多发生在交通闭塞、经济不发达地区；同时，需求和消费能力也被发现是衡量金融排斥程度的重要因素。金融机构的营利性原则直接导致金融产品不会像政府补给一样广泛，金融产品的主要使命是获取更多的利润，而在贫困地区，人们的需求和消费能力有限，所产生的利润空间狭窄，这成为该地区金融机构稀缺的主要原因，加之原有金融机构的倒闭和退市使金融排斥问题更加严峻；技术和设备的落后也成为金融排斥的因素。

我国的金融排斥多发生在贫困地区，西部地区不仅是贫困高发地区，也是金融排斥问题严重的地区。2017年西部地区分布着贫困人口1634万，占全国贫困人口总数的54%。人口受教育程度低、交通闭塞、金融机构的数量少、人口对金融的需求量少、金融的集聚程度低、金融知识的普及不广泛，都成为西部地区产生金融排斥的特殊因素。

表 4-21 为 2017 年西部地区金融服务业增加值及其占地区生产总值比重。通过对数据的观察发现，我国西部地区金融业增加值的绝对数量偏少，金融服务业增加值占地区生产总值比重整体偏低，存在金融发展不平衡现象。

表 4-21　2017 年西部地区金融服务业增加值及其占地区生产总值比重

| 地区 | 金融服务业增加值/亿元 | 比重/% |
| --- | --- | --- |
| 重庆 | 1 813.73 | 9.3 |
| 四川 | 3 303.27 | 8.9 |
| 贵州 | 787.88 | 5.8 |
| 云南 | 1 194.67 | 7.2 |
| 广西 | 1 273.4 | 6.2 |
| 陕西 | | |
| 甘肃 | 553.6 | 7.2 |
| 内蒙古 | | |
| 青海 | 274.6 | 10.4 |
| 西藏 | | |
| 新疆 | | |
| 宁夏 | 314.69 | 17.5 |
| 合计 | | |
| 全国 | 65 749 | 8.0 |

资料来源：根据国家统计局网站发布的数据整理而成。

从金融服务业增加值指标来看，西部地区金融服务业增加值相对集中，四川和重庆金融服务业增加值相对较高，而其他地区金融服务业增加值的贡献值相对较小。

从金融服务业增加值占地区生产总值的比重来看，全国平均水平为 8.0%，西部地区有 4 个地区在全国水平之上，分别是重庆、四川、宁夏、青海。但综合来看绝对值和比重两个指标，宁夏和青海的金融服务业增加值均未超过 320 亿元。贵州、广西、甘肃的金融服务业增加值占地区生产总值中的比重较低，分别为 5.8%、6.2%、7.2%，严重影响西部地区的整体水平。

国家统计局[①]数据显示：2017 年北京和上海的非银行业金融机构存款分别为 30 397.10 亿元和 17 204.77 亿元，各占地区存款余额的 21.0% 和 15.3%，本书以一些具有代表性的地区作为研究对象，重庆和四川是西部地区中经济发展水平较高、金融发达水平相对较高的区域，其非银行业金融机构存款在地区存款余额中的比重较小，与上海和北京相差甚远。非银行业金融机构的存款数额在一定程度上标志着一个地区金融的发达程度及金融机构的多样化程度。当非银行业金融机构存款大幅上涨时，意味着信托、券商、资产管理、保险等非银行金融机构所募集到的自给量上涨，也意味着资金用途的多元化。产生差距的原因主要在于内需不足

---

① 数据来源：http://data.stats.gov.cn/easyquery.htm?cn=E0103。

且非银行业金融机构数量少、发达程度低、社会融资渠道单一。

面对西部地区目前金融排斥的现状，倪瑛（2016a）提出：改善目前西部地区交通状况，加强交通基础设施建设，为人们更广泛地接触到金融并享受金融发展带来的利好提供便利条件；大力发展附加值高的第三产业，重点发展为其他第三产业服务并提供资金保障的金融产业，同时在短期内不能忽视作为当前经济支柱的第二产业，保证在经济平稳上升的态势下促进金融业的发展；开展一切有利于社会经济发展的活动，促进国内生产总值的提高，在进一步缩小城乡收入差距的同时缩小西部地区与东部地区的差距，为金融机构向城乡居民提供平等的金融服务创造条件；在加强传统金融业发挥作用的前提下，鼓励新型金融企业的发展，拓宽融资渠道。

### 4.4.3　融资困难

随着市场经济的深入发展，中小企业的发展成为活跃市场的重要组成部分。中小企业是中国数量最大、最具创新活力的企业群体，在促进经济增长、推动创新、增加税收、吸纳就业、改善民生等方面具有不可替代的作用。

国家统计局数据显示：2016 年，全国规模以上中小企业 37 万户，其中，中型企业 5.4 万户，占比 14.6%；小型企业 31.6 万户，占比 85.4%。东部、中部、西部和东北地区中小企业分别有 21.5 万户、8.5 万户、5 万户和 2 万户，分别占比 58.1%、23.0%、13.5% 和 5.4%。东部、中部、西部和东北地区中小企业分别完成 41.3 万亿元、17.1 万亿元、10.4 万亿元和 3.4 万亿元，其增速超过两位数增长的地区有西藏（24.6%）、贵州（18.2%）、重庆（16.2%）、新疆（13.75）、陕西（11.8%）、四川（11.5%）和河南（10.7%）[①]。

中小企业在发展过程中不仅有利好，也伴随着艰难困阻。2016 年，中小企业有 37 万户。东部、中部、西部和东北地区亏损面分别为 12.2%、7.4%、16.3% 和 17.0%。31 个省（自治区、直辖市）中，亏损面超过 20% 的省（自治区、直辖市）有 13 个，其中西部地区占 7 个。这使融资成为企业存亡的关键，但中小企业融资难问题依然突出，2016 年有融资需求的中小企业中，38.8% 的企业反映融资需求不能满足，较 2015 年降低 0.3 个百分点，没有明显改善。银行惜贷、压贷、抽贷、断贷现象时有发生，银行对中小企业的贷款利率普遍上浮 30% 以上。

此外，中小企业销售回款难、人才缺乏、环保约束大、创新转型难、制度性交易成本高、政府公共服务有待进一步优化等问题，也都严重影响着中小企业的发展和企业家的发展信心，投资意愿总体偏弱。

---

① 资料来源：2016 年中国中小企业运行报告。

　　因此，要解决中小企业融资难问题，需要进一步加大对小微企业税收优惠力度，研究建立小微企业税收优惠体系和长效机制；进一步清理和减免涉企收费；进一步降低企业社保负担，多措并举促进大学毕业生、农村外出务工人员、去产能转岗分流人员的就业；进一步加强和改善融资服务，加大对中小企业信贷支持，加快中小企业信用担保体系建设，开展小微企业应收账款融资专项行动，切实缓解中小企业融资难题，进一步加强和改进公共服务。

# 第 5 章　西部地区金融发展与反贫困效应的实证分析

## 5.1　金融发展与反贫困效应的相关研究综述

### 5.1.1　金融发展对贫困减缓直接效应的相关研究

陈银娥、师文明（2010）通过实证研究发现，金融发展与贫困减缓存在密切关系，对我国 1980~2005 年的数据进行分析发现了农村正规金融发展、金融波动和非正规金融发展对农村贫困减缓的影响。结果证明，农村正规金融发展在一定程度上有利于减少贫困。金融波动与非正规金融发展对农村贫困减缓没有促进作用。胡卫东（2011）从内生性金融理论的视角指出我国农村金融存在内生性极度缺失的问题。由于政府过度干预，农村金融服务水平难以提高，无法正常发挥贫困减缓的作用，增强金融发展的内生性，形成高效的资金融通机制，提高贫困人口的自身发展能力是农村反贫困的突破口。黄莹、熊学萍（2013）通过研究金融服务水平的测度及与经济福利效应关系发现，金融服务水平的提高能够帮助缓解收入不平等、平滑消费并降低贫困率。吕勇斌、赵培培（2014）认为农村金融发展规模的扩大能够减缓农村地区贫困程度，这可能是因为储蓄规模大的农村金融机构能够将这些资金应用到促进当地经济发展且效益比较高的项目中，从而提高金融反贫困的效果。肖祎平等（2013）运用灰色关联度和相关性分析法对湖北地区金融深化和贫困水平之间的动态关系进行了实证研究，结论显示金融深化与贫困存在两种正负效应的博弈，金融深化能够减少贫困人口总量，但是会加大贫困人群的收入差距，从而导致深度贫困者的处境更加恶劣。崔艳娟和孙刚（2015）对我国 1978~2007 年的时间序列数据进行研究发现，金融越稳定越有利于贫困的减缓。他们认为稳定的金融能更好地发挥动员储蓄的功能，实现资本高效配置，促进经济发展和收入增加；并且他们预测在研究金融发展与贫困减缓关系时，忽略金融波动的因素会导致金融发展的反贫困效应被低估 9 个百分点。易德良（2017）认为加强农村金融机构发展，特别是农村信用社体制改革有助于落实精准扶贫政策，扩大银行网点覆盖面和各层级机构设施的完善，提高银行便民效率，为基层农户创造安全高效的支付环境。

### 5.1.2　金融发展对贫困减缓间接效应的相关研究

金融发展的间接作用主要是通过金融发展促进经济增长，使经济发展成果自发地从上而下惠及贫困人群，即"涓流效应"，从而改善贫困状况。然而经济发展的成果能否汇集到贫困人口还取决于收入分配的均衡性，收入分配不均衡不仅会让贫困人口无法享受到经济增长的好处，而且会导致收入差距的扩大，恶化贫困水平。

杨俊、王燕、张宗益（2008）利用向量自回归模型分别就我国整体、城镇、农村的金融发展对相应贫困减少的长、短期影响和格兰杰因果关系进行经验研究。结果表明，我国农村金融发展对农村贫困减少具有短期的促进作用但效果不明显。从长期看，农村金融发展抑制了农村贫困减少，但两者之间不存在格兰杰因果关系。我国金融发展在短期内缓解了全国贫困状况并改善了贫困人口收入分配情况，但从长期看它没有成为促进贫困减少的重要因素。苏基溶和廖进中（2009）运用广义矩估计方法研究了我国金融发展、收入分配与贫困的关系，研究结果表明，我国的金融发展有利于提高贫困家庭的收入水平，并且其中 31%来自金融发展的收入分配效应，69%来自金融发展的经济增长效应。伍艳（2012）发现我国农村金融发展与贫困发生率存在负相关关系，随着金融发展水平的提高，我国东、中、西部地区均呈现一定程度的贫困减少现象，但是西部地区贫困减缓的速度比其他两个地区快，中部地区农村金融发展的减贫效应最弱。师荣蓉、徐璋勇、赵彦嘉（2013）运用 1978～2010 年我国西部 12 个省（自治区、直辖市）的面板数据，对金融减贫的门槛效应进行实证检验，结果表明，金融发展对贫困减缓表现出明显的门槛特征，当人均收入处于低水平时，金融发展对贫困减缓具有隐性累积效应；当人均收入水平处于高水平时，金融发展对贫困减缓具有隐性减速效应。田银华、李晟（2014）通过研究金融发展水平与农村地区贫困的关系，运用 2004～2013 年我国省际面板数据进行实证分析，结果显示不同区域金融发展的反贫困效应存在较大的差距，东部地区金融发展并不能减缓农村贫困，但是中部和西部地区金融水平的提高能够提高人均收入水平，从而起到反贫困的作用。吕勇斌、赵培培（2014）运用 2003～2010 年我国 30 个省（自治区、直辖市）面板数据研究我国农村金融发展对缓解农村地区贫困的影响，结果表明农村金融规模扩大有利于贫困减缓，但是农村金融效率对减缓贫困有负面影响。郝依梅等（2017）通过构建新疆南疆三地州 2008～2013 年 24 个县（市）的个体固定效应模型，实证分析南疆普惠金融发展及各个维度对贫困减缓的影响，发现南疆三地州金融发展对农村贫困减缓呈现显著的正效应。纵玉英、刘艳华（2018）选取我国 1986～2014 年 31个省（自治区、直辖市）数据，运用动态面板 GMM（高斯混合模型）估计，实证检验了我国农村金融发展对居民收入的影响。结果表明从全国层面来看，农村金融发展对农民收入存在负面影响关系，对于东、中、西部三个地区，农村金融发展有利于促进农村居民收入增加。魏丽莉和李佩佩（2017）选用 2005～2015年西部 12 省（自治区、直辖市）数据，实证检验普惠金融的反贫困效应，研究表明金融服务覆盖率、金融服务可得性及金融资源的实际使用效率对贫困均有明显的减缓作用，普惠金融对西部地区的反贫困效应从整体来看效果显著，但是就各个省（自治区、直辖市）来看，普惠金融的反贫困效应并不是很明显。

对于使用研究方法的不同及选取的研究样本所在区域的不同，金融发展与贫困减缓的关系也会有所不同。从这些研究结论中，我们可以总结出对于东、中、西部地区金融发展的反贫困效应存在较大差异，并且我国对金融发展的反贫困效应的研究比较少，还未形成金融反贫困研究体系。本章从区域性金融反贫困角度出发，构建金融发展的指标体系，从直接作用和间接作用两个方面来研究我国金融发展的反贫困效应，尽可能多地考虑相关因素对金融发展、贫困减缓的影响，从理论上找到有效治理贫困问题的金融手段，最终加速推进我国金融精准扶贫工作。

## 5.2　指标选择与模型构建

### 5.2.1　指标选择

根据本书第 3 章理论分析，金融发展作用于贫困减缓的路径分为宏观路径与微观路径两种。宏观路径又可以分为间接路径和直接路径。其中，间接路径又分为经济增长路径与收入分配路径。直接路径是指金融发展直接提高了企业和家庭获得金融服务的可能性，从而有利于企业的发展与中低收入群体生活水平的提高，达到减少贫困的效果。金融发展过程中，金融的不稳定使金融风险增加，收入水平较低的人群由于自身条件的限制，抵御风险的能力更弱，金融波动对收入水平较低的人群影响更为严重；加之，对风险的厌恶，这些人对金融产品存在一定程度的排斥，在研究金融发展的反贫困效应时，不能忽略金融风险的影响。因此，在金融发展反贫困效应中，重要因素有经济增长、收入分配和金融发展，本节用金融发展规模和金融发展效率表示金融发展。

此外，基于本书研究的是金融发展对反贫困的效应，本节选取了贫困水平、金融发展规模、金融波动性、金融发展效率、经济增长、收入分配来作为贫困减缓的解释变量。

### 1. 贫困水平指标

农村贫困标准 1978～2014 年经过了 3 次调整，统计口径的变化导致数据缺乏可比性，同时考虑到数据的可获得性，本节借鉴 Quartey（2008）和 Odhiambo（2009）的方法采用人均消费水平来度量贫困水平。该指标程度的不同反映了人均消费水平的不同。该指标越大，说明人均消费水平越高，人们的生活水平得到改善的程度越大，同时也意味着反贫困的效果程度越强。

### 2. 金融发展规模

衡量金融发展规模的指标通常有麦氏指标和金融相关系数。麦氏指标最早由 Mckinnon 于 1973 年提出，是广义货币与国内生产总值的比值，即 M2/GDP，衡量以货币作为媒介的交易在全部经济交易中所占的比重。该指标越大说明经济货币化程度越高。Jeanneney 和 Kpodar（2011）认为麦氏指标能衡量金融市场提供的流动性和动员储蓄的能力。衡量金融发展规模的另一个指标是金融相关系数，该指标是一个存量指标，是指某时点整个经济社会存在的总金融资产与国民收入的比值。总金融资产包括流通中的现金、金融机构的存贷余额、股票市场价值、债券余额及保费收入。然而，考虑到我国金融体系以银行为导向，并且贫困人口接触最多的金融服务仍然是银行贷款。因此借鉴 Arestis 等（2001）的做法，利用金融机构贷款余额与 GDP 的比值来衡量我国金融发展规模。即

金融发展规模=金融机构贷款余额/GDP

### 3. 金融波动性

金融发展并不是稳定的，这种金融波动会削弱金融发展带来的贫困减缓。因此，如果不考虑金融波动因素，则会导致金融发展反贫困效应被低估。鉴于金融发展最明显的特征是规模的扩大，因此本节采用金融规模的波动率来衡量金融发展的不稳定性。具体借鉴 Ravn 和 Uhlig（2002）的做法，利用 HP 滤波法去除金融机构贷款规模扩张的趋势成分从而获得其波动成分，并将波动成分取绝对值作为金融波动指标。该指标越大，则金融体系越不稳定，金融风险越大。

### 4. 金融发展效率

国外文献在测量金融发展效率时多采用私人部门贷款/GDP，反映金融机构引导资金流入非国有部门从而提高资金的利用率。但基于我国国有经济在整个经济中占绝对主导地位，控制着整个国家的经济命脉的国情，直接套用该指标来衡量我国金融发展效率存在固有的缺陷（王志强、孙刚，2003）。本文遵循王志强和孙刚（2003）、师文明（2008）、张彤（2013）的做法，用贷款与存款的比值度量金融机构发挥储蓄转化为投资的中介功能。比值越大，金融发展效率越高，即

金融发展效率=金融机构贷款/金融机构储蓄

5. 经济增长指标

GDP 经常用以衡量一个国家或地区宏观经济实力和发展水平，而衡量国民的富裕程度和人民的生活水平采用的是人均 GDP，即 GDP 与常住人口的比值。因此，此处借鉴 Chen Shao Hua 和 Martin Ravallion（2004）的做法采用人均 GDP 作为经济增长的指标。

经济增长指标=人均 GDP

6. 收入分配指标

经济增长成果能否惠及贫困人口还取决于收入分配的公平程度，若金融发展加剧了收入分配的不公平性，会抵消金融发展对贫困减缓带来的好处，甚至加剧贫困。西方经济学研究中常用基尼系数来衡量收入分配平等程度。一个国家基尼系数越大，该国家的贫富差距越大。但是基尼系数一方面存在结构上的缺陷，不能反映收入的分布情况；另一方面计算方法复杂，对数据真实性要求极高。不同机构和学者对同一国家或地区基尼系数的计算结果存在较大的差异（岑成德，2010）。因此，本书借鉴姚耀军、曾维洲（2011）、师文明（2008）的做法，采用城乡收入比率衡量收入分配的公平性。该指标简洁直观，同时符合我国目前仍然存在城乡二元分割结构的现状。

收入分配指标=城镇居民人均可支配收入/农村居民人均纯收入

变量的具体说明如表 5-1 所示。

同时选取教育水平和农业增加值两个指标来反映西部地区教育水平和农业发展水平。其中教育水平用教育支出与财政支出比值来衡量，农业增加值用农业总产值/GDP 表示。

表 5-1　变量说明

| 变量符号 | 指标含义 | 变量计算 |
|---|---|---|
| POV | 贫困水平指标 | Ln（人均消费水平） |
| FD | 金融发展规模 | Ln（贷款总额/GDP） |
| INS | 金融波动性 | 利用 HP 滤波法去除金融机构贷款规模扩张中的趋势成分，取其波动成分的绝对值 |
| FE | 金融发展效率 | Ln（金融机构贷款/金融机构储蓄） |
| IG | 收入分配指标 | Ln（城镇居民人均可支配收入/农村居民人均纯收入） |
| RAP | 经济增长 | Ln（人均 GDP） |
| EDU | 教育水平 | 教育支出/财政支出 |
| AGR | 农业增加值 | 农业总产值/GDP |

## 5.2.2　模型构建

面板数据也称时间序列与截面混合数据，是截面上个体在不同时点的重复观测数据，与时间序列或截面数据相比，面板数据可以增加估计量的抽样精度，获得更多的动态信息。估计面板数据的一个极端策略是将其看成截面数据进行混合回归，即要求样本中每个个体都拥有相同的回归方程；另一个极端策略是，为每个个体估计一个单独的回归方程。前者忽略了个体间不可观测或被遗漏的异质性，而该异质性可能与解释变量相关从而估计不一致；后者则忽略了个体间的共性，因此，在实践中常采用折中的策略，即假定个体的回归拥有相同的斜率，但可以有不同的截距项，以此来捕捉异质性。该模型可表示为

$$y_{i,t} = \alpha x_{i,t} + \beta z_i + \mu_i + \varepsilon_{i,t} \tag{5-1}$$

式中，$y_{i,t}$ 为被解释变量；$x_{i,t}$ 为解释变量且可以随个体即时间而变；$z_i$ 为不随时间而变的个体特征；$\mu_i$ 为非观测截面个体效应；$\varepsilon_{i,t}$ 为随个体时间而变的扰动项；$i$ 表示第 $i$ 个样本；$t$ 表示时间。

如果 $\mu_i$ 与某个解释变量相关，则称之为固定效应模型（FEM）。在这种情况下，是将模型转换消去 $\mu_i$ 后获得一致估计量。如果 $\mu_i$ 与解释变量均不相关，则称之为随机效应模型（REM）。

在处理面板数据时，对于应该使用固定效应模型还是随机效应模型，可采用豪斯曼（Hausman）检验来判断。该检验原假设：随机效应模型为正确模型；无论原假设成立与否，FEM 都是一致的。如果原假设成立，则 REM 比 FEM 更有效。如果原假设成立，则 FEM 与 REM 的估计量将共同收敛于真实的参数值；反之，如果两者的差距过大，则倾向于拒绝原假设。Hausman 检验统计量为

$$\left(\widehat{\beta_{\text{FEM}}} - \widehat{\beta_{\text{REM}}}\right)' \left[\overline{\text{Var}\left(\widehat{\beta_{\text{FEM}}}\right)} - \overline{\text{Var}\left(\widehat{\beta_{\text{REM}}}\right)}\right]^{-1} \left(\widehat{\beta_{\text{FEM}}} - \widehat{\beta_{\text{REM}}}\right) \xrightarrow{d} x^2(k) \tag{5-2}$$

式中，$k$ 为 $\widehat{\beta_{\text{FEM}}}$ 的维度，即 $x_{i,t}$ 中所包含的随时间而变的解释变量的个数，如果该统计量大于临界值，则拒绝原假设。

根据前文指标的选择可以初步建立如下计量模型：

$$\text{POV}_{i,t} = \alpha_0 + \alpha_1 \times \text{FE}_{i,t} + \alpha_2 \times \text{FD}_{i,t} + \alpha_3 \times \text{RAP}_{i,t} + \alpha_4 \times \text{IG}_{i,t}$$
$$+ \alpha_5 \times \text{INS}_{i,t} + \mu_i + \varepsilon_{i,t} \tag{5-3}$$

式中，$\alpha_1$、$\alpha_2$、$\alpha_3$、$\alpha_4$、$\alpha_5$ 分别为 $\text{FE}_{i,t}$、$\text{FD}_{i,t}$、$\text{RAP}_{i,t}$、$\text{IG}_{i,t}$、$\text{INS}_{i,t}$ 的系数；（$\mu_i + \varepsilon_{i,t}$）为扰动项。

## 5.2.3　数据来源

本书实证数据时间跨度为 2007～2016 年，主要数据来源于国家统计局，部分

数据来源于高校的 RESSET 数据库。本书把 POV、FE、IG、RAP 等取自然对数，以降低变量异方差和波动幅度过大带来的影响。金融波动指标通过 EVIEWS 8.0 处理得出。本书的模型运用 STATA 14 处理。表 5-2 是所观测数据的统计特征。实证部分所使用数据见附录。

表 5-2  样本变量基本统计特征

| 变量 | 观测值 | 平均值 | 标准差 | 最小值 | 最大值 |
|---|---|---|---|---|---|
| POV | 120 | 3.683 0 | 0.199 3 | 3.283 0 | 4.072 0 |
| FE | 120 | −0.145 4 | 0.119 2 | −0.633 1 | 0.037 3 |
| FD | 120 | 0.445 2 | 0.115 2 | 0.109 9 | 0.809 6 |
| IG | 120 | 0.548 4 | 0.071 0 | 0.402 9 | 0.669 1 |
| RAP | 120 | 4.416 0 | 0.212 9 | 3.839 0 | 4.857 0 |
| INS | 120 | 0.079 6 | 0.082 0 | 0.000 4 | 0.527 4 |
| EDU | 120 | 0.156 4 | 0.028 2 | 0.098 9 | 0.218 0 |
| AGR | 120 | 0.119 2 | 0.044 5 | 0.045 4 | 0.253 2 |

## 5.3  实 证 分 析

### 5.3.1  面板数据回归

在面板数据线性回归模型中，如果对于不同的截面或不同的时间序列，只是模型的截距项是不同的，而模型的斜率系数是相同的，则称此模型为固定效应模型。随机效应模型则是把原来（固定）的回归系数看作随机变量。因此在确定最终回归模型之前，为了确定上述方程适合哪种效应模型，可通过 Hausman 检验来判断，由表 5-3 我们可以看出 Hausman 检验统计量所对应的 $P$ 值为 0.0003<0.01。因此在 1%的显著性水平下显著，拒绝原假设随机效应为正确模型，建立固定效应模型进行估计。

表 5-3  Hausman 检验

| 变量 | Coefficients（变量系数） | | 两效应下的差值（$D$） | 检验结果 |
|---|---|---|---|---|
| | 固定效应（$b$） | 随机效应（$B$） | | |
| FD | 0.223 909 3 | 0.290 895 8 | −0.066 986 5 | 0.090 040 9 |
| FE | 0.078 244 1 | 0.130 527 2 | −0.052 283 0 | 0.073 269 3 |
| IG | −0.666 876 1 | −0.645 309 4 | −0.021 566 7 | 0.035 185 6 |
| RAP | 0.782 180 4 | 0.740 128 0 | 0.042 052 4 | 0.024 883 5 |
| INS | −0.005 852 5 | −0.047 621 3 | 0.041 768 8 | 0.013 371 2 |
| _CONS | 0.506 310 6 | 0.661 319 0 | −0.155 008 4 | 0.081 085 5 |
| | | | | Prob=0.0003 |

以 FD 为金融发展指标进行估计，固定效应下面板数据回归结果如表 5-4 所示，从整体来看模型回归结果较好，变量 FD 的 $P$ 值为 0.043<0.05，因此可以看出在 5%的显著性水平下，FD 的扩大使贫困人民获得信贷资金的机会增加，满足生产生活的资金需求，从而改善生活水平、减少贫困。IG 的扩大对贫困减缓起反向作用。RAP 对贫困减缓具有正向作用。金融波动对贫困减缓具有反向作用，但是它的反向影响作用比较小，并且从 $P$ 值结果来看并不是很显著。在金融发展过程中，控制金融波动风险有利于发挥金融发展减缓贫困的作用，即稳定的金融体系是金融发展发挥贫困减缓作用的基础。

表 5-4　固定效应下面板数据回归结果

| 变量 | 变量系数 | 均值方差 | $T$ 检验值 | $P>|t|$概率 |
|---|---|---|---|---|
| FD | 0.223 909 3 | 0.109 063 6 | 2.05 | 0.043 |
| IG | −0.666 876 1 | 0.114 540 7 | −5.82 | 0.000 |
| RAP | 0.782 180 4 | 0.045 391 6 | 17.23 | 0.000 |
| INS | −0.005 852 5 | 0.054 977 9 | −0.11 | 0.915 |
| _CONS | 0.506 310 6 | 0.228 716 8 | 2.21 | 0.029 |
|  |  |  |  | $R^2$=0.9666 |

剔除波动性进行回归，结果如表 5-5 所示。与未剔除波动性这一因素的回归结果相比，可以看到金融发展规模的变量系数在剔除波动性影响后仍然为正，并且它的系数比没有剔除波动性时要大，这说明在金融发展过程中金融波动性会减少金融发展对反贫困的作用。

表 5-5　固定效应下面板数据回归结果（剔除波动性）

| 变量 | 变量系数 | 均值方差 | $T$ 检验值 | $P>|t|$概率 |
|---|---|---|---|---|
| FD | 0.281 540 0 | 0.076 733 0 | 3.67 | 0.000 |
| IG | −0.679 517 4 | 0.111 946 8 | −6.07 | 0.000 |
| RAP | 0.773 234 3 | 0.040 878 5 | 18.92 | 0.000 |
| _CONS | 0.515 245 5 | 0.218 049 6 | 2.36 | 0.020 |
|  |  |  |  | $R^2$=0.9664 |

为了检验金融发展对贫困减缓两者之间关系的稳定性，依次加入变量 EDU、AGR，如表 5-6 和表 5-7 所示，可以从估计结果看出，加入变量 EDU、AGR 后并没有改变金融发展与贫困减缓的正相关关系，并且这两个变量对贫困减缓有着正向的作用。从金融发展规模的系数可以看出，加入这两个变量后，对贫困减缓的变量系数要大于不加入时。

表 5-6　加入 EDU 后面板数据回归结果

| 变量 | 变量系数 | 均值方差 | $T$ 检验值 | $P>|t|$ 概率 |
|---|---|---|---|---|
| FD | 0.301 718 7 | 0.077 473 8 | 3.89 | 0.000 |
| IG | −0.660 719 7 | 0.112 005 3 | −5.90 | 0.000 |
| RAP | 0.780 510 7 | 0.040 931 7 | 19.07 | 0.000 |
| EDU | 0.401 644 5 | 0.268 878 2 | 1.49 | 0.138 |
| _CONS | 0.400 983 6 | 0.229 881 5 | 1.74 | 0.084 |
| | | | | $R^2=0.9671$ |

表 5-7　加入 AGR 后面板数据回归结果

| 变量 | 变量系数 | 均值方差 | $T$ 检验值 | $P>|t|$ 概率 |
|---|---|---|---|---|
| FD | 0.302 788 4 | 0.076 386 7 | 3.96 | 0.000 |
| IG | −0.670 912 1 | 0.110 449 4 | −6.07 | 0.000 |
| RAP | 0.781 136 9 | 0.040 493 1 | 19.29 | 0.000 |
| AGR | 0.658 653 | 0.328 137 3 | 2.01 | 0.047 |
| _CONS | 0.387 659 2 | 0.224 171 2 | 1.73 | 0.087 |
| | | | | $R^2=0.9677$ |

以 FE 作为被解释变量进行回归，回归结果如表 5-8 所示，回归结果可以看出在 1%的显著性水平下，金融发展效率对贫困减缓具有正向作用，且作用效果同金融发展规模作为金融发展衡量指标时基本相同，IG 的扩大对贫困减缓起反向作用，RAP 对贫困减缓具有正向作用。

表 5-8　FE 作为被解释变量回归结果

| 变量 | 变量系数 | 均值方差 | $T$ 检验值 | $P>|t|$ 概率 |
|---|---|---|---|---|
| FE | 0.212 881 9 | 0.069 431 5 | 3.07 | 0.003 |
| IG | −0.681 967 1 | 0.114 862 7 | −5.94 | 0.000 |
| RAP | 0.828 619 6 | 0.037 677 0 | 21.99 | 0.000 |
| _CONS | 0.428 300 7 | 0.219 982 6 | 1.95 | 0.054 |
| | | | | $R^2=0.9652$ |

为了进一步说明金融发展反贫困效应的稳定性，我们依次加入变量 EDU、AGR 进行回归，从表 5-9 和表 5-10 可以看出，变量 EDU、AGR 的加入并没有改变金融发展效率与贫困减缓的正向关系，同时加入的变量 EDU、AGR 都与贫困减缓存在正向关系。通过检验可以看出，无论是以金融发展规模作为衡量指标还是以金融发展效率作为衡量指标，相关变量的依次加入都没有改变金融发展

对贫困减缓的正向作用关系，说明金融发展的反贫困效应具有稳定性。

表 5-9　FE 作为被解释变量下加入 EDU 的回归结果

| 变量 | 变量系数 | 均值方差 | T 检验值 | P>|t|概率 |
|---|---|---|---|---|
| FE | 0.220 833 7 | 0.069 701 6 | 3.17 | 0.002 |
| IG | −0.669 363 2 | 0.115 260 8 | −5.81 | 0.000 |
| RAP | 0.837 355 2 | 0.038 420 1 | 21.79 | 0.000 |
| EDU | 0.306 376 3 | 0.272 047 2 | 1.13 | 0.263 |
| _CONS | 0.336 035 7 | 0.234 480 3 | 1.43 | 0.155 |
|  |  |  |  | $R^2$=0.9656 |

表 5-10　FE 作为被解释变量下加入 AGR 的回归结果

| 变量 | 变量系数 | 均值方差 | T 检验值 | P>|t|概率 |
|---|---|---|---|---|
| FE | 0.255 022 0 | 0.070 352 8 | 3.62 | 0.000 |
| IG | −0.661 926 8 | 0.112 824 5 | −5.87 | 0.000 |
| RAP | 0.842 218 7 | 0.037 357 4 | 22.54 | 0.000 |
| AGR | 0.794 203 7 | 0.339 875 6 | 2.34 | 0.021 |
| _CONS | 0.268 719 2 | 0.226 018 2 | 1.19 | 0.237 |
|  |  |  |  | $R^2$=0.9669 |

### 5.3.2　结果分析

1）金融发展反贫困效应的直接作用。通过整理 2007～2016 年西部各省（自治区、直辖市）面板数据并进行回归分析，证明了西部金融发展指标中，西部金融发展规模能起到反贫困效果，西部金融发展效率亦可减缓贫困，但是它的影响性较西部金融发展规模这一因素要低，且显著性较低。可能的原因是，西部部分地区经济水平相对欠发达，居民储蓄较少，而政府采用行政手段鼓励甚至强制当地金融机构多发贷款，导致贷款利用效率较低，从而反贫困效应较低。

2）金融发展反贫困效应的间接作用。通过回归结果证明了经济发展指标能起到反贫困的作用，且这个因素对反贫困的影响程度较大。因为，在一个经济体中，经济增长带来的成果能惠及经济体中的所有人，无论是低收入群体还是高收入群体。经济增长可以直接影响收入分配。更合理的收入分配制度，能够降低初始收入对贫困减缓的影响程度，有助于经济增长。从实证的结果可以看出收入分配的差距对贫困减缓起到反向作用，因为在人均收入相同的情况下，收入差距过大，往往存在着高收入群体拥有更多的财富这一现象，收入差距的缩小对贫困减缓的意义不可小觑。

## 5.4　西部地区各省份金融发展反贫困效应现状

我国西部地区利用自身政策优势、成本优势引进众多金融机构总部及分支机构，打造以"大数据""区块链""互联网金融"为核心的金融集聚平台，从而达到提升市场活跃度、提供多种融资渠道、促进产业优化升级的目标。

金融发展可以促进经济增长、改善居民收入分配状况，而经济增长、收入分配的改善又会影响贫困群体的收入水平和其他福利，从而减缓贫困状况。首先，金融发展带动经济增长，进而对贫困减缓产生效应。经济的良好发展可以增加某一地区的就业岗位或其他的致富途径，从而改善宏观的经济环境。在较高的经济增长率这一条件下，居民的收入水平与消费水平也会大大提升，政府可以从居民的收入与消费中获得更多的税收，政府因此可加大对教育、医疗、社会保障等领域的财政投入，提高整个社会的福利水平，使低收入群体享受更多的实惠。由于税收增加，政府也会提高对二次分配与转移支付等领域的重视程度，从而为低收入群体直接提供生存保障，增加低收入群体的收入，帮助其脱离贫困的处境。贫困减缓效应要建立在经济增长基础之上，贫困减缓的必要条件之一就是经济增长的持久性与稳健性。

由图 5-1 可知，内蒙古金融业增加值呈现出不断增长的趋势，其中 2016 年金融业增加值为 992.14 亿元，2017 年金融业增加值为 1099.85 亿元，比 2016 年增长了 10.86%。由图 5-2 可知，内蒙古 2016 年居民消费水平为 22 293 元，2017 年居民消费水平为 23 909 元，较 2016 年有所增长，并且从过去几年的数据来看，随着金融业增加值的不断增加，居民消费支出也一直处于上升趋势。相较于 2016 年，该地区的人均 GDP 有小幅下降，但是从过去几年整体的趋势来看，同金融业增加值的变化趋势基本保持一致。

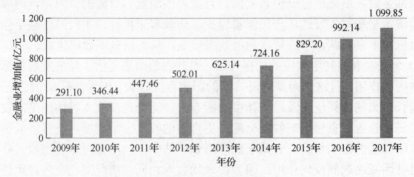

图 5-1　内蒙古金融业增加值

数据来源：国家统计局。

图 5-2　内蒙古居民消费水平与人均 GDP

数据来源：国家统计局。

由图 5-3 可知，广西金融业增加值呈现出不断增长的趋势，其中 2016 年金融业增加值为 1136.85 亿元，2017 年金融业增加值为 1273.40 亿元，比 2016 年增长了 12.01%。由图 5-4 可知，广西 2016 年居民消费水平为 15 013 元，2017 年居民消费水平为 16 064 元，较 2016 年有所增长，并且从过去几年的数据来看，随着金融业增加值的不断增加，居民消费水平也一直处于上升趋势，该地区的人均 GDP 也一直处于增长状态。

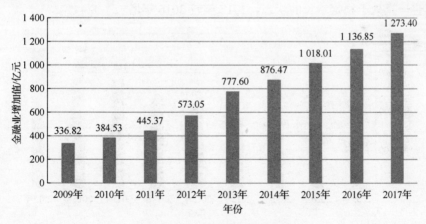

图 5-3　广西金融业增加值

数据来源：国家统计局。

图 5-4 广西居民消费水平与人均 GDP

数据来源：国家统计局。

由图 5-5 可知，重庆金融业增加值呈现出不断增长的趋势，其中 2016 年金融业增加值为 1642.59 亿元，2017 年金融业增加值为 1813.73 亿元，比 2016 年增长了 10.42%。由图 5-6 所示，重庆 2016 年居民消费水平为 21 032 元，2017 年居民消费水平为 22 927 元，较 2016 年有所增长，并且从过去几年的数据来看，随着金融业增加值的不断增加，居民消费水平也一直处于上升趋势。该地区的人均 GDP 也一直处于稳定增长的状态，2017 年较 2016 年增长了 8.44%。

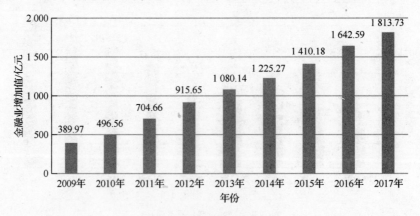

图 5-5 重庆金融业增加值

数据来源：国家统计局。

图 5-6　重庆居民消费水平与人均 GDP

数据来源：国家统计局。

由图 5-7 可知，四川过去几年金融业增加值呈现出不断增长的趋势，其中 2016 年金融业增加值为 2729.45 亿元，2017 年金融业增加值为 3203.27 亿元，比 2016 年增长了 17.36%。由图 5-8 可知，四川 2016 年居民消费水平为 16 013 元，2017 年居民消费水平为 17 920 元，较 2016 年增长了 11.91%，并且从过去几年的数据来看，随着金融业增加值的不断增加，居民消费水平也一直处于上升趋势。该地区的人均 GDP 也一直处于稳定增长的状态，2017 年较 2016 年增长了 11.62%。

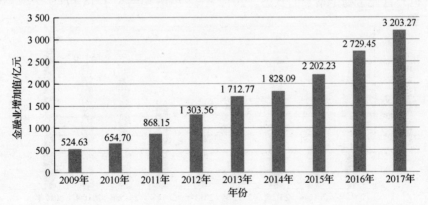

图 5-7　四川金融业增加值

数据来源：国家统计局。

图 5-8　四川居民消费水平与人均 GDP

数据来源：国家统计局。

由图 5-9 可知，贵州金融业增加值呈现出不断增长的趋势，其中 2016 年金融业增加值为 689.40 亿元，2017 年金融业增加值为 787.88 亿元，比 2016 年增长了 14.28%。由图 5-10 可知，贵州 2016 年居民消费水平为 14 666 元，2017 年居民消费水平为 16 349 元，较 2016 年增长了 11.48%，并且从过去几年的数据来看，随着金融业增加值的不断增加，居民消费水平也一直处于上升趋势。该地区的人均 GDP 也一直处于稳定增长的状态，2017 年较 2016 年增长了 14.17%。

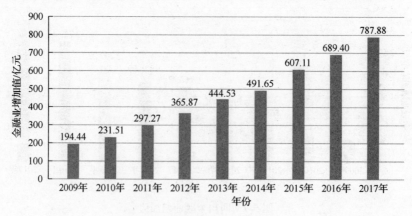

图 5-9　贵州金融业增加值

数据来源：国家统计局。

图 5-10　贵州居民消费水平与人均 GDP

数据来源：国家统计局。

由图 5-11 可知，云南金融业增加值呈现出不断增长的趋势，其中 2016 年金融业增加值为 1092.60 亿元，2017 年金融业增加值为 1194.67 亿元，比 2016 年增长了 9.34%。由图 5-12 可知，云南 2016 年居民消费水平为 14 534 元，2017 年居民消费水平为 15 831 元，较 2016 年增长了 8.92%，并且从过去几年的数据来看，随着金融业增加值的不断增加，居民消费水平也一直处于上升趋势。该地区的人均 GDP 也一直处于稳定增长的状态，2017 年较 2016 年增长了 10.06%。

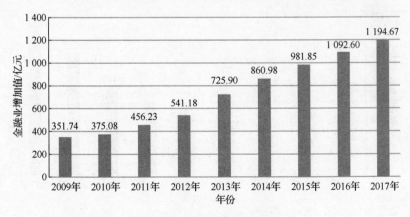

图 5-11　云南金融业增加值

数据来源：国家统计局。

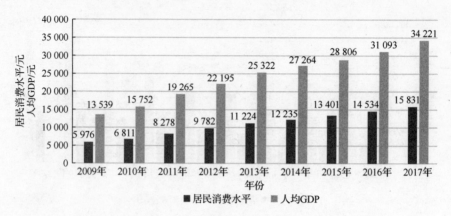

图 5-12　云南居民消费水平与人均 GDP

数据来源：国家统计局。

由图 5-13 可知，西藏金融业增加值呈现出不断增长的趋势，其中 2016 年金融业增加值为 93.05 亿元，2017 年金融业增加值为 110.20 亿元，比 2016 年增长了 18.43%。由图 5-14 可知，西藏 2016 年居民消费水平为 9743 元，2017 年居民消费水平为 10 990 元，较 2016 年增长了 12.80%，并且从过去几年的数据来看，随着金融业增加值的不断增加，居民消费水平也一直处于上升趋势。该地区的人均 GDP 也一直处于稳定增长的状态，2017 年较 2016 年增长了 11.60%。

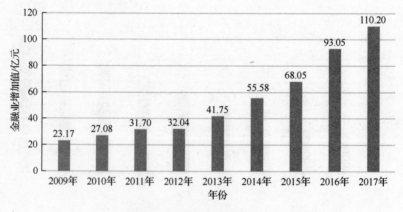

图 5-13　西藏金融业增加值

数据来源：国家统计局。

图 5-14　西藏居民消费水平与人均 GDP

数据来源：国家统计局。

由图 5-15 可知，陕西金融业增加值呈现出不断增长的趋势，其中 2016 年金融业增加值为 1181.54 亿元，2017 年金融业增加值为 1300.10 亿元，比 2016 年增长了 10.03%。由图 5-16 可知，陕西 2016 年居民消费水平为 16 657 元，2017 年居民消费水平为 18 485 元，较 2016 年增长了 10.97%，并且从过去几年的数据来看，随着金融业增加值的不断增加，居民消费水平也一直处于上升趋势。该地区的人均 GDP 也一直处于稳定增长的状态，2017 年较 2016 年增长了 12.25%。

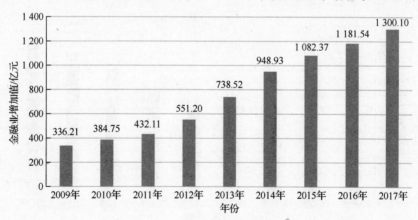

图 5-15　陕西金融业增加值

数据来源：国家统计局。

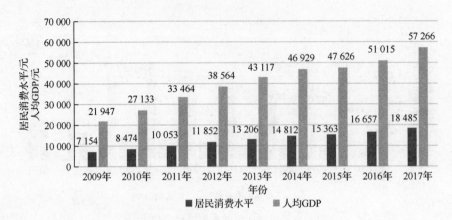

图 5-16　陕西居民消费水平与人均 GDP

数据来源：国家统计局。

由图 5-17 可知，甘肃金融业增加值呈现出不断增长的趋势，其中 2016 年金融业增加值为 507.02 亿元，2017 年金融业增加值为 553.59 亿元，比 2016 年增长了 9.19%。由图 5-18 可知，甘肃 2016 年居民消费水平为 13 086 元，2017年居民消费水平为 14 203 元，较往年增幅不大。从过去几年的数据来看，随着金融业增加值的不断增加，居民消费水平也一直处于上升趋势。该地区的人均GDP 也一直处于稳定增长的状态。

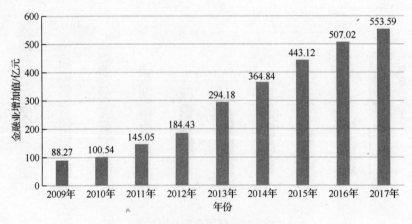

图 5-17　甘肃金融业增加值

数据来源：国家统计局。

图 5-18　甘肃居民消费水平与人均 GDP

数据来源：国家统计局。

由图 5-19 可知，青海金融业增加值呈现出不断增长的趋势，其中 2016 年金融业增加值为 245.81 亿元，2017 年金融业增加值为 274.60 亿元，比 2016 年增长了 11.71%。由图 5-20 可知，青海 2016 年居民消费水平为 16 751 元，2017 年居民消费水平为 18 020 元，较 2016 年增长了 7.58%，并且从过去几年的数据来看，随着金融业增加值的不断增加，居民消费水平也一直处于上升趋势。该地区的人均 GDP 也一直处于稳定增长的状态。

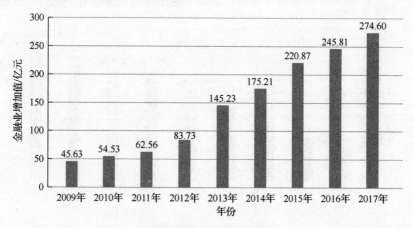

图 5-19　青海金融业增加值

数据来源：国家统计局。

图 5-20　青海居民消费水平与人均 GDP

数据来源：国家统计局。

由图 5-21 可知，宁夏过去几年金融业增加值呈现出不断增长的趋势，其中
2016 年金融业增加值为 284.11 亿元，2017 年金融业增加值为 314.69 亿元，比 2016
年增长 10.76%。由图 5-22 可知，宁夏 2016 年居民消费水平为 18 570 元，2017
年居民消费水平为 21 058 元，较 2016 年增长了 13.40%，并且从过去几年的数据
来看，随着金融业增加值的不断增加，居民消费水平也一直处于上升趋势。该地
区的人均 GDP 也一直处于稳定增长的状态，2017 年较 2016 年增长了 7.57%。

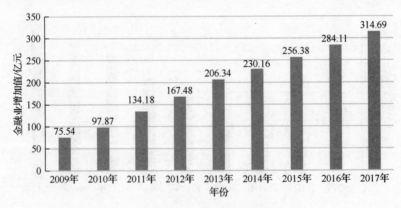

图 5-21　宁夏金融业增加值

数据来源：国家统计局。

图 5-22　宁夏居民消费水平与人均 GDP

数据来源：国家统计局。

由图 5-23 可知，新疆金融业增加值呈现出不断增长的趋势，其中 2016 年金融业增加值为 573.70 亿元，2017 年金融业增加值为 623.53 亿元，比 2016 年增长了 8.69%。由图 5-24 可知，新疆 2016 年居民消费水平为 15 247 元，2017 年居民消费水平为 16 736 元，较 2016 年增长了 9.77%，并且从过去几年的数据来看，随着金融业增加值的不断增加，居民消费水平也一直处于上升趋势。该地区的人均 GDP 也一直基本处于稳定增长的状态，2017 年较 2016 年增长了 10.79%。

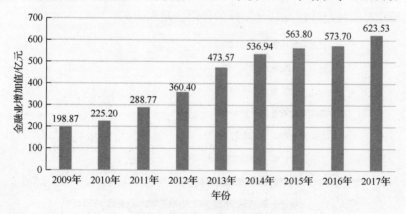

图 5-23　新疆金融业增加值

数据来源：国家统计局。

图 5-24　新疆居民消费水平与人均 GDP

数据来源：国家统计局。

## 5.5　西部地区金融精准扶贫

金融支持精准扶贫可解决农民担保难、贷款难问题，放大资金效益，做大做强扶贫特色优势产业，加快贫困地区、贫困农民增收，为扶贫攻坚打下坚实的基础。金融精准扶贫有利于扶贫资源的合理配置，促使金融机构加大对贫困地区和贫困人口的信贷投放，扩大扶贫覆盖面，加大扶贫力度，加快扶贫进度。

从图 5-25 所示的不同行业对金融精准扶贫投入情况来看，金融业对金融精准扶贫投入最大，对金融精准扶贫发挥的作用也是最大的。

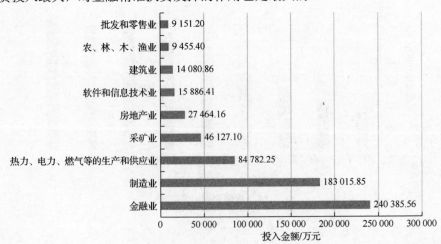

图 5-25　不同行业精准扶贫投入

资料来源：中国企业扶贫研究报告。

近年来，金融精准扶贫的议题颇受关注，西部部分地区在金融精准扶贫成效上表现优异，其中贵州精准扶贫成效尤为突出。2015 年 10 月以来，贵州省推出的"特惠贷"精准扶贫农户小额信用贷款产品，在一定程度上解决了贫困户和农村企业担保难、贷款难、融资成本高的问题，在助力建档立卡贫困户脱贫增收和贫困地区产业发展方面发挥了非常重要的作用。

### 1. 贵州的金融精准扶贫

中国农业银行贵州省分行积极创新信贷产品和服务模式，主动支持基础设施建设。支持县域高速公路网建设，2017 年累计发放贷款 185 亿元，重点支持贯穿贫困地区间的紫望高速公路、三荔高速公路、江习古高速公路等的建设。围绕贵州省政府易地扶贫搬迁计划，设计融资方案，审批贷款 6.3 亿元，发放贷款 3.47 亿元支持全省 24 个县（区）106 个安置点易地扶贫搬迁工程，支持 4.05 万农村贫困人口易地搬迁，改善其居住水平与生活质量[①]。

为顺应贵州省旅游发展战略，中国农业银行贵州省分行把旅游业金融服务作为支持县域特色资源产业发展的重点和金融扶贫的新增长点，金融服务定位，因地制宜找准支持路径。针对旅游产业链条长、带动贫困人口数量大的特点，创新推出"旅游+扶贫"整县推进金融服务模式，累计向施秉县审批旅游行业贷款 8.16 亿元，投放 3.47 亿元，实现全县重点景区金融服务全覆盖；整合推出"贷款+脱贫攻坚基金+扶贫保险基金"，积极引入贵州省政府主导的脱贫攻坚基金参与项目建设，提供组合资金支持 4 亿元，及时解决了施秉县景区快速道路、游客集散中心、智慧旅游系统等项目资金缺口问题。全年重点支持了黄果树、龙宫、云台山、百里杜鹃、天文射电望远镜等 8 个旅游项目，实现贷款投放 10.96 亿元。

贵州省农村信用社开展"农村信用工程"。截至 2018 年 9 月末，全省评定信用等级农户 706.44 万户，农户授信总额 4206.76 亿元；累计创建信用组 12 万多个，信用村 1.27 万个，信用乡（镇）986 个，信用县 21 个。实施"信合村村通"工程，基础金融服务全覆盖。贵州省建立"信合村村通"便民服务点 1.7 万多个，行政村全覆盖，打通了金融服务"最后一公里"，构建了"覆盖省、市、县、乡、村五级、联通全国"的服务网络体系。建立驻外农民工服务中心，服务跟着农民工走。在贵州籍农民工较为集中的北京、广东、福建、云南、江苏、浙江等省（自治区、直辖市）设立 13 个农民工金融服务中心。截至 2018 年 9 月末，支持农民工在外创业贷款 27.7 万户，金额 130.9 亿元；支持农民工返乡创业贷款 64.12 万户，金额 493.62 亿元；发放困难帮扶创业贷款 36.63 万户，金额 144.93 亿元（王新伟和

---

① 资料来源：https://mp.weixin.qq.com/s?__biz=MzI2MTc1NTI2Nw%3D%3D&idx=1&mid=2247485210&sn=a8b47a905a19110e3154b42ac3bf6f26。

吴秉泽，2019）。

### 2. 广西的金融精准扶贫

广西河池都安瑶族自治县是国家级贫困县，产业扶贫面临资金、项目难题。中国人民财产保险股份有限公司广西分公司在河池市开展的"政府+险资+企业+农户+保险"扶贫模式，帮助众多贫困户实现脱贫摘帽，特别是联合都安瑶族自治县及相关龙头企业启动的"贷牛还牛"项目，打造的"五位一体"保险扶贫模式，入选 2017 年全国保险业金融扶贫典型案例。"贷牛还牛"项目由该分公司捐赠 200 万元设立保险扶贫基金，向贫困户免费提供牛犊进行饲养。同时，为牛犊提供保险保障，政府给予全额保费、牛栏建设补贴及养殖技术支持，龙头企业负责按市场价或保底价回购肉牛，肉牛回购完成后，贫困户可继续免费领养牛犊，形成循环，直至贫困户有能力自行购买牛犊进行养殖。

广西农村信用社是广西资产规模最大、资金实力最强、服务网络最广、对"三农"和地方经济支持力度最大、纳税最多的银行业金融机构。2018 年 9 月，广西农村信用社各项贷款余额 5245 亿元，信贷资金投放连续 12 年保持广西金融同行业增量第一，连续 9 年保持广西金融同行业存量第一，其中涉农、小微贷款余额分别为 4081 亿元、2785 亿元，分别约占广西银行业金融机构总量的 50%、44%，均居广西同行业第一。扶贫小额贷款余额 206 亿元，占全区银行业金融机构总量的 99%以上。截至 2018 年 10 月，广西农村信用社已累计向 53.59 万建档立卡贫困户发放贷款 261.95 亿元，惠及贫困人口 205 万，带动 21 万多户贫困户脱贫；发放了广西银行业 99%以上的扶贫小额贷款、60%以上的扶贫龙头企业贷款，为广西打赢脱贫攻坚战提供了坚实的金融支撑。

2017 年底，广西有建档立卡贫困人口 267 万、贫困村 3001 个、贫困县 43 个未脱贫摘帽。2018 年，实现 116 万建档立卡贫困人口脱贫、1452 个贫困村出列、14 个贫困县摘帽（马昌和袁勃，2019）。

### 3. 青海的金融精准扶贫

中国人民银行西宁中心支行数据显示，截至 2017 年末，青海各项金融精准扶贫贷款余额 1125.96 亿元，同比增长 21.38%，当年累计发放 489 亿元，同比增长 83.54%，建档立卡贫困人口及已脱贫人口贷款余额 22.6 亿元，同比增长 41.32%。其中，建档立卡贫困户贷款余额 14.62 亿元，已脱贫人口贷款 8 亿元；项目精准扶贫、产业带动精准扶贫余额 1103 亿元，同比增长 21%，高于全省各项贷款增速，涉及的产业带动人口约 7.5 万。

青海省农村信用社联合社自 2015 年成为精准扶贫主办银行以来，承担了全省

95%的扶贫小额信贷的投放任务。2018 年度共投放扶贫贷款 11.09 亿元,其中"530 贷款"①7.68 亿元,产业扶贫贷款 3.23 亿元。涉农贷款较年初增加了 37.13 亿元;贷款户数为 19.62 万户,较 2017 年末增加 1.23 万户;年度投放绿色信贷 128.63 亿元,连续四年高于全省平均水平(罗连军,2019)。

### 4. 新疆的金融精准扶贫

自 2016 年 6 月金融精准扶贫工作开展以来,新疆地区银行业聚焦总目标,稳步推进扶贫小额信贷发放和管理工作,尤其是新疆农村信用社在扶贫小额信贷投放量上,在帮助贫困户发展生产、增收脱贫等方面取得了明显成效。

新疆农村信用社承担了金融精准扶贫的县市 71 个,占新疆金融扶贫任务的 92.21%。截至 2018 年 5 月 30 日,新疆农村信用社向 23.62 万建档立卡贫困户发放扶贫小额信贷共计 73.62 亿元,占新疆扶贫小额信贷的 80.35%;累计向 25.57 万户发放共计 98.14 亿元,贫困户有效信贷需求覆盖率达到 72.76%②。

全疆各县市农村信用社在地方党委政府主导下,积极结合当地实际,创新了"扶贫小额信贷+农业产业化龙头企业+贫困户""财政扶贫项目支持+扶贫小额信贷+贫困户"等产业带动扶贫模式。截至 2018 年 7 月 30 日,新疆信用社发放企业带动扶贫贷款 273 笔共计 5.30 亿元,带动贫困户 1527 人,专业合作社带动扶贫贷款 165 笔共计 3.25 亿元,带动贫困户 2.76 万人,其他方式带动扶贫贷款 7.50 亿元,带动贫困户 5016 人。

### 5. 四川的金融精准扶贫

四川省金融精准扶贫也取得了较好的成果,截至 2017 年末,四川金融精准扶贫贷款余额 3812.67 亿元,居全国第二位,贷款余额同比增长 35.42%,高于全省各项贷款增速 22.56 个百分点,贷款余额加权平均利率 5.3%,其中深度贫困地区金融精准扶贫贷款余额 1043.7 亿元,同比增长 35.7%,贷款加权平均利率 4.96%。全省有脱贫攻坚任务的县通过资本市场累计融资 2014.8 亿元,88 个县实现中央补贴政策性农业保险全覆盖,金融精准扶贫工作支持脱贫攻坚取得积极成效③。

虽然金融精准扶贫取得了一定的成效,但是依旧存在很多问题。目前,西部地区金融覆盖率较低、金融网点的设置较分散,参与精准扶贫的金融机构也相对较少。资金欠缺是西部地区贫困的重要原因之一,仅靠政府财政资金的传统扶贫

---

① "530 贷款"是指青海省金融精准扶贫小额贴息贷款,是对有发展项目、有资金需求、有劳动能力、无不良嗜好、无不良记录的建档立卡贫困户提供 5 万元、3 年期、全额贴息、免抵押、免担保贷款。

② 资料来源:http://www.xj.xinhuanet.com/zt/2018-08/30/c_137430345.htm。

③ 资料来源:http://news.10jqka.com.cn/20180416/c603920078.shtml。

工作，不仅投入资金有限，而且这种输血模式难以产生脱贫的内生动力，因此要实现精准扶贫，发挥扶贫的造血功能，吸引更多社会资金参与扶贫开发。利用金融手段拓宽扶贫融资渠道，调动更多的资金实行金融扶贫，为精准扶贫政策的实施提供有力的资金支持。金融是现代经济的核心，通过发挥金融的资源聚合效应、配置效应、乘数杠杆效应，可以聚集和统筹贫困地区小额分散资金，优化产业资本在贫困地区的配置结构，有效增强贫困地区和贫困户发展的内生动力。政府应不断拓宽贫困地区的资金融通渠道，发展多元化的金融机构精准扶贫，并且加强与金融机构的合作，引导金融机构增加对西部地区金融基础设施的投入。鼓励金融机构开发创新金融产品，优化西部地区的金融服务，因地制宜地设计符合西部地区发展需求的金融产品。要保证逐年增加的精准扶贫贷款能够高效率地运用到合适的地方，从而提高金融精准扶贫的效果。

金融机构应该将支持精准扶贫与支持西部农、牧、林等特色产业发展有机结合，有效利用扶贫政策，充分发挥产业扶贫的带动作用，吸纳贫困户创业就业，推动特色产业逐步由分散向集聚发展，真正将特色资源优势转化为产业发展优势。金融机构还应该在充分了解贫困户经济状况的基础上，针对不同贫困户采取不同的扶贫措施，做到金融服务精准，更多地发展"扶贫小额信贷+农业产业化龙头企业+贫困户""530贷款"等扶贫模式。

# 第6章 西部地区金融发展与反贫困的对策和建议

## 6.1 刺激金融需求，提升西部地区金融意识

我国西部地区的贫困现象突出，其问题产生的原因也异常复杂，涵盖了计划经济时代的贫困因素，也包含市场经济情况下的多因素影响。虽然我国西部地区经济发展水平有所提升，但是多种因素对我国西部地区的贫困影响依然长期持续，而这种现象也会在未来相当长的时间里对西部地区金融发展产生综合影响。

贫困问题是我国西部地区发展的瓶颈。在历史上，我国西部地区的产业结构长期停留在农业社会阶段，所以贫困的典型样本均以我国西部地区典型农村贫困形态为基础。在我国西部广大农村地区，教育经济发展滞后，当地居民普遍沿用古老、陈旧的生产工具，生产力低下。

我国西部欠发达地区地理位置偏僻、交通不便，基础设施不完善、资源环境差，再加上西部部分地区教育意识薄弱，自然生态环境进一步恶化，生存条件也更加恶化。当地居民无意识的开垦耕种，植被遭到进一步破坏，土地水土流失严重，经常受到干旱、洪水、扬沙、虫害等自然灾害的威胁。此外，我国西部地区开采资源的效率不足。这种恶性循环使西部地区经济发展受到重重限制，电力、通信、邮政、交通等基础设施不完善、教育匮乏、贫困发生率上升，由于缺乏正确合理规划，西部贫困地区粗放式盲目的经济发展进入了恶性循环。

我国西部地区在教育经费、教学基础设施、师资配套方面都存在着较大的缺口，贫困地区人力资源的储备严重不足。因此，提高贫困地区人口文化素质，是摆脱贫困程度的重要方式，也是最有效的方式。

为推动西部地区经济发展，必须多方面进行拓展和发展。对西部欠发达地区人群加以分类以解放更多劳动力，提供资金支持与金融服务，将我国金融发展的大量资金投入西部发展的过程中去，提高当地居民素质，提升居民金融意识，使经济发展逐渐走向正轨，并通过良好的方式使反贫困发展进入良性循环。

## 1. 刺激贫困群体的金融需求

贫困群体主要以小农生产的农户为主，这类群体对信贷资金的需求有以下特点：第一，资金需求主要为小额信贷。受小农生产性质的限制，贫困户较低的收入决定了用于消费的资金较少，对信贷资金的需求也相对较低。第二，贫困群体的借贷期限以中短期为主。贫困户从事生产经营活动相对较少，收益较低，多数人将贷款主要用于满足住房、教育、农业生产等基础需求，一年以内的短期贷款是适度的借贷偿还期。第三，资金需求以生活消费为主。贫困群体的资金需求仍然停留在对农业资料的购买以支持其农业生产方面，教育、住房、大件物品、医疗仍然是其生活性消费中的最大组成部分。

## 2. 改善农户生产方式

我国目前贫困农户主要从事生产附加值较低的生产活动，文化水平较低，非农收入和固定资产持有普遍较少。应加强农业教育，增强扶贫信贷机构对农业生产、人力资本投资、住房改造方面的信贷供给。政府应积极引导，建立生产合作组织，提升生产活动的规模效应。将附加值较低的农业生产活动向附加值较大的轻工业、服务业转变，同时增加农业机械贷款，并对贷款进行补贴，促进农业工业化转变，提升生产效率，增加生产活动的收益。

## 3. 提高生活消费信贷资金供给

我国西部地区贫困农户大部分有信贷资金的需求，并且以一年以内的小额信贷需求为主，以满足日常生活性消费。财政部门应给予适当的财政补贴、税收减免、再贷款优惠等政策，引导西部欠发达地区信贷金融机构创新信贷产品，提升服务质量，同时利用政府的宏观调控作用降低金融扶贫企业创新成本。

针对消费性信贷资金供给，普惠金融信贷机构尽量放宽扶贫抵押对担保品的要求，增加担保品种类，重新建立担保评估体系，允许欠发达地区使用土地、农业订单、固定资产进行抵押，从而提高信贷资金供给，促进当地经济消费，带动整个产业发展。

## 4. 增加正规金融机构对农户的金融满足

在有金融需求的农户中，因为贫困农户没有被正规金融机构列为服务对象，正规金融机构对贫困农户的信贷供给具有很大的随意性。非正规金融在贫困农户中具有更明显的信息优势，普惠金融及金融扶贫提供的金融需求的不足，使非正规金融成为贫困农民融资的重要方式。普惠金融机构应推行相应的财税优惠政策，加强金融监管，满足正规金融机构对农户的金融满足。鼓励大型金融机构、银行与西部地区金融组织加强合作，合理参与普惠金融扶贫的运作。

健全扶贫金融机构对贫困型农户进行信用评估、信用担保、信用管理，加强普惠金融地区贫困农户风险控制，降低信用贷款中的系统性风险。

### 5. 开展农户金融知识教育

建立普惠金融下的扶贫金融组织，开展普惠金融知识教育，规范贴近贫困人口的非正规扶贫金融组织。积极培育和发展商业性小额信贷扶贫组织，将社会闲余信贷资金投入贫困农户中，积极普及风险控制和财务管理等金融知识，降低贫困农户金融风险。

### 6. 切实保护金融消费者权益

当前，《中华人民共和国消费者权益保护法》对广大金融需求者和使用者的保护并不够充分，该法主要是对一般消费品和服务的消费群体进行保护。在金融消费者的保护上，该法制的保护并不健全。金融消费，更多地表现为一种权利义务、债权债务关系，《中华人民共和国商业银行法》中仅第一条指出"保护存款人和其他客户的合法权益"，没有对金融消费者的利益保护加以强调，使其处于金融消费中的弱势地位。一旦发生金融利益冲突，将会出现一系列如利益冲突调整、争议处置、处置机构、处置程序、程序监督、公平公正的问题。

除此之外，我国金融行业对金融消费者的保护也不够重视，我国当前银行业协会、证券业协会、保险业协会制度不完善、机制不成熟、监管不严谨，缺乏行业自律的金融协会，不能很好地保护消费者权益，没有为消费者提供一个有效的保护平台，也没有一个统一的通行准则来解决未来金融机构与金融消费者的经济矛盾、经济纠纷。

### 7. 加快金融法律立法

为保护西部地区广大金融消费者，建立和健全金融消费者保护的相关法律，为这一弱势群体提供法律保障是经济社会发展的必经之路。在普惠金融这一金融发展条件下解决西部地区贫困问题，必须对发展中存在的信息不对称、地位不平等、金融消费者的弱势地位进行保护，防止其金融信贷权益受到侵害。由于市场机制和消费者的局限性，需要政府积极干预，对金融发展中处于弱势的消费者提供一定的帮助，保护其经济权益。

对金融消费者的保护可以采取以下方式：完善法律，增加关于金融消费、普惠金融体系、信贷风险等消费者保护内容，对特殊条款加以专门规定。吸纳发达国家在消费者保护上的方法，在更高维度上给予立法保护。可以学习美国在金融领域的相关消费者保护法，建立和保护金融机构的合法权益，如《信用卡履责、责任和公开法》的实施从根源上保护了相关消费者权益。通过吸取发达国家在金融监管之外的成功经验，设立专门的金融消费者保护机构与金融服务公司，专门处理相应的金融产品投诉，消费者可以正确的渠道申诉。

从美国的发展情况来看，防范金融风险的发生要从消费者权益保护尤其是金融消费者的保护职能建立开始，这样的权益保护在保障金融正常发展的同时也是复杂的。因为这样的保护需要具备金融产品设计、借贷产品销售、金融风险分析等方面的风险控制专门知识，并且需要对未来可能发生的风险进行定向预测，防止周期性的金融风险对金融环境造成不可挽回的风险。设立相应的金融监管保护机构必须从金融管理组成、组织经费、组织结构、工作流程等方面保护金融的独立性，防止受到其他单位的不正常干预，保证金融保护机构平稳正常运行。只有金融保护机构站在公平的制高点才能正确应用金融知识解决金融消费者的纠纷，使金融消费者保护机构有效行使对金融消费者的指导和教育权利。

8. 加强金融机构监管

我国经济的高速发展，国民普遍金融消费意识有了很大程度的提升，金融消费者的维权问题也越发突出，消费者的维权意识越发强烈。在中西部贫困地区，银行作为普通居民最信任的金融机构，应当将金融消费者权利的保护放在重要的地位，在经济高速发展的情况下，金融借贷双方矛盾发生的概率逐渐增加，矛盾主要集中在投保人和保险人、债券证券发行人与投资人间的交易中，这就需要相关金融机构与监管部门在西部地区发展中起到更强的协调和保障功能，保护和重视消费者的权利。

只有保护好金融消费者的利益，才能使金融的运行更加平稳，才能提升金融效率、维护资金安全、提升我国金融行业综合实力。从金融监管的方面来看，我国应将重点监管着眼于金融机构的信息披露，各金融机构应积极配合避免在金融交易中产生交易壁垒。我国当前的金融机构处于混业经营方式，金融机构往往采取多种金融产品复合的金融产品方式，这类金融产品在相同义务情况下也负有同等的金融信息披露义务，各金融机构应积极配合，将信息强制性地披露，从根源上保护金融消费者权益。

各类金融机构要在功能性的监管环境下自觉进行尽职调查，根据自身的金融发展经营成果、风险指标进行定期的公开发布，为广大金融消费者提供正确的金融风险提示。与此同时，在当今多种金融理财产品共存的情况下，利用政府金融机构的统筹作用，提炼出金融理财产品中的共性部分，对其进行标准化和规范化管理，可以在很大程度上避免金融相关政策与法律服务、企业规则上出现的冲突和矛盾，大幅提升金融运营和工作效率。在我国中西部地区，金融服务往往存在低效率的情况，加之人们意识的薄弱，这样的低效率有着逐渐增加的情况。这就需要各机构在金融监管的同时要及时作出正确积极的引导，作为信息共享和协调的中介，积极推动金融监管的正确发展，避免监管黑洞与陷阱。

我国当前的监管体系依然是通过《中华人民共和国中国人民银行法》《中华人民共和国保险法》《中华人民共和国证券法》等法律规范确认下的金融机构监管体系。虽然法律为银行混业经营提供了制度的预留，但从我国的金融监管和立法层面上完全转为金融性管理，仍然不是短期内能够完成的。我国西部欠发达地区的金融发展，拥有与其他地区发展不同的特殊性，一味照搬我国东部地区及世界制度经验，难以发挥金融制度应有的监管效果。从世界各国的金融监管发展模式来看，即使在机构性监管的国家，在监管中也不可避免地增加了功能性监管的内容。通常情况下，我国金融市场不会受到单一法律影响因素就会做出改变的。在中西部地区发展金融市场，需要对市场进行深入调查，针对不同区域的金融发展情况进行摸底，根据不同的金融消费需求，在保障金融使用者权益的根本宗旨下，逐步实施和完善金融监管机制，稳步推进以保护金融消费者公平公正的知情权为目的的监管制度设计。

### 9. 完善金融纠纷处理程序

我国西部地区金融发展，要立足我国基本国情，保护西部地区广大人民的纠纷处理权利，完善金融消费纠纷处理机制。只有这样才能促进西部反贫困机制正常健康发展。

完善西部地区反贫困金融纠纷处理程序有如下几点要求：一是建立并完善西部地区金融服务机构内部金融争议处理程序，保障金融消费者的争议处理权利，这是金融服务初始化的必由之路，也是不少国家和地区的先进经验。二是成立专门的反贫困金融监管机构，成立专业化的金融行政保护部门，为从事西部地区金融发展的金融消费者提供更多的金融保护和支持。具体行为如下：定期考察金融机构是否遵守相关操作执行监管法律；对金融机构的执行和程序进行合规性的定期检查，切实落实金融机构对以金融消费者为代表的西部地区反贫困群体的合法权益；普及金融消费群体的金融教育，提升普惠金融意识，推广以小额信贷为代表的普惠金融产品；对金融消费者的问题投诉要及时处理和分析，帮助受害群体更好地解决问题，为金融产业在贫困地区的发展树立良好的形象。三是积极成立金融纠纷处理机构，保护金融消费者的合法权益，要保证金融机构的独立性和完整性，避免金融纠纷处理受到金融机构的影响，在建立金融服务监督检查机构的同时要赋予其充足的权利，保障机构顺利平稳运行。四是加大普惠金融宣传和支持力度，在我国西部欠发达地区各个机构设立消费者协会普惠金融专业委员会，普及金融保障。五是设立西部地区金融仲裁委员会，为金融消费争议提供良好的解决途径。金融仲裁拥有公平、高效、公认、经济等优势，作为调解双方的中介平台，金融仲裁可以在很大程度上为金融当事人提供多种可靠金融保障，其第三方中立决断的特点使当事人可以根据自身实际情况进行专业仲裁，在金融消费中产生的争议也可以更高效地解决。六是积极拓展金融服务机构，凭借当今现有的银行网点机构，推出和拓展普惠金融业务，随后逐步建立专门的普惠金融办事机构，利用行业自律组织的优势规范约束金融机构，为金融消费者提供更直观的金融服务，提升服务质量，主动解决西部欠发达地区金融消费者遇到的问题和冲突，获取金融消费者的信任和支持。七是积极联系当地法院设立经济审判庭，同法律执行机关进行充分合作，打通金融发展保护渠道，提升审判人员对金融专业问题、矛盾的分析和解决能力，令审判人员更有效、更快捷地进行金融纠纷案件的处理。

通过解决机制的结合，发挥社会公平、公正的真正活力与效率，保障金融消费者的合法权益，为西部地区金融发展提供健康良好的金融环境。

10. 普及金融教育

在中西部欠发达地区开展普惠金融建设的过程中，普惠金融的教育要使金融服务对象拥有良好与正确的理财观念和行为。

普及金融教育主要有 3 种目标人群，分别为农民及外来务工人员、欠发达地区缺乏教育的低收入者、金融业服务提供者及相关监管者。对相关群体进行普惠金融教育，可以提升他们的金融素质，从根本上改善贫困地区的金融生态环境，做好扶贫开发的金融服务工作。

1）农民及外来务工人员。农民及外来务工人员对电子设备非常陌生，而移动电子手段利用信息技术已经涉及生活的各个角落，银行、金融机构越来越多地采用电子化、信息化、无纸化的方式开展金融业务，这对于农民及外来务工人员来说是极大的挑战。要更好地发展普惠金融，必须根据普惠金融受益者的特点和需求开发相关资料，使其充分学习如何使用银行汇兑、银行卡、信用卡，并且培养其风险意识，防止受骗。增强理财意识，合理规划自己、子女、长辈、家庭的财务理财，树立理财观念和理财习惯。

2）欠发达地区缺乏教育的低收入者。中国教育基金会在 2008 年制定了"金融教育十年规划"，开展持续 10 年的"金惠工程"的金融教育。许多国家和政府为低收入者提供金融教育的教材，并在全球范围进行金融教育的培训。我国普惠金融的发展中，对欠发达地区缺乏教育的低收入者的金融教育是完善金融体系的重要环节，我国中西部地区农民、小型金融机构从业者、当地政府涉农领导干部均需要进行金融知识的普及和培训。树立正确的金钱使用观念需要正确的金融教育，而理性的金融服务消费、高素质的金融消费、高质量的金融理财必将有利于普惠金融建设。

3）金融业服务提供者及相关监管者。在金融服务领域，金融业服务的提供者及相关监管者的教育往往是被忽略的问题，社会普遍关注金融服务的使用者。在这种意识下，金融服务在客户中总是合适的、公正的、合理的，以大公司、大银行、大政府为主的金融监管者是公允、中立、正直的。美国次贷危机引发的全球金融危机发生后，发现金融服务中的监管者中存在大量掩盖事实、隐瞒真相、误导投资、欺骗消费者的行为。监管者并没有像人们所信任的那样完全成为中立的裁判。加大金融服务的提供者和监管者的监管力度，是促进普惠金融健康茁壮成长的必要举措。

金融机构的金融普及教育不仅向消费者传授金融知识和金融相关技能，也在包装着自己的金融理财产品，试图对消费者进行再营销。这种非纯粹的金融宣传教育明显带有道德风险。金融从业者的职业操守和道德教育在这种情况下就显得更加重要，应当积极培育金融从业者最基本的核心价值观，诚信地开展普惠金融的教育。

## 6.2　发展特色产业，引导西部地区移民搬迁

西部地区农村扶贫是外部力量和内部力量综合的作用，是不断改善西部地区贫困状况的系统变化过程。西部地区扶贫目标的实现取决于多种因素，其中最关键的是发展西部贫困地区或西部地区贫困人口的生产力，结合西部贫困地区实际情况和有限水平，努力实现自己发展自己，自己帮助自己。同时，巩固并进一步完善西部贫困地区经济发展建设、人口能力建设，以及优化政府扶贫效率水平和制度、组织、技术、管理的改革创新这一系列工作，是未来开展农村贫困地区扶贫工作至关重要和紧密联系的关键领域。

全面提高西部地区贫困人口的自身发展素质，加强西部地区贫困人口的能力建设是新时代西部地区农村扶贫的根本和基础。新时代，充分发挥自身能动性和积极参与性是西部地区农村扶贫工作顺利进行的关键。只有西部地区贫困人口的自身扶贫能力提升了，西部地区贫困人口摆脱贫困的积极性上来了，地区的稳定发展才能指日可待。

分阶段、分步骤地完善西部贫困地区的经济结构划分，对不具备发展条件的地区实施移民搬迁策略，从而保障西部贫困地区的稳速发展。经济效益均衡分配

的实现是扶贫工作取得较好成效的体现，也是进一步完善巩固扶贫工作的基础。区域整体经济的综合稳定发展是贫困地区人口实现稳步脱贫的保护伞。若贫困地区的经济未能做到整体优化发展，那么西部贫困人口将很难提高抵御自然灾害和市场风险能力。从以往其他地区的扶贫经验可以看出，区域间经济共同发展可以缩小区域经济水平差距，保障贫困地区人口的有效就业，拓宽经济发展空间和渠道，合理分配经济效益，进一步提高收入水平，从而改善贫困人口的生活条件和生活质量。

创新和改革是贫困地区和贫困人口不断发展的动力。进入新阶段，西部贫困地区和贫困人口将面临新的形势和新的宏观环境，原有的社会经济运行机制已经滞后，只有加快改革创新，才能逐步融入主流社会进步的洪流中，才能打破传统的资源要素配置格局，实现社会经济发展的质的飞跃。

### 6.2.1 发展西部地区反贫困特色产业

西部贫困地区各级地方政府必须按照市场经济的要求，在逐步转换政府职能的基础上正确制定阶段性的农牧业结构调整规划和农牧业科技规划，根据本地区生物资源调查评估制订合理的农业区域开发方案、生产方案和技术经济措施，以科学技术为先导，充分利用土地资源和生物资源对农牧业进行科学布局，应讲究种植结构的合理性和时间空间利用的科学性，实现精耕细作和密集种植，以获得高产优质的农产品。按照因地制宜、分类指导、发挥优势、提高效益的原则，优化农牧业生产布局，在保持并稳定提高粮食综合生产能力的前提下，发挥市场引领作用，结合区域发展特色，合理布局农牧业和农牧区的经济架构，培育壮大中药、藏药、蚕桑、豆薯、干果、青稞、特种畜禽、花卉、旅游民居接待等特色产业。

西部地区发展农业经济生产，要与当地发展的实际相结合，将农业与大数据、高科技相结合，积极推动农业与畜牧业循环流程化发展，在环境可控的情况下扩大经济作物和多种原料的种植数量，提升单位面积产量，提高农产品品质，加快多种产业的联合发展。粮、经、饲三元结构的形成，将西部地区存在的畜牧业与环境保护相结合，在草原发展畜牧业的同时，也要对草场进行规划和分析，形成合理的畜牧业发展方式，改善粗放式的发展方式，重点发展城郊畜牧业，优化畜群畜种结构，形成完善的西部地区畜牧业布局。按照市场需求多样化、优质化发展的要求，着力提高农产品品种质量，坚持以特取胜、以质取胜，积极将农产品原料生产转移至无公害和绿色食品生产，走效益型、生态型、特色型农业发展的创新型道路。结合土地利用结构和农业生产结构调整，大力种草种树，改良草场，积极合理地发展畜牧业，制定切实有效的扶持政策，加快发展肉牛、肉羊生产，着力发展奶牛和优质毛羊生产，重点抓好牦牛制品、青稞种植的增长工程，努力建成青藏高原牦牛生态养殖、牦牛产品加工，绿色无公害畜产品的试验、示范和科技成果转化基地。加快发展日光高效温室、特色瓜果、花卉生产，建设绿色生态农副产品生产基地。

对西部地区畜种生产基地的选拔要着眼于优势明显、市场巨大的地区。以青藏高原为例，对此类地区的牦牛、青稞等当地特色品种做到补贴到户，切实给予充足的资金支持，对农牧民给予必要的技术支持，对他们的种植、养殖方法和规则进行规范和交流，同时在资金上给予充足的补贴，切实提升群众生产养殖的积极性，延伸农牧产品深加工，延长农牧产品产业链，提高生产加工附加值。在西部地区抓好农牧业产业化，逐步完善产业化上下游产业，对西部贫困地区群体给予岗位培训和支持，让更多农村劳动力参与到工作中来，是提高农牧民收入和增强反贫困能力的重要举措。

重点发展农牧综合示范工作，大力发展粮草、饲草加工产业，推动农产品向牧产品的良性转化，推广粮食转化养畜、牲畜短期育肥和家庭养殖业等，建立以市场为导向，立足西部地区实际环境的建设与改造，积极引进农畜产品的加工、运输、保鲜等先进技术，大力提升农牧产业劳动生产率。重视拓展干性食品加工市场，对西部地区盛产的肉干、水果、干果进行深度加工，提升西部地区农产品转型升级，增加其生产经营活动附加值，大力发展具有示范效应的龙头企业，将这些企业成功经验中的带动能力、科研能力和市场可开发能力进行拓展推广，引导和鼓励在我国西部贫困地区建立西部原料生产加工基地，为西部地区贫困人口提供更好的配套服务，提供完整版的系统化产业链，积极组织农牧民专业化、技术化合作。逐步形成"市场+龙头企业+专业合作组织+专业农牧户"的农牧业产业经营组织形式和运行机制，带动农牧民参加商品基地建设和生产经营，大力扩充生产基地规模，提高农牧民在西部地区缺乏良好金融监管情况下的市场风险防范能力。通过规范收购方式、返还相应利润、制定价格策略、提供优质服务等，发挥基建龙头企业的带动作用，建立企业与贫困户的利益共同体，推荐贫困员工入股企业，提升员工工作积极性，实现企业经营生产率、利润率的双高目标。民族地区的手工制作为西部地区的巨大优势，需要不断开发与旅游业相关的旅游资源产品，对当地的传统文化产品进行开发和利用，为当地文化产业、经济产业、制造产业带来新鲜血液。重点发展特色文化旅游商品、挑花刺绣工艺品、金银工艺品、铜铁工艺品、奇石工艺品、土陶工艺品和其他传统工艺品生产，努力提升西部地区民族手工业的劳动能力和艺术能力，派出专业专家进行产品技术指导和产业调整，从整体上提升工艺技术水平，在生产工艺、产品设计上均需要严格管控，增加品种、产品质量，运用高质量的产品扩大市场份额，使西部地区少数民族手工业成为增加贫困人口经济水平的重要保障。

### 6.2.2 引导西部反贫困地区移民搬迁

西部地区反贫困发展要积极组织和引导特困地区向搬置区域迁移，对移民要做好相应的搬迁教育知识普及，将西部地区贫困户搬迁至整体搬迁、梯度搬迁的环境中，这些人口的成功转移关系到能否有效解决贫困问题"最后一公里"。在坚持依托本地资源扶贫过程的同时，要高度重视西部特困、特贫地区存在的环境改善、自然资源修复、基本生活条件保障、交通方式改善、自然灾害预防、流行病整治等问题，以免产生扶贫的后续不良影响。对分散村落，要动员贫困人口向交通发达、城乡集合的地区进行搬迁，改善其生存环境。

#### 1. 移民搬迁与贫困治理

将贫困地区、不适合人类发展的欠发达地区的群体整体移民搬迁，是世界上许多发展中国家反贫困策略的基本模式。搬迁的旧地往往存在环境恶化、灾害频繁、人口不合理等因素，恶劣的环境和低劣的生产力造成区位因素不足以支撑现有贫困群体的生产生存，为解决人口生存和环境改善的问题，部分人口不得不离开原居住地，搬迁至资源相对丰富的地方。

不适宜生存的地区往往存在着土地流失、退化、沙化、环境污染、海平面上升等问题，在我国西部贫困地区还伴随着干旱、洪涝、滑坡、泥石流、落石、塌方等自然灾害。近 20 年，环境问题造成的移民与难民人数就达到近 2000 万，移民人数的失控与移民人口劳动问题无法解决的现状造成了环境的持续恶化，也造成了贫困的恶性循环，反贫困问题受到了世界关注。随着人口分布与资源环境分配的重新配置，迁入区土地利用格局随之发生变化。一些移民由于开垦陡坡丘陵顺坡种植，又形成新的生态退化，再度陷入环境恶化导致的贫穷状态。

有研究表明，我国西部欠发达地区人口分散，村落距离较远且交通不便，采取就地扶贫的方法不但成本高、难度大且效果欠佳，不能够从根本上解决脱贫问题，也不利于生态恢复与重建。异地搬迁的策略为解决贫困提供了良好的解决办法。20 世纪 90 年代，四川甘孜藏区广泛实施的"人、草、畜"三配套扶贫模式，即人有住房、草有围栏、畜有棚舍的扶贫开发模式，通过牧民定居彻底改变了千百年来游牧迁徙、逐草而居的传统生产生活方式，集中发展教育、医疗卫生、科技推广、疫病防治、供水供电等。目前，要认真总结西部各贫困地区扶贫点建设的成功经验和教训，提高扶贫点建设的投资标准，并对新建扶贫点的路、水、电、广播、电视和耕地、草场，以及教育、卫生、科技、村级基层政权组织设施等与群众生产、生活密切相关的配套设施建设资金给予统筹安排，为异地搬迁的农牧民提供适合他们劳作的经济发展环境，提高他们的生活水平，为农牧民提供良好的文化、教育、医疗等公益性资源，调整现有的生产资源，拓展和开发后备资源为农牧民提供良好的配置，以达到移民、固民、富民的目的。

移民搬迁具有资源开发、解决贫困、改善生存环境的目的。它主要是由于土地资源匮乏、生存环境恶劣、地方病流行、生活绝对贫困、不具备现实生产力，无力吸收大量剩余劳动力而引发的迁移。西部贫困地区移民搬迁的重点是科学有序地推进生态环境恶劣区、地方病流行区和绝对贫困人口的扶贫搬迁。探究当今发展中国家的成功经验和失败教训，对其经济、环境、社会等方面的影响进行研究和总结，以西部地区发展的实际情况为主要研究样本，开展适合移民搬迁地与安置地的资源环境、社会经济条件的研究。对移民最关心的搬迁原因、迁移机制、环境容量、就业情况、生态环境等方面及相关部门比较关心的社会、生态、经济方面的影响，提出相应的战略，因地制宜地选取技术决策、移民容量与安置方式。移民搬迁要以解决绝对贫困为主攻方向，着重解决贫困户的温饱问题，由各级政府有组织、有重点、分期分批地实施扶贫搬迁，帮助贫困群众摆脱困境，发展生产，并相应解决扶贫搬迁中的资金来源、土地供给、利益保障、社区整合、民族宗教等问题，总结具有特色的、可推广的移民搬迁发展模式。

2. 移民搬迁的具体措施

西部贫困地区的移民搬迁是一个庞大的系统工程，涉及面广、工作量大、任务很重，必须高度重视，加强组织管理，确保顺利推进。西部贫困地区均应成立由市（州）、县、乡党委政府领导负责，农业、国土、水电、畜牧、林业、财政、扶贫、教育、卫生、统计、审计、建委、农机、交通、广电、公安、民政、邮政、电信等部门领导为成员的三级易地移民搬迁工程领导小组，下设办公室，完善常设办事机构，负责对上级有关部门的请示和汇报及项目申报等工作，负责对规划建设进行审查、施工等管理工作，负责对规划执行情况及资金使用情况进行监督检查，负责有关部门建设资金落实及地方配套资金等资金协调和管理工作，负责对竣工项目进行检查和验收等。将易地移民搬迁工程专项规划纳入党委和政府的议事工程，层层签订移民扶贫目标责任书，将任务分解落实到县、乡、村，并把任务完成情况纳入责任人年终业绩进行考核。

按照项目管理和报批程序，申报的移民搬迁项目在项目审批立项后，要及时制订年度计划、详细操作方案，经领导小组审批后，统一下达分级实施管理，定期督促检查项目实施情况。工程管理必须按照国家基本建设程序进行管理，建立以规划上报—审批设计—施工—验收—建档—信息反馈为主要内容的工程管理体系。严格实行目标责任制、规划法人负责制、招投标制、规划监理制、合同管理制、效益考核奖惩制，确保工程质量和工程进度。易地移民搬迁工程建设资金实行专户管理，专款专用，专人管理，严格执行基本建设财务管理办法和年度计划，加强财务审计，杜绝专款挪用及专款流失。

要制定和完善有关优惠政策和措施，广泛动员全社会各方面的力量投入到易地移民搬迁工程项目建设中去，对土地开发、生态旅游、水利建设等内容本着谁开发、谁使用、谁建设、谁受益的原则，鼓励广大农牧民积极参与易地移民搬迁工程建设。易地移民搬迁工程项目涉及面广、所需投入资金大，要在主动争取国家投入的同时，发扬革命老区精神和自力更生艰苦奋斗精神，动员广大群众积极捐资和投工、投劳、投料。积极筹措社会和市场资金用于规划建设，确保规划的顺利实施。积极发挥业主、各级政府及移民的积极性，特别是要鼓励和动员广大农牧民群众积极参与易地移民搬迁工程建设。

## 6.3 保护女性赋权，发挥社会减贫效应

### 6.3.1 保护女性赋权

#### 1. 社会中妇女问题现状

我国西部地区因为经济的欠发达与环境的恶劣，成为我国低端劳动力输出的主要来源，也造成了留守现象。解决妇女的贫困问题是解决西部地区经济发展的重要一步，而我国西部农村地区女性知识水平低、劳动能力差等因素使妇女的贫困问题更加严峻。西部贫困地区妇女不仅需要成为主内又主外的"顶梁柱"，还需要在日常生活中进行生产劳作。这样的工作强度加上教育的缺乏，会很大程度上加快其贫困的可能性。

虽然西部贫困地区妇女承受更多的工作，但是女性的生存质量并没有得到提升，女性的生存环境堪忧。

#### 2. 女性赋权的必要性

相关研究表明，在相同情况下，妇女会比男性更加贫困。妇女贫困问题的突出和长远的影响，使人们在制订反贫困策略的方案时应当充分考虑这一影响因素。因为影响因素的多元化，妇女贫困问题越发复杂。过去，妇女问题往往没有被纳入发展规划中，这种现象的集中性和隐蔽性造成了社会关注度严重不足。在西部地区反贫困进程中，要注重女性的教育、平等和发展，从而制定更加精准、有效、务实的扶贫策略。

女性赋权概念的产生就是为了改善女性在群体或者家庭中的无权状态。通过多种手段提升女性的知识水平，转变女性思想，改善能动性与积极性，提升女性

地位，增强其在西部贫困地区的生产生存能力。通过资源保障、教育保障、监管保障等方面的多方配合，全面提升女性的能力水平。

### 3. 女性赋权提升的保护

女性赋权的提升需要从多个方面进行保护。女性增权应当从女性的本质需求、生存困难、意识观念价值观的方面入手，增强女性生活主导能力，以及对周围生活环境的控制能力，根据自身的情况特点和周围群体所面临的问题开展自助，同时社会公众需要将视线转移至以西部贫困地区女性为主的群体，为她们提供定向救助；通过观念转变为先、解决诉求为重、利益补偿次之的方案来定向关注，强化女性群体的技能，努力使西部贫困地区女性得到更多的社会帮助，为女性群体提供更好的问题诉求和解决渠道，提升女性参与社会资源分配的能力。

女性赋权模式主要包括自下而上模式和日常生活模式。其中，自下而上模式认为女性个体是完全自主的，关注女性群体自身的需求和利益的表达日常生活模式则强调女性自身和外部环境的互动，将女性的生活状况看作女性群体与外部环境、外部因素互动的表现，把女性增权实践视为一种社会建构。

孟加拉国经济学家尤努斯通过信贷制度的创新，创建了乡村银行，旨在保障缺少财产担保的穷人（特别是贫困女性）也能得到贷款，激励女性依靠自身的艰苦奋斗精神摆脱贫困。由于小额信贷能够帮助她们克服依靠经济救济的懒惰思想，因此常被视为实现资源有效配置的女性扶贫方式。尤努斯认为，首先，社会排斥是女性贫困的主要原因，当贫困女性参与到微型金融等社会组织中时，就会改变她们被社会隔离的生存状态，继而产生社会资本并建立信用记录和信任；其次，贫困文化对穷人思想的束缚也是女性贫困者难以脱贫的重要原因，通过微型金融服务提供的机会，贫困女性能提升自尊心、社会地位和增强自我激励；再次，微型金融提供的金融服务可以让有能力的女性开办企业，从而脱贫致富；最后，微型金融在促进两性平等并赋予妇女权利方面扮演着重要角色。

从金融赋权的改革方向来看，针对妇女的整体弱势地位，为防止女性增权过程被社会制度力量冲淡，微型金融对女性增权的影响机制应涵盖以下两个层面：一是强调外部资源的控制；二是强调人的主观能动性。因此，女性增权的模式可归类为外力推动增权模式和个体自身主动增权模式。其中，外力推动增权模式强调通过客体与主体的互动不断循环和构建，激活弱势女性群体，达到持续赋权的目的，其典型表现是改善女性信贷配给。个体自身主动增权模式则强调通过提升女性个体的增权意识，积极寻求他人或组织的帮助，其典型表现是参与式扶贫。

（1）外力推动增权模式

在我国西部欠发达地区发展微型金融（特别是妇女小额信贷）也许可以成为

扶助农村贫困妇女开展创收活动、摆脱贫困走向富裕的反贫困的创新工具之一。具体体现为以下几个方面:第一,增加贷款妇女的收入来源。农作物种植、打工、家畜家禽饲养是贷款农户的 3 种最主要的收入来源,微型金融支持妇女发展农业,在直接帮助贷款妇女及其家庭提高种植业、养殖业主要收入方面发挥了作用。第二,妇女小额贷款赋予妇女贷款的权利和参与经济发展的机会。其中,妇女小额担保贷款客户全部为女性,说明贷款瞄准了女性这一目标群体,体现了对女性群体的关注和支持。第三,贷款提升妇女在家庭中的地位和幸福程度。与非贷款者相比,贷款参与者拥有更多的家庭经营决策权和管理权,生活富裕程度及家庭资产的自我评价较非贷款户更高。第四,小额贷款对改善贫困妇女的信用环境起到了促进作用。第五,小额信贷项目参与者更愿意参与村庄活动及担任村干部,妇女贷款促进了女性社会资本的增加。

建立和改善多维度、多敏感度的反贫困评估体系,制定缓解妇女群体系统性风险的预案,在评估体系项目的设计和资源分配中增加家庭中妇女对资产、社会资本等的占有和控制,改善当前的信贷、技术培训和服务,着重关注西部贫困地区无地、失业、单亲、重疾、残疾、老年人的生活状况,加强社会福利资金投入,改善现有政府救济制度、社会保障制度,保证相关社会救助落实到更多西部地区贫困家庭,惠及更多西部地区贫困妇女。

完善反贫困监测机制,扩充现有的检测指标,加入妇女、儿童等影响因素,完善西部地区乡镇村三级贫困检测体系,根据贫困村、贫困县的真实情况进行监测评估,在多个环节加入性别因素,充分考虑不同群体对扶贫政策的影响,制定出更加准确、清晰的政策。

我国西部地区地理环境复杂、民族分布不均、文化习俗差异很大。解决妇女贫困问题,不能只从政策角度进行分析。关注西部地区贫困群体的生存环境及当地的文化传统,制定符合当地习俗、文化的扶贫政策、规划、措施,有利于提升扶贫工作的准确性和精确性。要制订一份满足不同人群、不同文化、不同模式的分析工具、赋权框架和干预模式,切记不可以一套反贫困方法应对所有群体。采取更加精准的研究方案,了解贫困人群的感受和体验,综合考虑反贫困的需求,全面深入了解当地贫困妇女的生存状态,倾听贫困妇女群体的声音、研究当地妇女的真实生活状况,从而有针对性地实施反贫困的相关政策和行为。

(2)个体自身主动增权模式

改善女性贫困不仅仅要从外部环境给予帮助,更要在环境体制内提升其内生动力,让妇女群体展开自救和自立,自觉走出自己的减贫道路,在自身性别意识和观念意识上都要注意打破刻板印象,着力走出妇女内生发展的长远道路。

1)大力提升女性自身反贫困意识,对缺乏教育的西部地区妇女群体进行反贫困、反性别差异的集体知识性教育，对思想认知严重缺乏的女性进行社会性的个别教育，通过与传统观念相结合的教育方式，全面提升和激发西部地区贫困家庭反贫困的主动性。

2）探寻西部地区妇女自主反贫困道路。西部地区贫困家庭主要以务农为主要经济来源，这种低效率、低收入的经济行为并不能为贫困的解决提供出路，提升妇女的文化水平，尤其是与其工作相关的技能和知识的教育显得尤为重要，也为她们未来的劳动力提供了解决出路。

对广大妇女群体的技能培训和技术培训应当与她们的生活水平相对应。采取免费培训、资金支持、跟踪指导等措施，为妇女改善生活提供可能性，提升女性的综合素养与劳动能力。为西部地区妇女举办交流活动，给予她们走出去看世界的机会，通过参与社会事务、对外交往、活动组织等行为，让她们可以做出适合自己的抉择。

3）针对西部地区妇女的特点，采取和设计有效的激发性措施。首先要完善妇女扶贫项目的顶层设计，给予妇女更多的社会权利，让她们参与到相关项目的规划、决策和实施的过程中，增强他们的自信心，激发她们脱贫的主动性和积极性。同时，当地的村委会与居委会要给予优秀妇女工作机会，使她们参与到乡村管理工作中，并在当地起到模范带头作用，发挥其在扶贫项目中的规划、实施、管理、监督、评审作用，实现扶贫资源与妇女实际的精准匹配。在扶贫项目的难度与时间安排上，要充分考虑当地妇女的能力与需要，以最适合、最满足、最易用、最可取的方法寻求一套满足妇女实际情况的扶贫发展道路。

## 6.3.2　发挥社会减贫效应

发挥社会的减贫效应，从社会救助制度入手，解决西部地区反贫困问题。社会救助制度的公共产品属性，决定了政府在其中居于主导地位、承担主要责任。政府更需要明确其在社会救助供给中的主体地位，在社会救助制度立法、政策宣传、救助资金筹集、监督管理体系建设等方面发挥主导作用。在兼顾公平与效率的原则下，政府需不断完善社会救助制度，提升社会救助服务水平，有效分散贫困群体的贫困风险，最终使其摆脱贫困。结合实际来看，政府应着重从以下几个方面进行努力。

第一，持续扩大社会救助范围。目前，我国基本建立了覆盖城乡贫困人口的社会救助体系，而且部分相对贫困群体也被纳入社会救助覆盖范围中。农民工群体的知识文化程度相对较低，参保意识较为薄弱，加之农民工的工作强度相对较大，工作环境相对较为艰苦，使其受到疾病、工伤等威胁较大。因此，社会应该加大对农民工的关注力度，充分发挥减贫效应，提高农民工的生活水平。

第二，稳步提高救助保障水平。保障贫困人口的基本生存和生活，是我国社会救助制度的根本出发点，这也决定了我国社会救助的保障水平不可能太高。随着经济发展，物价水平也在不断提高。若要更好满足贫困人口的基本生活需要，发挥社会救助制度的减贫效应，必须稳步提高社会救助保障水平，使其与经济发展水平、消费水平、物价水平等相适应。

第三，适当扩大政府财政投入，明确央地责任。作为国民收入再分配的一种重要方式，社会救助本质上是一种分配关系，属于基本公共服务的范畴，其发展与完善离不开财政的统筹与分配。公共财政是社会救助资金最稳定、最主要的来源渠道，财政支出规模对促进社会救助制度发展、发挥社会救助制度减贫效应具有重要影响。因此，政府应在考虑财政可持续发展的基础上，加大对社会救助的财政投入力度，满足贫困人口的社会救助需求，消除贫困。另外，目前中央政府与地方政府在财政社会救助支出的责任承担方面存在显著差异，与中央政府相比，地方政府在财政社会救助支出方面承担了绝大部分责任。为保证社会救助制度的良性运行，应加快健全我国财政社会救助支出的责任分担机制，在明确中央财政承担主要支出责任的前提下，合理划分中央政府与地方政府应承担的责任，达到财权、事权与责任的统一。

政府在社会救助制度中居于主导地位，然而这并不意味着政府可以包办社会救助制度的一切。政府的能力是有限的，这要求政府应适当将救助资金筹集、救助服务供给等放权给市场和社会。只有在坚持政府主导的前提下，充分发挥市场和社会力量的作用，才能实现社会救助制度减贫效应的最大化。

# 6.4 改善金融排斥，促进可持续反贫困发展

在现阶段的我国中西部地区，贫困人口的存款、贷款、汇兑等金融服务需求还没有得到充分满足。对于中西部地区的农村来说，民间借贷融资的方式或许发挥了缓解金融排斥的作用，但是，汇兑、存款等基础金融仍然需要正规金融机构以营业网点作为载体来供给。

金融排斥是指社会中的弱势群体缺少足够的方式和途径来获取金融机构的金融服务，并且在利用金融服务或金融产品方面存在诸多困难和障碍。包容性金融源于中小企业信贷的普惠性金融体系建设，建立有效、全面为社会所有阶层和群体提供金融服务的金融体系。包容性金融的核心是共享与普惠，为以中小企业及相对贫困的群体提供一种与其他客户平等享受现代金融体系的机会和权利。包容性金融可以成为消除贫困和社会不平等的重要手段，并且合理分配金融资源、提高金融发展的分配效率，有效促进中西部地区经济增长。

2013 年 11 月 12 日，中国共产党第十八届中央委员会第三次全体会议通过的《中共中央关于全面深化改革若干重大问题的决定》明确提出："发展普惠金融。"这是在改革开放以来，普惠金融在党的纲领性文件中的首次体现，是对普惠金融体系理念的一次肯定性的认识。发展普惠金融体系基本的五层意义如下：第一，服务对象的广泛性。普惠金融的发展可以使西部边远地区和经济欠发达地区的居民得到与金融发达地区同等的金融服务。第二，服务渠道的便捷性。普惠金融可以利用物理网点及电子渠道的方式，获取金融服务。第三，服务产品的全面性。能够面向金融需求者提供存款、贷款、汇款、结算支付、理财等多样的金融服务。第四，经营模式的商业性。普惠金融的发展使金融机构实现可持续发展。第五，机构参与的共同性。普惠金融需要所有金融机构共同参与，合理使用和分配金融资源，满足所有人尤其是中西部边远地区和经济欠发达少数民族地区、城乡居民的金融需求。普惠金融是小额信贷和中小微型金融的扩展，但比小额信贷和微型金融更为先进，它将分散的微型金融机构和零散的金融服务进行整合，建立一个新型的金融体系。普惠金融可以促进金融产品在国家、地区、城乡、企业、人群间公平的分配金融资源，满足各类人群对金融的需求，实现金融业的均衡、协调、可持续发展。

当前，我国西部地区缺乏良好的金融交易环境，机构自我更新和发展能力较弱，要努力吸取东部地区成功经验，发挥现代金融交易体系对金融发展的支持作用，进一步推进西部地区金融体制改革。

坚持和发展西部地区商业银行结构性改革，以国有制商业银行为先锋，其他股份制商业银行后续跟进，改善地区性产权结构，完善内部控制与管理制度，全面推进金融产品和金融制度、扶贫制度的创新。引进东部改革经验，学习和吸取国外先进管理经验，规范当地金融机构、扶贫中介机构的治理方式和标准。在重点贫困地区参与实地调研，完善信息调查，与当地融资机构相配合，给予更多的权限和权利，对西部地区重点贫困县、重点贫困区域、重点贫困产业给予资金和融资的支持。积极将产业与金融业相结合，共同发挥金融行业资本的使用效率，利用和发挥证券市场在西部地区发展的信息资源，引领当地产业结构向市场需求发展。

稳步发展西部地区中小企业，给予中小企业更多的资金支持，同时增强对中小企业融资的审核力度，着眼发展有活力、有动力、有潜力的中小企业，摒弃低效率、高成本、低福利的中小企业。在我国"一带一路"政策和西部地区经济发展政策的推动下，我国西部地区的发展已经逐渐有所起色，但西部地区的经济发展水平依然无法达到平均水平，应在积极推进我国西部贫困地区国有制商业银行改革的同时，稳步推进多种所有制中小金融企业，凭借招商引资的机遇加快金融改革的步伐，在加强行业监管的基础上，分层次、分批次允许社会资本和外资进入，利用资本进一步优化当地产业结构，鼓励社会资本与外资对中小金融机构的改造。利用更广泛的资本解决西部欠发达地区资金难问题，减少资金引起的产业停滞，解决发展困境。

推动西部地区重点金融机构结构治理，提升内部控制能力，落实到户，落实到人。提升内部控制对西部地区金融业的发展具有重要意义，没有控制的中小金融企业会对西部地区反贫困金融发展造成不利影响。在西部地区金融改革步伐加快的过程中，金融结构的完善与否，关系到金融政策能否正确落实。紧跟时代步伐，优化金融环境，提高企业资产质量，提升其服务水平，保障盈利能力，都是关系西部地区中小企业金融发展的必要指标，建立和健全股东大会，充分利用股东大会、董事会、监事会的监管作用，明确分工、提升决策、落实监督、加强激励，营造一个公平、透明、高效的发展环境。

改革是发展的动力，西部地区最需要反贫困的地区便是大量的贫困村、贫困县，深化农村金融发展体制改革，通过并用多种金融手段，真正意义上建立产权明晰、财务透明、监管到位、发展有力的金融机构、中小企业。进一步推进和完善农村政策性金融产业，发展有利于当地经济发展的经济产业，探索有利于当地发展的经营模式。利用西部地区农村银行、农业发展银行，加快农村地区金融创新，提高西部农村金融服务质量。

西部地区要稳步推进金融业的综合改革试点工作，鼓励金融领域创新。西部地区金融企业要利用好西部地区的未开发市场，努力发掘当地的金融优势，在引进外来先进技术和经验的同时，与西部地区实际相结合。积极由区域试点积累经验，进一步扩展推广成功经验。在发展金融的同时，注意防范金融风险，将绩效考核与金融创新结合起来，调整金融风险中存在的资产负债问题。促进金融业与企业间的合作，让金融进入西部地区相关产业，相关产业也要更多培养和吸收西部地区贫困人口，提升西部欠发达地区金融企业和对应行业的综合竞争力，为西部地区经济发展营造更好的发展环境。

长期以来，我国扶贫开发模式多次变化，即从救济式扶贫到开发式扶贫，从区域扶贫到直接扶贫到户，每一阶段都取得巨大成绩。由于我国扶贫开发项目经常走粗放型道路，缺乏必要的"精耕细作"，资源浪费严重，环境污染加剧，贫困地区社会经济发展始终缺乏后劲，返贫现象严重。扶贫工作的倾向性导致贫困地区经济增长与社会文化进步协调性较差，政府在扶贫工作中始终唱独角戏，中介组织、扶贫群体或个体参与反贫困程度极其有限，这既加重了政府扶贫负担，又不符合"可持续发展"强调的贫困人口能力发展和人性的自我实现。二者共同缺点是：第一，政府对扶贫工作干预太多，中介组织参与扶贫工作的力度、广度、深度远远不够（可持续扶贫需要中介组织强有力的参与）。第二，忽视或忽略人口、资源、环境三者互动关系，造成贫困地区短暂经济增长。第三，忽视或忽略贫困农户自身能力培养，使他们不能够脱离政府而独立发展，脱贫后很容易返贫。第四，忽视和遗漏真正贫困人口，贫困瞄准机制存在缺陷，不能真正做到有效帮助贫困群体或个体。第五，在经济、社会、文化、科技等方面的发展缺乏同步性。

　　我国进入扶贫攻坚阶段后，面临严峻挑战，如不及时对传统扶贫战略进行调整，不对现有扶贫制度进行创新，实施可持续反贫困战略，那么我国扶贫工作将难以走出贫困循环怪圈。由此可见，贫困地区只有实行可持续反贫困发展，才能系统解决贫困地区社会、经济、生态协调发展问题，使贫困地区脱贫致富得以持续、稳定发展和推进。可持续反贫困发展是可持续发展观念在扶贫工作中的具体体现，也是贫困区域、贫困群体或个体追求可持续发展的内在要求。

　　可持续反贫困发展模式根据可持续发展观内涵，克服以往各种反贫困模式、战略选择的内在"硬伤"，试图探索、构建贫困地区（区域）、贫困群体或个体的长期健康稳定发展模式。整体来说，发展反贫困可持续发展需要在有效科学的扶贫政策的指导下，不断对贫困群体进行发展机会和发展空间的协调。通过设计有效的反贫困政策与设计科学的反贫困制度，合理整合区域资源，调整技术变革方向，协调发展时间与空间，从而使贫困群体有机会改善生活基本、发展产业，在改善贫困群体生活质量的同时，不对周围弱势群体产生不良影响。

　　可持续反贫困发展的宗旨是，使贫困地区（区域）、贫困群体或个体在自立基础上走良性循环发展之路。当然可持续反贫困发展不仅需要扶贫对象自身知识、文化能力的提高，还需要扶贫对象处理好自身与外界环境（如人与自然、人与社会等）的协调发展及相互关系。可持续反贫困发展是扶贫工作理论与实践的总结，它综合了以往各种扶贫模式、战略的优点，并克服了内在局限性（即缺点）。以往扶贫战略都只是从某一角度出发，解决当时贫困群体或个体最需要解决的问题，尽管能够在短期内取得效果，但不能从根本上全面解决贫困问题。可持续反贫困发展将反贫困过程看作由各种要素组合而成的系统工程，以贫困地区（区域）、贫困群体或个体最终独立发展为目的，充分考虑系统内各要素特点，从而保证反贫困工作的科学性、合理性、有效性。

　　可持续反贫困发展首先强调贫困地区的经济发展，确保国家政策向贫困地区倾斜，并将有限资金、项目优先投入或引入贫困地区，发展贫困地区经济，通过整体经济实力的增强带动贫困群体或个体脱贫。其次，贫困地区把可持续利用资源作为摆脱贫困、走可持续发展道路的突破口。对我国人均资源稀缺的贫困地区而言，合理开发和利用资源对该地区（区域）反贫困更具有决定性意义。最后，贫困地区可持续反贫困发展应控制人口数量，提高人口素质。因为贫困地区人口数量大，给整个贫困地区（区域）经济发展带来沉重压力，加之现有贫困群体或个体中，文盲、半文盲人口大量存在，贫困地区（区域）人力资源、整体经济、环境发展很不协调，阻碍贫困地区（区域）的可持续反贫困发展。因此，严格控制贫困地区（区域）人口增长，不断提高人口质量和劳动力素质，是贫困地区实现可持续反贫困发展的重要基础和前提。

随着我国多年反贫困实践的开展，人们对于反贫困的理解也在不断深入。从单纯救济式扶贫到开发式扶贫及新的可持续发展观的提出，每次转变都标志着人们对反贫困认识水平的不断提高和进步。反贫困可持续发展对计划的实施手段和对象两个方面都提出了更多的要求。在实施手段上，要注重方法和方式的合规性，强调以反贫困为目的，要让受益群体认识和发展反贫困的相关举措，让成功改善的群体投身于反贫困事业中，为更多的群体提供反贫困发展机会。在实施对象上，要充分考虑西部地区欠发达的贫困现状，对贫困个体与贫困群体运用不同的贫困发展政策，侧重于反贫困的社会功能的改善，帮助贫困者解决基本生存问题，为他们提供工作机会。

西部反贫困发展的方式不能走过去僵化的老路，也不能照搬国外发达地区的成果，必须根据我国西部地区发展的实际情况进行深入研究，寻找适合我国西部地区发展实际、资源水平、收入水平、教育能力等条件因素的发展模式。应当立足于改善西部地区资源利用环境，增加资源利用产业，寻求改善经济条件的产业形式，推广现代农业，提升生产力的发展水平，增加农民收入。要坚持从经济可持续发展的角度出发，不断保护已经脆弱的西部地区经济环境。我国的经济发展表明，粗放型的经济发展需要用多倍的努力来恢复生态系统，这样的发展方式也是不可取的。但是若不发展而一味保护环境，也不是发展的良好方法，要努力发展多种产业聚合的发展方式，努力由农业向工业、制造业转型。从这个方面出发发展西部地区经济，需要从以下三个角度来着重完善。

1）控制人口数量、提升人口素质。西部地区贫困的一个重要原因就是人口与生产力的不匹配。虽然我国人口增长速度已经放缓，但是我国西部地区的人口增长率依旧比平均增长率高，人口超载的现象特别突出，我国西部地区信息相对闭塞，人口粗放式增长，这就带来了教育上的压力。在目前我国西部地区发展严重不平衡的情况下，如何合理利用资源和科技，如何提升人口素质，都是我们应当着重关注的。低效率人口的大量存在，对未来人口的控制、劳动力的补偿都有负面影响，因此要控制贫困人口增长率，提升个体贫困人口教育水平、身体素质，进而提升人才的可持续发展。

2）发掘和利用西部地区特有的可持续资源环境条件，努力使贫困人口脱贫致富。我国扶贫有多重目标，但使人口脱贫是我国西部地区反贫困的首要目标。西部地区拥有独特的地形条件，要积极发掘适合西部地区利用的资源，以贵州为例，山地居多不适合耕种，而山地地区茶产业的发展可以成为其发展的方向，正确利用这种可再生的可持续作物并发展茶产业链条，从种茶、卖茶、造茶、营销茶等方面对农作物产品质量进行提升和宣传，并且研究茶产业对应的下游副产品，增加茶产品的附加值，提升农产品利润率，进而提升西部地区经济水平，为西部地区提供更多的劳动机会。

3）可持续发展农业是贫困地区实现可持续发展的核心与关键。农业是人类社会生存和发展的基础，没有农业、农村的可持续发展，就不可能有全社会的可持续发展。在贫困地区实施农业可持续发展战略，不仅是客观发展的需要，也是贫困地区现实状况所决定的。一方面，农业是贫困地区主要产业，农业发展状况、水平如何直接决定人们生活水平、生活质量和农村的面貌；另一方面，农业是贫困地区脱贫致富的主要依托，也是二、三产业逐步发展的重要支撑。实施农业可持续发展战略在我国贫困地区具有特殊意义。

# 6.5　构建普惠金融，开展西部农村反贫困实践

## 6.5.1　增强普惠金融服务的供给能力

近年来，国有大中型银行经营的重点开始向下转移，促成了一批新型农村金融机构的兴起，我国小微企业的贷款增长速度稳步上升。但是，从金融供给来看，仍然不能满足广大中小企业群体融资者的需求。基础设施的不完善、金融产品有效供给不足、传统金融机构的融资限制、小微金融机构风险承担能力较低等现象严重。为了解决普惠金融发展的外部性和内部性问题，解决银行等金融机构资金没有有效投资、中小企业及贷款公司融资困难的局面，应当对普惠金融服务的供给能力进行多样化改革，消除金融领域不充分的因素。

1. 设计合理的监管机制，推动村镇银行的建立

传统农业作为贫困农户主要的生产经营活动，无法满足商业银行及其他金融机构对于盈利性和安全性的监管要求。相关金融机构对贫困农户的服务往往是有所选择的，甚至是将其排除在传统金融体系之外的。

为了改变目前的这种不平等的金融状态，发展普惠金融，允许贫困人口自愿、自发地结成相应组织，使金融机构面向所有贫困人口。发展金融的普惠性，为西部地区发展普惠金融提供新的出路。

为了使贫困地区金融机构健康发展，需要具备一定的条件：第一，贫困人口

参与金融机构的管理和监督；第二，金融机构为贫困人口提供资金运用的决策。西部地区普惠金融的发展必须以金融的普惠性为目的，为低收入群体带来金融服务，真正地降低准入的门槛，提高全社会整体福利。

2. 鼓励创建符合西部地区发展的小额信贷组织

受其经济结构和发展状况的影响，小额信贷是贫困地区在金融体系下解决贫困和提供融资的成功手段。这种成功的实践，对普惠金融的改革和发展产生了正面的影响。发展符合西部地区普惠金融下的小额信贷组织需要注意以下问题。

1）保障公平、提升效率。小额信贷的发展，不仅为大量贫困地区中小企业的发展，也为中低收入者提供合理的金融的服务。金融机构通过优化管理，实现可持续发展创造了条件，真正重视小额信贷业务，逐步扩大小额信贷规模。

2）降低小额信贷利率水平。为了让小额信贷可持续发展，降低贷款利率的方式尤为重要。我国小额信贷的主要群体为低收入群体，小额信贷额度小、成本高，传统金融机构往往需要很高的存贷差才能弥补借贷成本。政府应当积极介入低收入群体与金融机构，补贴融资双方，降低贷款利率，增加金融机构利润，降低运营成本，减少小额信贷者的负担。

3）创新小额信贷机制。低收入群体的抵押机制不仅可以不动产抵押为主，还可以提倡通过信贷用途下的未来现金流或联保等方式替代不动产，从而增加小额信贷渠道。

4）向低收入者提供小额信贷知识普及。加强对西部地区小额信贷者的金融知识普及教育，提高他们对小额信贷市场、金融产品、电子技术的认知，合理规划低收入者的理财方式，从而降低信贷融资风险。

5）设立信贷保险。小额贷款的用途主要以农产品种植、水产品养殖和简单扩大规模再生产为主，这些用途风险性较大，容易受到天气、市场的影响。设立贫困地区低收入群体信贷保险，减少信贷机构遭受的信用风险，也为贫困地区基础行业发展提供保障。

3. 发展西部贫困地区金融改革，建立普惠金融体系

1）确立西部贫困地区金融改革方向。优化对西部贫困地区村镇银行及相关普惠金融机构的产权及信贷抵押品改革，以扩大小额信贷为主要出发点，借鉴国外成功经验改革相关金融机构。政府与普惠金融机构联合大力发展农业保险，推动西部贫困地区普惠金融均衡、完善发展。

2）优化体制内外结构。在西部地区发展普惠金融，要对体制内机构与体制外机构进行合理的规范和监督，充分利用现有资源，形成优势互补的金融结构体系。

第一，建立规范的法律，保障民间融资的进行，民间借贷在西部贫困地区的广泛存在，说明其存在的必要性。应当由相关金融机构及管理部门对处于法律管理体系下的民间借贷给予规范化、合法化引导，合理管控民间借贷的借贷利率，防止高利贷引起的经济不稳定。第二，降低民间资本的准入门槛，引导民间金融融入传统金融体系，同时加入市场化的有效市场机制，对金融机构实行优胜劣汰。第三，建立人性化的监管体制。提倡西部地区成立监督机构，实施自我监管和司法监管同步进行，通过案例形式对民间金融纠纷进行合理处置。第四，完善破产保护制度。保障小额信贷及普惠金融下的中小贷款人的个人利益，并且对金融投资人给予适当的担保补偿，建立适当的保险制度与信用担保制度，促进普惠金融的全面发展。

3）创建普惠金融体系的垂直型合作。传统金融机构往往将农村金融和非正式金融排除在体系之外，但是金融发展必须是全面的、多样的，同时普惠金融也要让每个人享有公平的金融服务，发展农村金融和非正式金融的必要性显而易见。垂直合作的金融体系，是由正式放贷人和非正式放贷人对信贷进行合理的分工，并根据分工之后的条件向信贷需求者进行转移贷款。为了建设需求主导型的普惠金融体系，需要推动正式部门放贷人与非正式部门放贷人的垂直金融合作，走出目前以农村信用社为贷款途径的窘境，最终建立有效的西部地区普惠金融发展体系。

## 6.5.2　完善普惠金融基础设施建设

发展普惠金融基础设施建设，保障普惠金融基础设施在中西部地区的覆盖率和有效性，保证中西部贫困地区、偏远地区的服务质量，为普惠金融消费者提供无差别的金融服务。对于基础设施的完善可以从以下几个方面进行健全和保障。

### 1. 健全普惠金融法律制度

我国对普惠金融的法律保障还在起步阶段，只有整体性的规范约束，没有制定有针对性的普惠金融法律，这种总括性的金融法律不能很好地解决金融领域的各方面问题。因此，应建立普惠金融的法律法规体系，规范国家、企业、金融机构和个人在普惠金融运行下的权利和义务，及时建立查找、修改现有法律制度中的不适应条款，加快出台对农村普惠金融服务的法律保障，重点扶持农村金融机构的发展。制定适当的普惠金融准入、退出机制，规范民间借贷、高利贷等非正规金融，规范普惠金融市场。

### 2. 完善普惠金融监管体系

通过以中国人民银行为核心的领导监管及各分支监管机构的合作监督，建立政府调控、央行监管、机构协作的有效政策协调机制和信息共享机制，防范普惠金融运行中的金融风险。鼓励运用大数据下的网络分析手段，进行科学监管，建立云监管平台，对普惠金融资金运营中风险进行实时分析，及时发布预警，提供预警预案，控制普惠金融运营中产生的金融风险。

3. 改善普惠金融支付平台

改善我国中西部欠发达农村地区普惠金融交易环境，减少对新型农村金融机构及非正规金融机构加入中国人民银行支付结算体系的限制。优化非现金类金融工具的使用环境，凭借现有的银行体系服务点推广借记卡、贷记卡、票据、手机银行、网络银行等现代非货币金融工具的应用，通过委托代理的方式，为在普惠金融下办理金融业务的机构办理银行汇票及银行承兑汇票等经济业务。加强普惠金融下农业、工业企业与商业性金融机构的合作，进一步促进农村结算体系与城市结算体系的融合。普惠性商业银行与当地互联网企业、网络电信运营商等广泛开展高程度、高深度的合作，创新普惠金融服务模式、普惠金融融资渠道和普惠金融产品，降低金融融资风险。借助大数据下的互联网技术和网络运营商，利用数据支持下的科学技术，增强支付结算、资金融通等服务功能，从而改善我国中西部欠发达地区的支付结算服务，降低支付结算成本，助推西部地区的转账结算系统建设，提升我国普惠金融乃至金融业的整体结算速度和效率。

4. 优化普惠金融信用体系

加快我国西部地区农户、小微企业主个人信息档案和企业信息档案的建立，形成跨地区的信息资源共享数据库，使普惠金融的受益者和商业银行可以更有效地进行金融服务。对普惠金融信用体系进行统一化的管控，方便数据信息的统计、调用、分析，发挥金融部门对普惠金融信用体系的协调和指导作用。尽快建立完善的普惠金融法律保障体系和普惠金融全面监管制度，以法律和监管为依托，构建普惠金融信用信息共享平台，完善普惠金融信息数据库，促成普惠金融征信体系的沟通协作机制。在数据收集完善的情况下，研发普惠金融基础数据采集模式，利用现有金融机构在西部欠发达地区的网点和设施，扩大普惠金融信息的采集范围，深入我国中西部基础设施不足的偏远地区，优化数据的采集、更新、处理工作。

5. 开展普惠金融实践教育

在开展中西部普惠金融建设的过程中，金融教育的重点并不只是将专业的金融知识教科书式的教育提供给金融服务的需求者，重要的是使金融服务对象形成良好与正确的理财观念和行为。

在金融相对欠发达的广大西部地区发展现代金融业,尤其是普惠金融这类新型金融概念。要建立完善的普惠金融生态环境,民众的知识水平、信用观念、风险意识都需要共同提高。提升欠发达地区金融机构从业人员的业务水平和金融素质,开展普惠金融实践教育,对贫困地区的金融机构(如农村信用社、邮储银行、新型小额信贷组织的从业者)进行业务技能培训,提升其普惠金融服务能力,加强对普惠金融的认识。对相关负责人进行小额信贷、农业保险、普惠金融改革、金融资本市场运作等方面的培训,提升金融对贫困地区经济发展的杠杆作用的意识和能力。对欠发达地区贫困人口进行金融知识的普及和教育。

普惠金融可以为金融需求者提供最基本的金融服务,如存款、取现、汇款、小额贷款及小微企业融资等金融服务,同时由金融机构提供适当的营业网点及自助终端。根据世界银行统计数据,我国正规金融机构账户覆盖率达到 63.3%,在发展中国家处于较高水平,发展信贷融资成为我国普惠金融发展的主要方面,为城市的低收入群体、小微企业等弱势群体提供广泛、全面、人性化的信贷支持,成为建立普惠金融体系的重要目标。

我国西部欠发达地区小微企业融资难、东西部金融失衡的问题尤为突出,金融机构仍然大量集中在东部地区。尽管小微企业的银行贷款金额增长速度快于全部企业的贷款增长速度,但是小微企业的资金缺口仍然不足,融资满足率偏低,阻碍了小微企业的正常运营和发展。在传统信贷方面,金融机构的信贷与普惠金融的信贷存在较大差距。普惠金融更加强调社会性、公平性、公益性,而传统金融注重盈利性。西部欠发达地区小微企业、城市低收入群体等贷款抵押担保的信用程度低、信息高度不对称,给贷款机构带来巨大的运营风险。

传统金融机构在面对高风险低回报时,更多地选择规避风险,采取停止或者不贷款的措施。政府对普惠金融的推进,通常采用减免、补贴、奖励措施,但是面对庞大的风险和效率损失,这些措施基本不足以弥补风险带来的资金损失。同时,受限于我国西部地区交通不便、通信设施不足、农村居民信息闭塞、教育覆盖面缺失等问题的存在,使其向西部地区提供金融服务的难度加大,同时也推高了金融的服务成本。

"互联网+"时代的到来,颠覆了传统金融机构地域的成本问题,为金融服务提供了新的模式,对传统金融业带来了巨大冲击,与此同时,互联网的应用也带来了信息的公开性、高速性、对称性。新的模式大大降低了普惠金融服务的交易成本和信息不对称的程度,使金融资源有效配置,提高了社会福利。传统金融机构应当借助"互联网+"大数据分析的机遇,收集、处理、分析相应的数据并及时对市场作出反应,创造新的普惠化金融产品,合理评估小微企业贷款风险,及时有效地对市场的金融资源进行合理分配。

吸收借鉴互联网交易平台的融资方式，开展新型业务模式，如第三方支付、基金、财富管理等。借用互联网金融的便利，弥补传统金融不具备的优势。刺激传统金融机构转型和升级，降低金融服务交易的交易成本，扩大金融服务的服务对象，弥补传统金融服务的盲区，改善金融排斥现象，增加对欠发达地区小微企业的金融资源倾斜，提高金融资源的配置效率，使普惠金融全面、完善发展。

### 6.5.3 支持小微金融机构的发展

公益性质的小额信贷模式似乎已经不能满足经济发展和小额信贷的资金需求，而全面促进经济更好发展——发展性微型金融随之而来。

有学者认为，在发展性微型金融服务阶段，对小额信贷需求的目的不再以扶贫为主，而是兼顾提高居民生活质量，促进城市就业。从主体来看，正规金融机构开始全面介入小额信贷。在公益性小额信贷阶段，公益是关注的重点，小额信贷作为国家扶贫的重要工具，促进了城市居民就业，提高了农民收入。但是，公益逐渐淡出了人们的视线，小额信贷增加了许多正规的金融机构，而不仅仅是非政府组织的小额信贷试点。

对于发展性微型金融来说，促进微型金融的发展可以在很大程度上缓解低收入群体的融资困难，如农民和城市下岗职工。另外，发展性微型金融也可以促进农村人口和城市失业人口的收入和生活质量的提高。

在西部欠发达地区和偏远的农村地区，市场不够完善、运营成本高昂、信息高度不对称、资源传播不顺畅、交通运输不发达，造成了较大的运营风险，使小型金融机构纷纷退出了当地金融市场。政府应采取适当的措施，主动调配市场资源，集中资源分配给相应中小微企业，解决市场失灵，推动普惠金融建设。

### 6.5.4 大力发展互联网金融

我国互联网高速发展，大媒体、大金融、大科技、大数据都在高速普及，无线网络的覆盖面大幅度提升，我国互联网网民数量位居世界第一。随着经济技术的高速发展，我国三四线城市、农村地区网民的数量也大幅提升。随着我国互联网和高速移动网络的使用及使用人群的广泛化、年轻化发展，互联网和高速移动网络对金融服务提出了更高的要求，并提高了金融服务的需求，我国传统金融服务正在被互联网络的多样化应用催生出多样的变革。

对于互联网金融的创新，是提升普惠金融的重要内容，通过建立互联网金融共享平台，使更多的金融需求得到满足，使更多处于金融欠发达地区的人享受到互联网支付、网上借贷及移动财富管理的便利。搭建互联网金融的平台可以显著降低信息不对称及道德风险，从而降低交易成本，使更多用户可以使用网上支付的新途径，获得更加多样性的金融服务。利用互联网金融，可以使借贷交易的程序更加透明，使原本很难获得借贷资金的低收入者及急需借贷资金的融资人获得资金。通过互联网金融的发展，利用方便快捷的互联网金融管理平台，可以使更多的金融相关者参与到金融财富的管理中，提高了服务质量。

支付宝、微信支付的成功，使互联网金融成为日常生活中最主要的金融交易方式，并逐渐取代传统银行的储蓄、交易、信贷的交易方式，互联网金融大幅度降低了金融交易的成本，也对传统的融资平台造成了冲击，互联网金融借用大数据的平台，为信贷双方提供了广阔的交易平台。在平台上，交易双方可以更公开、更透明地对对方信用进行评估并最终达成交易，这种交易方式成功地降低了交易费用，也摒弃了传统金融机构的网点和人员，降低了融资成本。互联网金融还具有更广的覆盖面，对于时间、空间、交易双方都有更广泛的应用。互联网金融的快速发展使业务流程更加清晰、具体，金融使用者足不出户便可以享受到方便、快捷、实用的金融服务，互联网的应用可以使标准化、流程化的操作得以广泛采纳和复制，从而使客户简化复杂的操作，节约时间成本与融资成本。互联网金融的大量应用为我国西部欠发达地区普惠金融发展带来了新的福音，互联网金融的应用也对传统商业银行的经营模式造成了很大程度的影响。互联网金融依托互联网、大数据、云计算等高新技术，不断扩展自己的金融生态圈，为西部欠发达地区提供了更高效、更便捷的融资环境，西部地区中小微企业的融资需求也可以得到更好满足，拥有资金的中小微企业也会因此得到实现发展。

在互联网金融下提高普惠金融的方式，可以使普惠金融发挥传统金融不具备的经济优势，利用"互联网+"的思路建设普惠金融，促使普惠金融长远发展，提升全社会的福利。

### 1. 通过网络便利拓宽业务操作平台

西部地区交通不便造成了金融的服务者与需求者无法很好地进行融资信息的沟通和交流，国有银行在西部地区推广普惠金融业务可以凭借大数据与"互联网+"的技术，在低成本运营下为西部地区金融产业发展提供契机。近年来，商业银行在电子商务支付中也逐渐开展互联网业务，但作为第三方平台的银行缺少对金融服务的话语权和主动性。商业银行作为我国普惠金融中的重要部分，面对互联网金融下金融服务客户量的迅猛增加，还需利用互联网及大数据拓宽其自身的业务范围，覆盖到西部大多数中低薪阶层及农村，利用国有银行特有的传统业务形象，缓解互联网金融冲击下的存款流失。

2. 融合各平台资源，创新大数据金融

互联网金融的精髓是开放和平等，传统金融机构在开展普惠金融时过高的信息成本可以通过与电子商务平台共享资源来解决。在"互联网+"时代，电子商务平台利用自身独有的大数据优势，使供应链更加有效地运行。

普惠金融机构加强与西部地区核心企业的合作关系，利用多平台的信息资源优势，对西部欠发达地区相关融资中小企业进行多种风险的审慎调查，对企业的资产、负债、现金流量、存货、应收账款等账目进行盘点分析，以实现精准融资。对其供应链的相关企业进行分析，能够有效解决企业数据与实际经营状况中存在的信息不对称问题，从而使融资、担保活动更加准确。我国商业银行供应链的分析尚处于起步阶段，传统的金融机构要积极与互联网平台合作。互联网平台拥有银行系统不具有的大数据结论，而银行拥有互联网平台不具有的庞大资金支持，二者相互结合与搭配，可以使金融资产流动更加顺畅，也可以在一定程度上减少风险带来的金融损失，有利于促进贷款企业在普惠金融下高效率、低风险地开展业务。

商业银行基于大数据平台构建专门服务于欠发达地区小微企业的融资平台，为相关融资企业试点搭建财务会计云平台，完成财务会计功能，监控融资企业的物流状况、现金流量、信息共享，促进融资企业健康发展。

3. 创新互联网金融下普惠金融产品

互联网金融的普惠化为不同财富实力的人群提供了差别性的金融产品，使金融产品的民主化、便利化、普惠化成为现实，同时创造了基于互联网的新的现代金融体系。互联网金融新兴的渠道，是创新普惠金融及减少西部地区贫困问题的突破口，通过建立强大的协同服务网络，借助物联网、云端金融和互联网金融创新，为金融客户提供全方位、立体化、个性化的普惠金融产品与资金管理服务。大数据的应用，使金融机构可以在竞争中迅速了解同行运行动态，分析自身发展方向，测度用户的行为方向，并对用户的倾向性、消费性进行个性化调整。利用大数据的高速处理分析能力，重视小规模金融市场，凝聚市场价值，使更广大的人群享受普惠金融的服务。

4. 促进大数据下普惠金融产品营销

以商业银行为主的传统金融机构应该在大数据的背景下借助云端网络平台迅速发展，提升金融服务质量，创新服务方式，加强融资公司与客户的联系。利用微信或微博等大量用户体验群体的平台发送新型金融产品，以 QQ 群、微信群等为传播渠道，使这种媒介与电话客服同步服务，实现与金融产品客户更加方便、快捷的交流与沟通。目前，各大银行都相继推出了手机端、电脑端的银行管理软件。推广和改进用户使用体验，也是大数据下普惠金融产品营销重要的课题。

5. 发展线下交易，改善金融服务流程

传统金融机构面对互联网金融的崛起时面临的挑战巨大。面对这种互联网金融环境的便捷、迅速、精准带来的压力，传统金融机构发挥自身线下优势，改进自身服务流程，维护传统金融机构在金融市场中的优势地位。传统金融机构在中国西部欠发达地区拥有大量的营业网点，扎根于群众当中，遍布城乡。这种方便的优势结合当今中国发展不平衡的现状，必须使线上金融与线下金融同时进行，基于传统金融机构的地缘优势，利用网点、柜台优势对线下的贷款主体进行信用风险调查，详细了解市场的运营环境和贷款主体的融资需求，最大幅度地降低金融风险，提高金融运行效率。

6. 简化银行运作结构提高运行效率

借助大数据的分析平台，可以将海量错综复杂的数据进行分类、汇总、挖掘、分析，掌握客户、竞争者、同业的相关交易信息等，更加可靠地预测客户及同业的行为。利用大数据的综合分析，全方位评估贷款者的预期风险，减少并简化审核流程，为客户提供便利的融资环境，提高金融系统融资的效率。

银行通过实时信息共享，将银行的运营情况及金融产品、金融工具的投资状况予以披露，保证客户权益。增强抵押担保的评估体系，加快审批速度，简化审批流程，降低准入门槛，提高贷款监管，改善服务效率，提升信息透明度，为借款人提供便利。

普惠金融下的金融排斥、金融包容和支持性普惠金融体系的构建，需要设计有效的金融需求制度，而不是长期的金融救助与政府补贴。我国发展普惠金融，需要从根本上消除金融排斥现象，突破现有的风险管理瓶颈，为社会提供公平的融资机会；进一步提升和刺激西部地区贫困群体的金融需求，普及普惠金融教育，保护金融市场消费者权益。

# 6.6　拓展金融体制，加强反贫困金融创新

## 6.6.1　拓展金融体制

要减少西部欠发达地区贫困的问题，我们既需要拓展金融体制，同时也需要

加强反贫困金融的创新。在金融体制方面，我们可以采取以下措施来进行相应的拓展。

1. 完善区域金融机构体系，提升服务实体经济的能力

要积极发展西部地区金融法人机构，如西部证券、华西证券、贵州银行、四川金控、甘肃银行、信达金融租赁、西南证券、重庆银行等金融机构，同时要将各类财务公司打造成资本充足、内控严密、服务高效、指标优良、运营安全且具有较强竞争力和影响力的现代化金融企业；通过新设资产管理公司、人身保险法人机构、消费金融公司、民营银行、政策性融资担保机构等地方金融机构，形成多元化金融体系，促进本地金融机构发挥地缘、政缘和人缘优势，加强金融机构服务实体经济的能力。加强与各金融机构总部的沟通协调，积极与各金融机构总部签署战略合作协议，争取针对性和差异化支持。要正确处理政策性金融、商业性金融与合作性金融的关系，多方发力，积极创新服务方式，满足不同企业的多元融资需求。要进一步引导金融机构完善公司治理，强化内部控制，专注主业经营，提升运营效率，扩大金融的有效供给，助力西部地区经济高质量发展。

2. 健全区域资本市场体系，提升直接融资能力

要积极支持多层次资本市场的建设，充分发挥好资本市场的资源配置功能。对新兴产业、特色优势产业、文旅产业中各类上市后备企业及科技型、创新型中小企业进行重点帮扶，并按照企业改制上市的不同阶段和实际需要，梳理剖析股改、管理、运营等环节问题，帮助这些企业在主板、中小板、创业板、科创板和新三板等首发上市。

通过聚焦主业、战略性重组等方式提升本土公司质量，鼓励通过增发、配股、可转债等方式再融资。鼓励并帮助有关企业解决发行短期融资券、中期票据、企业债券、公司债券所需的增信、担保等问题，并设立相关专项资金给予扶持。鼓励扩大股权融资、债券融资数量，不断创新金融产品。利用西部地区各大金融机构，为西部地区的经济高质量发展提供更多的直接融资支持与帮助。

3. 提升金融中心聚集和辐射能力

根据金融集聚论以及规模经济效应，形成集聚的金融机构中心，大力引进金融业法人机构，建设多层次资本市场建设，建设集聚的金融市场交易中心。具体来说就是引进金融法人机构和培育本地金融机构，培育要素市场，培育金融后台服务机构，提高对外开放能力，扩大直接融资规模和资本市场规模。

引进金融法人机构。成都在金融中心建设的过程中，金融分支机构发展良好，

但是法人机构发展不足，不能发挥金融总部效应。通过政策扶持、完善机制和提升服务质量等一系列相关手段，大力引进全国性和区域性法人金融机构、国内外金融机构设立总部，扩大金融机构规模，增强本地金融机构实力，大力提升运营管理能力和服务。不仅要引进全国性证券、期货、基金公司设立区域总部，也要培育本土民间金融机构，发展民营银行、村镇银行等不同企业形态和功能的金融机构。近年来保险功能在金融业有目共睹，尤其是金融危机发生后，各国更加重视保险业的发展，为此加强保险机构总部建设，组建区域性、专业性保险公司，提高保险服务能力，建设良性发展的金融机构和金融市场。

建设有吸引力的后台服务中心。加强和重视后台服务中心建设，既是建设西部区域金融中心的重要途径，也是在当今区域金融中心激烈竞争的状态下，发展有特色、差异化的区域金融中心的现实要求，同时顺应了发展有专业功能的金融中心的历史趋势。成都的发展目标是建立西部证券、期货交易后台服务中心，提供证券类机构评估和服务，形成集聚；设立保险类机构总部和后台服务中心；建设本地法人银行和新型村镇银行参与的银行清算中心；建立统一的电话呼叫中心和灾备中心。

培育要素市场。要素市场是多层次资本市场的重要一环，是金融市场发展的重点和方向。各中心城市积极构建具有本地优势的要素市场，成都要构建商品类要素市场、产权市场（国有产权交易平台、农村产权交易平台）和金融资产权益、碳排放权、排污权等权益类市场，形成有集聚规模和影响力、产业特色、门类齐全、布局合理的要素市场体系。各类交易市场不仅要立足西部，还要把影响力辐射到全国，成为重要支持平台。

开拓金融对外开放力度。大力推进跨境金融机构互设与合作，加强与香港、台湾等发达地区交流。推动贸易投资便利化和境内外资金融通，吸引外资资金进入，提高外资资金使用力度；吸引外资企业入驻成都，鼓励总部建设，同时提高外汇资金集中运营管理的培育力度；加强与外资企业开展人民币、外汇双向资金池业务以及经常项下人民币集中收付业务、跨境电子商务外汇支付业务。

### 4. 推动普惠金融的多元化发展与服务

金融机构从分业经营到金融的多元化金融服务是金融资源优化配置的重大调整，金融机构根据自身的情况开展多元化的服务可以提升我国金融机构的竞争能力，普惠金融多元化服务可以改善金融资源控制力的"垄断和集中"。

"分业经营""混业经营"的金融服务机构主要分为以下几类。①金融集团一体化经营。在集团内部各项经纪业务间建立严格的管理和控制体系，防止发生利益冲突。②金融集团性内部分业经营。这种方式以重点保护抵押存款和居民储蓄为目的，提供更加有保障性的金融服务。③以商业银行为母公司，其他类型的金融机构为子公司。银行以存贷业务为主，非银行业务则分配给相应的子公司。④商业银行与保险公司合作互相参与公司业务。以多数股权参股和少数股权参股为主要方式。⑤银行控股公司。通过控股公司的交叉销售、产品组合、资本市场内部化来实现各项经纪业务一体化经营。⑥控股公司拥有类似银行及非银行金融机构的子公司。这类公司在主营业务上并没有实现一体化。⑦新设合资企业。将各种不同业务的金融机构融资组合建立新的金融机构，开展综合性金融服务，提供创新性内部资本市场、产品组合和交叉销售。

多元化的普惠金融服务需要借鉴多种金融服务的实践，大致可以发展以下三种组织形式：

1）发展普惠金融综合银行模式。发展普惠金融下的综合银行，是在一个集团内部体制中从事全部的金融业务。集团内部各个职能部门实现资源共享，发挥信息传递的优势，扩展信息的传播实效及流动，从而实现规模经济和范围经济。同时，鼓励集团内部子公司建立防火墙，采取相应的风险防范措施，减少相关金融体系内部的利益矛盾，加强普惠金融安全网建设。银行在投资部门和信贷部门之间建立稳定的防火墙，在金融交易中防止银行利用其信息的优势，进行投资和投机活动，从而增加集团与金融机构之间的信任，增加金融融资企业与该银行的业务往来。

2）发展普惠金融新型母公司模式。在分业经营的金融发展模式下，发展普惠金融是以传统商业银行为母公司，其子公司作为证券、保险及其他非银行业务的公司进行市场操作。通过这种模式，银行的母公司可以和非银行的子公司之间建立防火墙，使银行的业务与其他类别的业务活动只能通过公开渠道部分实现。这种方式与综合性普惠金融机构相比，有助于实现风险分担。虽然这种模式会影响金融机构的规模经济和范围经济，但是通过交叉销售的业务方式，可以提高企业的现金收入流，提升金融机构的商业价值。相关监管部门要积极在银行和相应的证券部门、保险部门之间建立监督机制，确保金融机构交易的安全性，降低企业及金融机构的运行风险。

3）创新普惠金融下的控股公司模式。普惠金融控股公司是可以拥有商业银行和证券、保险等业务的金融公司，同时在公司内部的各金融服务之间建立防火墙，从而降低集团内部各个金融服务机构间的一体化程度。不同的金融服务机构拥有独立的核算系统和管理体系，并对各自的经营风险进行承担和管理，由于不同的金融服务子公司从事不同的金融业务，经营风险得以分散，从而促进普惠金融的发展。金融控股公司主要分为经营性控股及非经营性控股两种形式。经营性控股公司可以通过发行债券、吸纳储蓄的方式，为集团内的子公司提供合适的金融交易工具，并且为子公司提供担保，也可以通过调整不同企业、不同部门之间的交易活动，获得投资收入。在非经营性控股公司中，这种多元化的组织主要处理企业内部的金融交易业务。通过管理集团中子公司的金融交易、金融投资、资产使用状况，为金融机构提供融资支持和公司投资。通过多样化的管控、服务、管理，规避风险，支持金融集团健康运转。综合性金融银行与金融控股公司的主要区别在于，金融控股公司证券子公司的资本由金融控股公司控制，而综合性金融银行则由商业银行控制。控股公司对自己所持有的资本投资负有有限责任，在控股公司下的多样化的金融机构受到经济风险的影响较小，并且金融机构拥有高度的透明度，可以为监管提供良好的方式。

我们还可以培养普惠金融专业人才。发展普惠金融是为全社会所有阶层和群体提供金融服务的全方位、更有效的金融的必然需求。在我国西部欠发达地区，交通、通信设施不足，资金需求分散且单一客户金融需求量小，农业、中小微型企业融资存在风险高、金融知识水平低、社会保障不足的情况。金融机构在西部欠发达地区提供金融服务会加大成本、增加风险，西部地区因此缺乏足够的金融吸引力。这种普惠金融服务的不足正是中西部地区推行普惠金融的重要立足点。金融专业人才作为当前及未来社会经济活动的重要参与者，培养更高的金融素养、储备更多金融相关知识、正确应用金融理论，可以让这些金融专业人才更好地融入普惠金融及大数据下的互联网金融中。要想培养普惠金融人才我们可以施行如下几点对策：

1）注重培养普惠金融意识。我国相关教育机构应该将金融相关基础知识作为各院校学生的通识课程，树立正确的金融、经济观。对于中西部欠发达地区的相关高校，应当着重普及普惠金融教育，使这些学生基本具备初级投资理财能力、金融保险规划能力及大数据下的互联网金融服务及处理能力。另外，高等教育机构应当根据中西部地区的发展状况开展相应的课外教育活动，增强金融人才对普惠金融意识的体验和感知。高校金融人才是未来的金融服务提供者，金融的教育不仅仅是金融服务的使用者，对于未来的金融提供者和金融监管者来说，合理的、公允的、端正的金融服务，是促进和提升普惠金融发展的必然需求。面对新型金融的发展状况，正确培养普惠金融意识可以避免金融服务中的隐瞒、误导、欺骗消费者的行为。

2）注重教育机构课程设置时代特征。在当今大数据时代，互联网与金融的快速融合，使普惠金融快速发展。大数据下的普惠金融融合了金融业、物流行业、通信行业、征信中介机构、投资担保机构等部门，融合了多方面的知识和技能。高等教育机构应当根据当地实际金融发展需求，开设相应的大数据下的普惠金融发展及互联网金融与普惠金融结合的金融课程。促进普惠金融与互联网金融相互融合的贷款模式、普惠金融与互联网金融融合的融资模式、普惠金融与大数据的融合方式，在大数据时代形成高效、快速、准确、安全的高技术金融发展新特征，高等教育机构的相关金融课程设置应充分考虑对金融业高端人才的技能、专业知识的培养，加以最新的大数据分析，提升整体金融业的从业人员操作能力、战略规划能力、行业整体创新能力。

3）注重保持金融教学方法与时俱进。金融业在大数据时代的快速变革及对公平性需求的增加使普惠金融发展迅速，但中西部地区经济、教育、文化、社会整体欠发达，所以发展普惠金融是一个长期的过程，普惠金融的教育应当与时俱进，高等教育机构教师应当改变传统教学方法。互联网金融及普惠金融方面的知识，由于还没有完善的理论框架，并不能用传统的教育方法进行教学，这就要求高等教育机构教师同金融经济类的学生进行研究性教学，充分结合国内外金融业发展状况及普惠金融的发展状况，取长补短，鼓励学生研究金融理论及发展动态，力求与时代接轨。高等教育机构应当积极建设各种金融实验室，如大数据下互联网金融实验室、模拟投资银行实验室、普惠金融研究实验室等，帮助高校学生将理论中的感性认识向理性认识转化，加强同金融机构的合作和培养，使更多的学生进入金融机构实习，提升这些未来的金融从业者的独立思考、分析判断、实务操作的能力，积极开展大学生金融创新活动，发掘金融创新潜能。

4）注重金融专业师资高层次建设。金融教育不仅需要利用专业的金融知识和金融技能，还需要财务管理知识和技能，以及相关金融观念的转变和金融行为的养成。尊重金融教育的规律，注重金融服务需求的调查，积极开展金融知识普及教育，就需要将教育对象放在首位，在此基础上引进的教材也应当积极结合当地实际。中西部地区应当重点培养高层次的金融专业师资队伍，因为高等教育的教师是金融教育乃至普惠金融发展的根基和基石，注重金融专业师资高层次建设是发展普惠金融的根本任务。培养高层次的师资，应当考虑教育机构的目标、当地金融机构的需求、当地金融使用者的需求等方面，根据金融使用者的特点和需求，制定相应的金融市场对应的金融服务及金融教育，做到学以致用，全面提升师资的教学研究能力。近年来，国内高等教育机构的金融专业师资在规模和质量上有了相当大的进步，但是与国际先进的金融教育还有一定的差距，对普惠金融的学术研究还不够深入和具体，不能很好地将国外成功的案例与国内的实际情况相互联系和使用。高校应选派高层次的师资去国外深造，选派优秀教师进入不同的普惠金融区域的金融服务机构接受相关教育培训，切身体会普惠金融的复杂性。高等教育机构在派出留学人员的同时，还应该引进国内外具有国际普惠金融经验的金融专家莅临指导，或者聘请国内外普惠金融实务工作者进行专题的演讲或讲座授课。这是增强和普及普惠金融的一部分，也是金融专业师资高层次建设的延伸。

5. 制定有针对性的法律法规，形成有效的金融监管体系

鉴于我国西部贫困地区在经济发展方面的法律比较匮乏，因此可以根据特定贫困地区的相关情况编制并发布一些有针对性的法律法规，为西部地区的经济发展提供更有效的支持，并且通过制定法律法规，能够使得我国西部地区在进行大开发战略时可以将相关的方针措施等予以明确界定。此外，还应当充分改进当前的金融法律法规以及金融法制环境。这就需要先将金融秩序以及经济秩序的法律法规采取有效的举措进行相应的改进；再者应将金融制度创新的相关法律法规进行有效的完善，并充分促进我国西部地区的金融制度创新；同时全面推动金融监管协调机制为西部贫困地区的经济发展立法，使西部地区的经济发展得到足够的保障。

西部地区同时也需要形成有效的金融监管体系。第一，应该明确地区金融监管机构的权利与责任。地区金融监管机构有权在中央监管部门的业务指导下，制定切合本地金融运行实际的金融监管方案，并对本地区由于监管不力产生的金融风险承担相应责任。再者，可以发挥地方政府金融办公室优势，解决地方性金融问题。地方政府金融办公室可以为地方政府依法管理金融事务提供组织保证，也可在一定程度上通过明确责权约束其行政行为；可以促进地方政府提高金融意识，实现由权力支配型政府向服务型政府的转变；可以推动地方政府对当地金融发展作出长远规划，并统筹协调各部门形成合力，减少矛盾的出现。最后，将社会监督引入金融监管体系。依托符合资质的会计师事务所、审计师事务所等中介机构完善风险评估制度，为有效金融监管提供依据；依托统计部门建立完善的金融指标监测体系，为提高金融监管时效性提供基础；构建信息共享平台，及时、准确地披露金融风险因素及不良金融行为。

## 6.6.2　加强反贫困金融创新

对于西部地区而言，想要解决反贫困问题，其着力点应该放在解决农村地区的金融经济问题上，而随着农村经济的进一步发展，农民对金融服务需求也趋向于多元化，仅依赖于农村金融机构单方面改革，已无法全面有效解决农村经济发展过程中存在的金融助力问题。据此，农村金融发展应以农户需求为导向，结合政府相关扶持政策，积极推进金融产品、模式的创新。

1. "互联网+金融"模式

在科技革命的时代背景下，互联网技术得到了突破性的发展，并且已经深入到了民众的生活当中，成为人们生活、工作中不可或缺的一部分，种种因素促成

了"互联网+"的产品，而"互联网+"的孕育使得各种传统行业在互联网平台上得以延续和发展，金融行业也并不例外，而金融行业的发展对农村发展具有十分重要的意义。我们可以利用"互联网+金融"来给予农村经济大力支持，通过提高移动端、自助端、微信端等相关金融产品渠道的替代率及与第三方服务机构的合作，积极发展农业产品产销贷一体的金融服务、电子商务服务、互联网物流服务互为支撑的新业态模式，对农产品产业链进行资金、货物、服务的全面整合打通。同时，与农产品质量安检、农技推广等服务机构进行合作，根据农业规模化经营对服务范围进行拓展，参与普惠基础设施建设，进一步实现移动金融、网络金融、自主金融等电子渠道的建设和一体化联通。

但农村地区在"互联网+金融"的推广与发展上存在着一些问题待解决。只有解决了这些问题才能使"互联网+金融"在农村地区的发展没有阻碍，问题主要包括以下几个方面。

1）大部分农村地区互联网技术落后，互联网技术不太发达，因为农村的基础设施有限，不足以推动互联网技术的普及。所以需要加强农村地区的互联网普及，互联网技术落后就意味着不能够为互联网金融的发展奠定良好的基础。因此，国家和地方政府应该加强农村地区的互联网普及，帮助农村构建完善的互联网网络。随着互联网技术的不断普及，农民的使用习惯也会发生重大的改变，开始进行网上购物、投资理财等，从而有效地促进农村互联网金融的发展。

2）农民对互联网金融缺乏了解，大部分农民的受教育程度都相对较低，互联网技术属于先进的科学技术，并且金融知识也属于高等教育的范畴，因此大部分农民不了解互联网金融。要解决这类问题，往往需要地方政府在农村地区对互联网金融的大力宣传，加强对农民的相关教育，使农民更加了解互联网金融的相关知识。农民对互联网金融认知水平的显著提升，不仅能够推动互联网金融更加快速的发展，同时还能有效地降低金融风险的发生概率，促使农村互联网金融的良性发展。

3）网点覆盖率的不足。我国广大农村地区由于其自身发展的原因导致了金融机构网点覆盖率低、金融供给不足的状况，这不利于"互联网+金融"模式的发展。因此应该加强农村地区的网点建设，可以由政府出面引进相关机构，网点的增多，会规范和引导农村互联网金融的发展，同时还能使农民享受更多的金融服务，从而使农民的金融需求得到有效满足。农民根据自己的情况选择最符合自身条件的理财产品，从而推动农村互联网金融的发展。完善的金融体系也能够对农民进行有效的监督，从而有效地降低金融风险的发生概率。

### 2. 方式和产品的创新

信贷方式的创新。我国的信贷方式的创新主要有两种，一种是小额信用贷款，一种是农户联保贷款。小额信用贷款主要是为了低收入农户的需要，是比较方便的一种新型信贷方式。农户联保贷款是针对贷款数额比较大，主要有一定的贷款人做出担保，并且要经过一定的审核程序才能贷款的信贷方式。除此之外，还有农户和公司联合贷款的方式，使当地的农业化企业为农户做担保，为农户贷款资金，双方共同承担风险。

担保方式的创新。担保方式的创新主要以"仓单担保"贷款为主。这类贷款是指按照仓库的容量和仓库农产品的价格贷款给仓库的经营者。以农作物为担保物，由仓库经营者和收购商及信用社三方共同签订相关合同。这类担保要有担保人和反担保人，主要是解决了一些农户的担保问题。

信贷产品的创新。首先，农村信用合作社应以自身"亲农"的行业特点和当前农村经济发展的多元化、多层次与多类型趋势的优势为依托，为服务对象提供个性化、人性化及差异化的产品。其次，要合理放宽小额贷款，将放贷对象扩大至农村多种经营户、个体工商户与农村各类小微企业；同时，拓展小额贷款的用途，不断完善小额信贷机制，提供现场放贷服务，开设"贷款专柜"，简化贷款手续，以规范柜台服务为前提适当延伸服务，零距离为农户提供金融创新服务。再次，需要有融合不同功能与性质的贷款产品；农户小额信用贷款与农户联保贷款；订单担保贷款、公司为农户担保贷款以及仓单质押贷款等，为农民专业化、农业产业化以及农村城镇化发展提供支持。然后，通过"龙头企业+担保公司+农村合作信用社+农户"的贷款方式，大力发展农业科技创新风险投资，开办农产品期货业务，为农村中小企业以及民营企业的进一步发展提供重点支持。也可以创办与推广"公司+基地+农户"的贷款方式，采用抵押、质押及担保贷款相结合的方式，为农村城镇化发展提供支持。最后，加强农业银行、邮政储蓄银行与农业发展银行等金融机构的合作，各机构合力开办联合贷款、联保贷款、银团贷款等，为农业产业化发展提供支持；将信贷投入与农业产业化链延伸有机结合，为农村个体工商户和高产、优质、高效、生态的规模化特色农产品基地建设提供支持。

金融服务方式的创新。大力发展票据结算业务，在此同时也要为一些农村的加工企业、私营企业等一些农业企业提供更为全面高质量的会计结算的服务，并且还可以推出支票、信用卡等工具。因为西部农村地区发展较为缓慢，且信息的了解不够全面具体，导致对一些贷款方面的程序和需要的手续等不够了解，所以当地金融机制要多加宣传，使农户了解，并且要设立相应的咨询中心，使农户可以更加方便地贷款。

# 参 考 文 献

阿尔柯克，1993．认识贫困[M]．伦敦：麦克米伦出版公司．

阿马蒂亚·森，2002．以自由看待发展[M]．任赜，于真，译．北京：中国人民大学出版社．

阿瑟·刘易斯，1954．劳动无限供给条件下的经济发展[J]．曼彻斯特学报，22（2）：139-191．

爱德华·肖，1988．经济发展中的金融深化[M]．邵伏军，等译．上海：三联书店上海分店．

爱德华·肖，2015．经济发展中的金融深化[M]．上海：格致出版社．

奥本海默，1993．贫困的真相[M]．伦敦：儿童贫困关注小组．

白钦先，1997．"发展金融"理论研究[J]．国际金融研究（10）：74．

白钦先，等，2001．金融可持续发展研究导论[M]．北京：中国金融出版社．

本书编写组，2017．党的十九大报告辅导读本[M]．北京：人民出版社．

岑成德，2010．收入分配差异状况的一种新测度方法[J]．统计教育（11）：12-15．

车树林，顾江，2017．包容性金融发展对农村人口的减贫效应[J]．农村经济（4）：42-46．

陈岱孙，厉以宁，1991．国际金融学说史[M]．北京：中国金融出版社．

陈芳，2006．中国城市反贫困效应与对策思考[J]．财政研究（11）：27-29．

陈伟国，樊士德，2009．金融发展与城乡收入分配的库兹涅茨效应研究：基于中国省级面板数据的检验[J]．当代财经（3）：44-49．

陈银娥，师文明，2010．中国农村金融发展与贫困减少的经验研究[J]．中国地质大学学报（社会科学版），10（6）：100-105．

陈卓怡，陈红，郭子钰，2017．陕南扶贫移民搬迁适应期反贫困的生计能力提升机制研究[J]．经济师（4）：196-199．

初昌雄，2012．"双到"扶贫中的金融创新："郁南模式"及其启示[J]．广东农业科学，39（3）：204-206．

崔艳娟，2014．金融发展与贫困减缓路径效应与政策启示[M]．北京：经济科学出版社．

崔艳娟，孙刚，2015．金融包容、金融稳定与贫困减缓：基于ARDL-ECM模型的估计[J]．商业研究（6）：59-68．

傅鹏，张鹏，周颖，2018．多维贫困的空间集聚与金融减贫的空间溢出：来自中国的经验证据[J]．财经研究，44（2）：115-126．

高鸿业，吴易风，1988．现代西方经济学[M]．北京：经济科学出版社．

郭夏娟，杨麒君，2016．平等参与协商与女性赋权：过程与结果[J]．浙江社会科学（9）：10-19，156．

国家统计局农村社会经济调查司，2006．2005中国农村贫困监测报告[M]．北京：中国统计出版社．

郝依梅，夏咏，丁志勇，等，2017．普惠金融发展对农村贫困的减缓效应：基于新疆南疆24县（市）面板数据的实证研究[J]．江苏农业科学，45（3）：310-314．

何剑，肖凯文，2017．西部农村地区民生财政政策的反贫困效应研究：基于民生财政政策的二元结构特征[J]．长白学刊（3）：94-102．

胡德宝，苏基溶，2017．金融发展与反贫困：来自中国的理论与实践[M]．北京：人民日报出版社．

胡和立，1989．1988年我国租金价值的估算[J]．经济社会体制比较（5）：10-15．

胡恒松，徐丹，孙久文，2018．金融创新助推扶贫与区域经济发展[J]．宏观经济管理（1）：55-60．

胡卫东，2011．金融发展与农村反贫困：基于内生视角的分析框架[J]．金融与经济（9）：60-64．

华昀，2008．我国经济增长的反贫困效应研究[D]．北京：首都经济贸易大学．

黄承伟，陆汉文，刘金海，2009．微型金融与农村扶贫开发：中国农村微型金融扶贫模式培训与研讨会综述[J]．中国农村经济（9）：93-96．

黄承伟，覃志敏，2015．论精准扶贫与国家扶贫治理体系建构[J]．中国延安干部学院学报（1）：131-136．

黄建新，2008．反贫困与农村金融制度安排[M]．北京：中国财政经济出版社．

黄金老，2001．金融自由化与金融脆弱性[M]．北京：中国城市出版社．

黄焰, 2007. 行政主导与市场作用下的金融扶贫: 莲花县案例[J]. 金融与经济 (10): 53-55.

黄莹, 熊学萍, 2013. 金融服务水平测度与经济福利效应研究综述[J]. 上海金融 (2): 27-31.

蒋永萍, 2017. 推进绿色发展, 为女性赋权增能[N]. 中国妇女报, 2017-08-29 (B01).

金德尔伯格 C P, 赫里克 B, 1986. 经济发展[M]. 张欣, 陈鸿仪, 蒋洪, 等译. 上海: 上海译文出版社.

凯恩斯 J M, 1999. 就业、利息和货币通论[M]. 高鸿业, 译. 北京: 商务印书馆.

康晓光, 1995. 中国贫困与反贫困理论[M]. 南宁: 广西人民出版社.

孔祥毅, 2001. 金融协调: 一个新的理论角度[N]. 金融时报, 2001-02-10 (01).

拉古拉迈·拉詹, 路易吉·津加莱斯, 2004. 从资本家手中拯救资本主义: 捍卫金融市场自由, 创造财富和机会[M]. 余江, 译. 北京: 中信出版社.

雷蒙德·W. 戈德史密斯, 1993. 金融结构与金融发展[M]. 浦寿海, 毛晓威, 王巍, 译. 北京: 中国社会科学出版社.

雷蒙德·W. 戈德史密斯, 1994. 金融结构与金融发展[M]. 周朔, 郝金城, 肖远企, 等译. 上海: 上海人民出版社.

李红莲, 2007. 当前我国贫困带扶贫开发问题研究[D]. 郑州: 郑州大学.

李军, 2004. 中国城市反贫困论纲[M]. 北京: 经济科学出版社.

李树杰, 唐红娟, 2010. 微型金融与女性赋权研究概述[J]. 妇女研究论丛 (5): 80-86.

刘坚, 2009. 中国农村减贫研究[M]. 北京: 中国财政经济出版社.

刘小珉, 2015. 民族地区农村最低生活保障制度的反贫困效应研究[J]. 民族研究 (2): 41-54, 124.

林闽钢, 1994. 中国农村贫困标准的调适研究[J]. 中国农村经济 (2): 56-59.

鲁钊阳, 2016. 民族地区农村金融发展的反贫困效应研究[J]. 农村经济 (1): 95-102.

罗连军, 2019. 全省农信社信贷扶贫 转向"精准滴灌"[N]. 青海日报, 2019-04-01 (01).

罗纳德·I. 麦金农, 1988. 经济发展中的货币与资本[M]. 卢骢, 译. 上海: 上海三联出版社.

罗纳德·I. 麦金农, 1997. 经济发展中的货币与资本[M]. 卢骢, 译. 上海: 上海人民出版社.

罗纳德·I. 麦金农, 1997. 经济市场化的次序: 向市场经济过渡时期的金融控制[M]. 周庭煜, 尹翔颂, 陈中亚, 译. 上海: 上海三联书店.

吕勇斌, 赵培培, 2014. 我国农村金融发展与反贫困绩效: 基于 2003—2010 年的经验证据[J]. 农业经济问题, 35 (1): 54-60.

马昌, 袁勃, 2019. 广西奋力打赢脱贫攻坚战[N]. 人民日报, 2019-03-11 (08).

马克思, 1975. 资本论: 第 1 卷[M]. 中共中央马克思恩格斯列宁斯大林著作编译局, 译. 北京: 人民出版社.

马克思, 1975. 资本论: 第 2 卷[M]. 中共中央马克思恩格斯列宁斯大林著作编译局, 译. 北京: 人民出版社.

马克思, 1975. 资本论: 第 3 卷[M]. 中共中央马克思恩格斯列宁斯大林著作编译局, 译. 北京: 人民出版社.

讷克斯, 1966. 不发达国家的资本形成问题[M]. 谨斋, 译. 北京: 商务印书馆.

倪瑛, 2016a. 西部地区金融排斥、包容性金融与普惠金融政策体系的构建[M]. 北京: 科学出版社.

倪瑛, 2016b. 西部地区农村金融发展研究: 问题、现状和路径[M]. 北京: 科学出版社.

萨缪尔森 P A, 诺德豪斯 W D, 1992. 经济学[M]. 12 版. 高鸿业, 等译. 北京: 中国发展出版社.

师荣蓉, 徐璋勇, 赵彦嘉, 2013. 金融减贫的门槛效应及其实证检验: 基于中国西部省际面板数据的研究[J]. 中国软科学 (3): 32-41.

师文明, 2008. 中国金融发展与收入分配差距的实证研究[D]. 武汉: 中南民族大学.

世界银行, 1989. 1989 年世界发展报告: 金融体系和发展[M]. 北京: 中国财政经济出版社.

世界银行, 2001. 2000/2001 年世界发展报告: 与贫困作斗争[M]. 北京: 中国财政经济出版社.

苏基溶, 廖进中, 2009. 中国金融发展与收入分配、贫困关系的经验分析: 基于动态面板数据的研究[J]. 财经科学 (12): 10-16.

谈儒勇, 2000. 金融发展理论与中国金融发展[M]. 北京: 中国经济出版社.

谭露, 黄明华, 2009. 基于交易费用视角下我国农村金融弱化问题研究[J]. 金融经济 (5): 92-93.

谭诗斌，2012．现代贫困导论[M]．武汉：湖北人民出版社．

谭险峰，2010．中国微型金融模式及其反贫困绩效研究综述[J]．中南财经政法大学学报（3）：69-72．

田霖，2013．金融包容：新型危机背景下金融地理学视阈的新拓展[J]．经济理论与经济管理（1）：69-78．

田银华，李晟，2014．金融发展减缓了农村贫困吗?——基于省际面板数据的实证研究[J]．首都经济贸易大学学报，16（5）：22-29．

童星，林闽钢，1994．我国农村贫困标准线研究[J]．中国社会科学（3）：86-99．

汪三贵，2008．在发展中战胜贫困：对中国30年大规模减贫经验的总结与评价[J]．管理世界（11）：78-88．

王敬力，刘德生，庄晓明，2011．金融扶贫机制的新探索：拾荷模式[J]．南方金融（4）：54-58．

王廉石，2015．金融结构与贫困、收入不平等：基于中国省级面板数据的经验研究[J]．金融与经济（2）：27-31．

王曙光，2010．金融发展理论[M]．北京：中国发展出版社．

王小林，2012．贫困测量：理论与方法[M]．北京：社会科学文献出版社．

王新伟，吴秉泽，2019．贵州省农村信用社联合社 金融服务助推脱贫"加速度"[N]．经济日报，2019-02-21（014）．

王修华，2009．新农村建设中的金融排斥与破解思路[J]．农业经济问题（7）：42-48．

王一飞，2016．拓展金融扶贫空间问题初探[J]．武汉金融（1）：71．

王振山，2000．金融效率论：金融资源优化配置的理论与实践[M]．北京：经济管理出版社．

王志强，孙刚，2003．中国金融发展规模、结构、效率与经济增长关系的经验分析[J]．管理世界（7）：20-27．

王子健，2014．我国西部地区农村金融排斥的实证研究[D]．重庆：西南大学．

魏丽莉，李佩佩，2017．普惠金融的反贫困效应研究：基于西部地区的面板数据分析[J]．工业技术经济，36（10）：38-44．

吴本健，马九杰，丁冬，2014．扶贫贴息制度改革与"贫困瞄准"：理论框架和经验证据[J]．财经研究（8）：106-118．

吴先满，1994．中国金融发展论[M]．北京：经济管理出版社．

吴晓求，2015．互联网金融：逻辑与结构[M]．北京：中国人民大学出版社．

伍艳，2012．中国农村金融发展的减贫效应研究：基于全国和分区域的分析[J]．西南民族大学学报（人文社会科学版），33（7）：109-113．

肖祎平，刘新卫，张恒，2013．基于金融深化与贫困水平动态关系的湖北省扶贫路径探讨[J]．武汉金融（6）：45-47．

谢丽霜，2003．西部开发中的金融支持与金融发展[M]．大连：东北财经大学出版社．

亚当·斯密，1974．国民财富的性质和原因的研究[M]．郭大力，王亚南，译．北京：商务印书馆．

闫坤，刘轶芳，2016．中国特色的反贫困理论与实践研究[M]．北京：中国社会科学出版社．

杨俊，王燕，张宗益，2008．中国金融发展与贫困减少的经验分析[J]．世界经济（8）：62-76．

杨丽萍，2005．中国农村金融贫困效应分析[J]．武汉金融（1）：45-46．

姚耀军，曾维洲，2011．长三角地区银行中介发展：特征与态势[J]．上海金融（12）：39-43．

叶普万，2005．贫困经济学研究：一个文献综述[J]．世界经济（9）：70-79．

叶志强，陈习定，张顺明，2011．金融发展能减少城乡收入差距吗?——来自中国的证据[J]．金融研究（2）：42-56．

易德良，2017．我国农村金融扶贫的困境及对策研究[J]．金融经济（2）：18-19．

余明江，2010．我国农村反贫困机制的构建：基于"政府—市场"双导向视角的研究[J]．安徽农业大学学报（社会科学版），19（5）：5-10．

约翰·希克斯，1987．经济史理论[M]．厉以平，译．北京：商务印书馆．

约瑟夫·熊彼特，1990．经济发展理论：对于利润、资本、信贷、利息和经济周期的考察[M]．何畏，易家详，等译．北京：商务印书馆．

曾小懿，2016．我国金融发展的反贫困效应研究[D]．成都：西南财经大学．

张彬斌，2013．新时期政策扶贫：目标选择和农民增收[J]．经济学（季刊）（2）：959-982．

张立军，湛泳，2006．金融发展与降低贫困：基于中国1994—2004年小额信贷的分析[J]．当代经济科学（6）：36-42．

张世定，2016．文化扶贫：贫困文化视阈下扶贫开发的新审思[J]．中华文化论坛（1）：31-36．

张彤，2013．四川省金融发展与城乡收入差距关系研究[D]．成都：西南财经大学．

张音，马可，2015. 金融反贫困效应的研究综述[J]. 金融发展研究（4）：80-84.

郑周胜，杨志平，陈岩，2013. 基于反贫困视角的小额信贷利率问题分析[J]. 吉林金融研究（2）：11-15，38.

中国人民银行郑州中心支行课题组，2014. 农村致贫机理与金融扶贫政策研究：基于河南省集中连片特困地区和54 个贫困县的调查[J]. 金融理论与实践（3）：65-69.

周国富，胡慧敏，2007. 金融效率评价指标体系研究[J]. 金融理论与实践（8）：15-18.

周荣，2004. 中国减贫 25 年的历程、经验及启示[J]. 中共山西省委党校学报，27（5）：37-39.

朱庆芳，1998. 城镇贫困人口的特点、贫困原因和解困对策[J]. 社会科学研究（1）：62-66.

兹维·博迪，罗伯特·C. 莫顿，2000. 金融学[M]. 欧阳颖，贺书捷，李振坤，等译. 北京：中国人民大学出版社.

纵玉英，刘艳华，2018. 我国农村金融发展对居民收入的影响研究[J]. 区域金融研究（3）：26-31.

ARESTIS P, DEMETRIADES P O, LUINTEL B, et al., 2001. Financial development and economic growth: the role of stock markets[J]. Journal of money credit & banking, 33(1): 16-41.

BANERJEE A V, NEWMAN A F, 1993. Occupational choice and the process of development[J]. Journal of political economy,101 (2): 274-298.

BURGESS R, PANDE R, 2005. Do rural banks matter? evidence from the Indian social banking experiment[J]. American economic review, 95(3): 780-795.

CHEN S H, MARTIN R, 2004. How have the world's poorest fared since the early 1980s?[J]. World Bank research observer, 19(2): 141-169.

CHENERY H B, SYRQUIN M, 1975. Pattern of development (1950~1970)[M]. London: Oxford of University Press.

CLARKE G, XU L C, ZOU et al., 2003. Finance and income inequality: test of alternative theories[J]. Policy Research Working Paper, 72(3): 578-596.

DOLLAR D, KRAAY A, 2002. Growth is good for the poor[J]. Journal of economic growth, 7(3):195-225.

DYMSKI G A, 2005. Financial globalization, social exclusion and financial crisis[J].International review of applied economics (19): 439-457.

GALBIS V, 1977. Financial intermediation and economic growth in less-developed countries: A theoretical approach[J]. Journal of development studies,58-72.

GALOR O, ZEIRA J, 1993. Income distribution and macroeconomics[J]. The review of economic studies, 60(1): 35-52.

GREENWOOD J, JOVANOVIC B, 1990. Financial development, growth, and the distribution of income[J]. Journal of political economy (5): 1076-1107.

GUISO L, SAPIENZA P, ZINGAIES L, 2000. The role of social capital in financial development[Z]. NBER Working Paper, No.7563.

HAUSMAN J A, 1978. Specification tests in econometrics[J]. Econometrica, 46(6):1251-1271.

HONOHAN P, 2004. Financial sector policy and the poor: selected findings and issues[J]. World Bank publications, (43):1-77.

IYIGUN M F, OWEN A L, 2004. Income inequality, financial development and macroeconomic fluctuations[J]. The economic journal (114): 352-376.

JEANNENEY S G, KPODAR K R, 2011. Financial development and poverty reduction; Can there be a benefit without a cost?[J]. Journal of Development Studies, 47(1): 143-163.

KANBUR R G, SQUIRE I, 1999. The evolution of thinking about poverty: exploring the interactions[J]. Working papers (6): 957-963.

KING R G, LEVINE R, 1993. Finance, entrepreneurship and growth: theory and evidence[J]. Journal of monetary economics, 32(3):513-542.

KPODAR K, SINGH R, GHURA D, 2009. Financial deepening in the CFA franc zone: The role of institutions[J]. Social science electronic publishing, 9(113):1-17.

KUZNETS S, 1955. Economic growth and income inequality[J]. American economic review (45): 1-28.

LEVINE R, 1997. Financial development and economic growth: views and agenda[J]. Journal of economic literature, 35(2): 688-726.

LEWIS W A, 1955. The theory of economic growth[M]. London: George Allen and Unwin.

LEYSHON A, THRIFT N, 1993. The restructuring of the UK financial services industry in the 1990s: A reversal of fortune?[J]. Journal of rural studies, 9(3): 223-241.

LI H Y, ZOU H F, 1998. Income inequality is not harmful for growth: theory and evidence[J]. Review of development economics (3): 318-334.

MARTIN R, 2001. Growth, inequality and poverty: looking beyond averages[J]. World development, 29(11), 1803-1815.

MCKINNON, RONALD I, 1973. Money and capital in economic development[M]. Washington, D.C.: Brookings Institution.

MERTON R C, BODIE Z, 1993. Deposit insurance reform: a functional approach[C]. Carnegie-Rochester conference series on public policy. Elsevier.

ODHIAMBO N M, 2009. Financial-growth-povertynexus in South Africa: a dynamic causality linkage[J]. Journal of socia-economics (38):320-325.

PATRICK H T, 1966. Financial development and economic growth in underdeveloped countries[J]. Economic development and cultural change, 14(2): 174-189.

QUARTEY P, 2008. Financial sector development, savings mobilization and poverty reduction in Ghana[M]. World institute for development economic research.

RAVALLION M, 1997. Good and bad growth：the human development reports[J]. World Development, 25(5): 631-638.

RAVALLION M, 2001. On the urbanization of poverty[J]. World bank policy research working paper, 68(2): 435-442.

RAVN M O, UHLIG H, 2002. On adjusting the Hodrick-Prescott filter for the frequency of observations[J]. The review of economics and statistics, 84(2): 371-375.

RAYMOND W, GOLDSMITH, 1969. Financial structure and development[M]. New Haven: Yale University Press.

ROWNTREE B S, 1901. Poverty: a study of town life[M]. London: Macmillan.

SEN A K, 1981. Poverty and famine:an essay on entitlement and deprivation[M]. Oxford: Clarendon Press.

SHAW E S, 1973. Financial deepening in economic development[M]. New York: Oxford University Press.

WORLD BANK, 2001. World development report 2000/2001, attacking poverty[M]. New York: Oxford University Press.

# 附 录

实证分析的数据来源。

附表 1　人均 GDP　　　　　　　　　　　　　　单位：元

| 地区 | 2007 年 | 2008 年 | 2009 年 | 2010 年 | 2011 年 | 2012 年 | 2013 年 | 2014 年 | 2015 年 | 2016 年 |
|---|---|---|---|---|---|---|---|---|---|---|
| 内蒙古 | 25 393 | 32 214 | 40 282 | 47 347 | 57 974 | 63 886 | 67 836 | 71 046 | 71 100.544 2 | 72 064 |
| 广西 | 12 555 | 14 966 | 16 045 | 20 219 | 25 326 | 27 952 | 30 741 | 33 090 | 35 190 | 38 027 |
| 重庆 | 14 660 | 18 025 | 22 920 | 27 596 | 34 500 | 38 914 | 43 223 | 47 850 | 52 321 | 58 502 |
| 四川 | 12 893 | 15 378 | 17 339 | 21 182 | 26 133 | 29 608 | 32 617 | 35 128 | 36 775 | 40 003 |
| 贵州 | 6 915 | 8 824 | 10 309 | 13 119 | 16 413 | 19 710 | 23 151 | 26 437 | 29 847.247 8 | 33 246 |
| 云南 | 10 540 | 12 587 | 13 539 | 15 752 | 19 265 | 22 195 | 25 322 | 27 264 | 28 806 | 31 093 |
| 西藏 | 12 109 | 13 861 | 15 295 | 17 027 | 20 077 | 22 936 | 26 326 | 29 252 | 31 999 | 35 184 |
| 陕西 | 14 607 | 18 246 | 21 688 | 27 133 | 33 464 | 38 564 | 43 117 | 46 929 | 47 626 | 51 015 |
| 甘肃 | 10 346 | 12 110 | 12 872 | 16 113 | 19 595 | 21 978 | 24 539 | 26 433 | 26 165.260 8 | 27 643 |
| 青海 | 14 257 | 17 389 | 19 454 | 24 115 | 29 522 | 33 181 | 36 875 | 39 671 | 41 252 | 43 531 |
| 宁夏 | 14 649 | 17 892 | 21 777 | 26 860 | 33 043 | 36 394 | 39 613 | 41 834 | 43 805 | 47 194 |
| 新疆 | 16 999 | 19 893 | 19 942 | 25 034 | 30 087 | 33 796 | 37 553 | 40 648 | 40 036 | 40 564 |

资料来源：国家统计局，http://data.stats.gov.cn/easyquery.htm?cn=E0103。

附表 2　城镇居民总收入　　　　　　　　　　　　单位：元

| 地区 | 2007 年 | 2008 年 | 2009 年 | 2010 年 | 2011 年 | 2012 年 | 2013 年 | 2014 年 | 2015 年 | 2016 年 |
|---|---|---|---|---|---|---|---|---|---|---|
| 内蒙古 | 12 977.07 | 15 195.44 | 16 951.35 | 19 014.24 | 21 890.19 | 24 790.79 | 26 978.050 5 | 28 349.64 | 30 594.1 | 32 974.95 |
| 广西 | 13 182.57 | 15 393.18 | 17 032.89 | 18 742.21 | 20 846.11 | 23 209.41 | 25 028.723 6 | 24 669 | 26 415.87 | 28 324.43 |
| 重庆 | 13 441.17 | 15 217.73 | 16 990.3 | 18 990.54 | 21 794.27 | 24 810.98 | 26 850.321 4 | 25 147.23 | 27 238.84 | 29 609.96 |
| 四川 | 12 009.81 | 13 685.1 | 15 323.76 | 17 128.89 | 19 688.09 | 22 328.33 | 23 893.893 3 | 24 234.41 | 26 205.25 | 28 335.3 |
| 贵州 | 11 066.43 | 12 185.62 | 13 793.38 | 15 138.8 | 17 598.87 | 20 042.88 | 21 413.036 4 | 22 548.21 | 24 579.64 | 26 742.62 |
| 云南 | 12 296.42 | 14 118.03 | 15 680.27 | 17 478.91 | 20 255.13 | 23 000.43 | 24 698.335 | 24 299.01 | 26 373.23 | 28 610.57 |
| 西藏 | 11 951.67 | 13 647.53 | 14 978.95 | 16 538.98 | 18 115.76 | 20 224.17 | 22 560.67 | 22 015.81 | 25 456.63 | 27 802.39 |
| 陕西 | 11 482.13 | 13 847.12 | 15 311.29 | 17 064.71 | 20 069.87 | 22 606.01 | 24 108.797 7 | 24 365.76 | 26 420.21 | 28 440.09 |
| 甘肃 | 10 859.69 | 11 669.33 | 12 918.04 | 14 307.28 | 16 267.37 | 18 498.46 | 20 149.046 1 | 21 803.86 | 23 767.08 | 25 693.49 |
| 青海 | 11 428.29 | 12 867.33 | 14 150.25 | 15 480.81 | 17 794.98 | 19 746.63 | 22 130.99 | 22 306.57 | 24 542.35 | 26 757.41 |
| 宁夏 | 11 793.08 | 14 118.64 | 15 550.75 | 17 536.78 | 19 654.59 | 21 902.24 | 23 766.75 | 23 284.56 | 25 186.01 | 27 153.01 |
| 新疆 | 11 302.99 | 12 478.61 | 13 602.18 | 15 421.59 | 17 631.15 | 20 194.55 | 22 387.85 | 23 214.03 | 26 274.66 | 28 463.43 |

资料来源：国家统计局，http://data.stats.gov.cn/easyquery.htm?cn=E0103。

附表3　农村居民人均收入　　　　　　单位：元

| 地区 | 2007 年 | 2008 年 | 2009 年 | 2010 年 | 2011 年 | 2012 年 | 2013 年 | 2014 年 | 2015 年 | 2016 年 |
|---|---|---|---|---|---|---|---|---|---|---|
| 内蒙古 | 3 953.1 | 4 656.18 | 4 937.8 | 5 529.59 | 6 641.56 | 7 611.309 8 | 8 595.726 2 | 9 976.3 | 10 775.89 | 11 609 |
| 广西 | 3 224.05 | 3 690.34 | 3 980.44 | 4 543.41 | 5 231.33 | 6 007.549 8 | 6 790.899 | 8 683.18 | 9 466.58 | 10 359.47 |
| 重庆 | 3 509.29 | 4 126.21 | 4 478.35 | 5 276.66 | 6 480.41 | 7 383.274 5 | 8 331.967 7 | 9 489.82 | 10 504.71 | 11 548.79 |
| 四川 | 3 546.69 | 4 121.21 | 4 462.05 | 5 086.89 | 6 128.55 | 7 001.426 3 | 7 895.334 9 | 9 347.74 | 10 247.35 | 11 203.13 |
| 贵州 | 2 373.99 | 2 796.93 | 3 005.41 | 3 471.93 | 4 145.35 | 4 752.998 9 | 5 433.999 9 | 6 671.22 | 7 386.87 | 8 090.28 |
| 云南 | 2 634.09 | 3 102.6 | 3 369.34 | 3 952.03 | 4 721.99 | 5 416.54 | 6 141.309 6 | 7 456.13 | 8 242.08 | 9 019.81 |
| 西藏 | 2 788.2 | 3 175.82 | 3 531.72 | 4 138.71 | 4 904.28 | 5 719.380 5 | 6 578.235 6 | 7 359.2 | 8 243.68 | 9 093.85 |
| 陕西 | 2 644.69 | 3 136.46 | 3 437.55 | 4 104.98 | 5 027.87 | 5 762.515 4 | 6 502.598 1 | 7 932.21 | 8 688.91 | 9 396.45 |
| 甘肃 | 2 328.92 | 2 723.79 | 2 980.1 | 3 424.65 | 3 909.37 | 4 506.664 | 5 107.759 | 6 276.59 | 6 936.21 | 7 456.85 |
| 青海 | 2 683.78 | 3 061.24 | 3 346.82 | 3 862.68 | 4 608.46 | 5 364.381 2 | 6 196.386 6 | 7 282.73 | 7 933.41 | 8 664.36 |
| 宁夏 | 3 180.84 | 3 681.42 | 4 048.33 | 4 674.89 | 5 409.95 | 6 180.323 4 | 6 930.965 3 | 8 410.02 | 9 118.69 | 9 851.63 |
| 新疆 | 3 182.97 | 3 502.9 | 3 883.1 | 4 642.67 | 5 442.15 | 6 393.678 1 | 7 296.457 6 | 8 723.83 | 9 425.08 | 10 183.18 |

资料来源：国家统计局，http://data.stats.gov.cn/easyquery.htm?cn=E0103。

附表4　银行业机构各项存款余额　　　　　　单位：亿元

| 地区 | 2007 年 | 2008 年 | 2009 年 | 2010 年 | 2011 年 | 2012 年 | 2013 年 | 2014 年 | 2015 年 | 2016 年 |
|---|---|---|---|---|---|---|---|---|---|---|
| 内蒙古 | 4 986.06 | 6 380.54 | 8 413.96 | 10 278.69 | 12 063.72 | 13 672.99 | 15 263.8 | 16 290.6 | 18 172.17 | 21 245.66 |
| 广西 | 5 801.04 | 7 075.02 | 9 638.89 | 11 813.9 | 13 527.97 | 15 966.65 | 18 400.48 | 20 298.54 | 22 793.54 | 25 477.8 |
| 重庆 | 6 662.36 | 8 102 | 11 084.82 | 13 454.98 | 16 128.87 | 19 423.9 | 22 202.1 | 25 160.1 | 28 778.8 | 32 160.09 |
| 四川 | 14 088.99 | 18 787.69 | 25 127.78 | 30 504.05 | 34 971.21 | 41 576.8 | 48 122.1 | 53 935.8 | 60 117.72 | 65 010.83 |
| 贵州 | 3 838.7 | 4 750 | 5 912.5 | 7 387.79 | 8 771.34 | 10 567.83 | 13 297.62 | 15 307.38 | 19 537.12 | 23 831.36 |
| 云南 | 7 170.87 | 8 418.94 | 11 119.64 | 13 478.86 | 15 429.41 | 18 061.48 | 20 829.3 | 22 528 | 25 204.56 | 27 921.53 |
| 西藏 | 643.36 | 829.02 | 1 028.4 | 1 296.73 | 1 662.5 | 2 054.25 | 2 500.94 | 3 089.19 | 3 671.22 | 4 379.66 |
| 陕西 | 8 583.19 | 10 790.9 | 14 043.4 | 16 590.5 | 19 227.1 | 22 657.74 | 25 736.72 | 28 288.72 | 32 685.32 | 35 707.36 |
| 甘肃 | 3 764.95 | 4 745.67 | 5 903.13 | 7 146.66 | 8 460.94 | 10 129.69 | 12 070.64 | 13 957.98 | 16 299.5 | 17 515.66 |
| 青海 | 1 105.21 | 1 389.58 | 1 791.04 | 2 326.96 | 2 834.81 | 3 528.41 | 4 110.74 | 4 529.87 | 5 212.8 | 5 570.17 |
| 宁夏 | 1 288.19 | 1 598.17 | 2 068.42 | 2 586.66 | 2 978.4 | 3 507.16 | 3 881.4 | 4 228.84 | 4 822.96 | 5 460.63 |
| 新疆 | 4 638.41 | 5 424.38 | 6 877.16 | 8 898.57 | 10 442.81 | 12 423.53 | 14 247.54 | 15 216.98 | 17 822.14 | 19 300.08 |

资料来源：RESSET 数据库。

附表5　银行业机构各项贷款余额　　　　　　单位：亿元

| 地区 | 2007 年 | 2008 年 | 2009 年 | 2010 年 | 2011 年 | 2012 年 | 2013 年 | 2014 年 | 2015 年 | 2016 年 |
|---|---|---|---|---|---|---|---|---|---|---|
| 内蒙古 | 3 803.11 | 4 564.24 | 6 385.46 | 7 919.47 | 9 727.7 | 11 392.54 | 13 056.7 | 15 066 | 17 264.33 | 19 458.45 |
| 广西 | 4 331.03 | 5 110.06 | 7 360.43 | 8 979.87 | 10 646.43 | 12 355.52 | 14 081.01 | 16 070.95 | 18 119.03 | 20 640.54 |
| 重庆 | 5 197.08 | 6 384.03 | 8 856.56 | 10 888.15 | 13 195.16 | 15 594.18 | 17 381.55 | 20 630.7 | 22 955.21 | 25 524.17 |

| 地区 | 2007 年 | 2008 年 | 2009 年 | 2010 年 | 2011 年 | 2012 年 | 2013 年 | 2014 年 | 2015 年 | 2016 年 |
|---|---|---|---|---|---|---|---|---|---|---|
| 四川 | 9 416.16 | 11 395.36 | 15 979.37 | 19 485.73 | 22 514.23 | 26 163.25 | 30 298.9 | 34 750.7 | 38 703.99 | 43 775.85 |
| 贵州 | 3 145 | 3 581.5 | 4 670.2 | 5 771.74 | 6 875.65 | 8 350.17 | 10 156.96 | 12 438 | 15 120.99 | 17 961.04 |
| 云南 | 5 733 | 6 594.33 | 8 779.63 | 10 705.99 | 12 347 | 14 168.99 | 16 128.9 | 18 368.4 | 21 243.17 | 23 491.38 |
| 西藏 | 223.83 | 219.32 | 248.35 | 301.82 | 409.05 | 664.05 | 1 076.58 | 1 619.46 | 2 124.49 | 3 048.64 |
| 陕西 | 5 170.81 | 6 056.82 | 8 276.64 | 10 222.2 | 12 097.3 | 13 865.61 | 16 537.69 | 19 174.05 | 22 096.84 | 24 224.37 |
| 甘肃 | 2 448.16 | 2 768.44 | 3 739.9 | 4 576.68 | 5 736.2 | 7 196.6 | 8 822.23 | 11 075.78 | 13 728.89 | 15 926.41 |
| 青海 | 882.13 | 1 033.9 | 1 408.26 | 1 823.81 | 2 238.99 | 2 791.68 | 3 514.68 | 4 171.73 | 4 988.01 | 5 579.76 |
| 宁夏 | 1 196.54 | 1 414.3 | 1 928.71 | 2 419.89 | 2 907.24 | 3 372.12 | 3 947.29 | 4 608.28 | 5 150.32 | 5 695.96 |
| 新疆 | 2 767.13 | 2 918.13 | 3 952.06 | 5 211.38 | 6 603.4 | 8 385.98 | 10 377.13 | 12 237.63 | 13 650.96 | 15 196.01 |

资料来源：RESSET 数据库。

附表 6　地区生产总值　　　　　　　　　　单位：亿元

| 地区 | 2007 年 | 2008 年 | 2009 年 | 2010 年 | 2011 年 | 2012 年 | 2013 年 | 2014 年 | 2015 年 | 2016 年 |
|---|---|---|---|---|---|---|---|---|---|---|
| 内蒙古 | 6 423.18 | 8 496.2 | 9 740.25 | 11 672 | 14 359.88 | 15 880.58 | 16 916.5 | 17 770.19 | 17 831.51 | 18 128.1 |
| 广西 | 5 823.41 | 7 021 | 7 759.16 | 9 569.85 | 11 720.87 | 13 035.1 | 14 449.9 | 15 672.89 | 16 803.12 | 18 317.64 |
| 重庆 | 4 676.13 | 5 793.66 | 6 530.01 | 7 925.58 | 10 011.37 | 11 409.6 | 12 783.26 | 14 262.6 | 15 717.27 | 17 740.59 |
| 四川 | 10 562.39 | 12 601.23 | 14 151.28 | 17 185.48 | 21 026.68 | 23 872.8 | 26 392.07 | 28 536.66 | 30 053.1 | 32 934.54 |
| 贵州 | 2 884.11 | 3 561.56 | 3 912.68 | 4 602.16 | 5 701.84 | 6 852.2 | 8 086.86 | 9 266.39 | 10 502.56 | 11 776.73 |
| 云南 | 4 772.52 | 5 692.12 | 6 169.75 | 7 224.18 | 8 893.12 | 10 309.47 | 11 832.31 | 12 814.59 | 13 619.17 | 14 788.42 |
| 西藏 | 341.43 | 394.85 | 441.36 | 507.46 | 605.83 | 701.03 | 815.67 | 920.83 | 1 026.39 | 1 151.41 |
| 陕西 | 5 757.29 | 7 314.58 | 8 169.8 | 10 123.48 | 12 512.3 | 14 453.68 | 16 205.45 | 17 689.94 | 18 021.86 | 19 399.59 |
| 甘肃 | 2 703.98 | 3 166.82 | 3 387.56 | 4 120.75 | 5 020.37 | 5 650.2 | 6 330.69 | 6 836.82 | 6 790.32 | 7 200.37 |
| 青海 | 797.35 | 1 018.62 | 1 081.27 | 1 350.43 | 1 670.44 | 1 893.54 | 2 122.06 | 2 303.32 | 2 417.05 | 2 572.49 |
| 宁夏 | 919.11 | 1 203.92 | 1 353.31 | 1 689.65 | 2 102.21 | 2 341.29 | 2 577.57 | 2 752.1 | 2 911.77 | 3 168.59 |
| 新疆 | 3 523.16 | 4 183.21 | 4 277.05 | 5 437.47 | 6 610.05 | 7 505.31 | 8 443.84 | 9 273.46 | 9 324.8 | 9 649.7 |

资料来源：国家统计局，http://data.stats.gov.cn/easyquery.htm?cn=E0103。

附表 7　教育支出　　　　　　　　　　　单位：亿元

| 地区 | 2007 年 | 2008 年 | 2009 年 | 2010 年 | 2011 年 | 2012 年 | 2013 年 | 2014 年 | 2015 年 | 2016 年 |
|---|---|---|---|---|---|---|---|---|---|---|
| 内蒙古 | 153.567 4 | 206.401 7 | 243.48 | 322.107 2 | 390.69 | 439.968 8 | 456.869 3 | 477.77 | 536.53 | 554.97 |
| 广西 | 189.383 7 | 251.221 | 296.598 | 366.836 2 | 456.89 | 589.238 3 | 609.930 3 | 660.53 | 789.69 | 854.55 |
| 重庆 | 121.546 6 | 153.495 1 | 190.281 8 | 240.460 8 | 318.7 | 471.487 5 | 437.278 3 | 469.98 | 536.24 | 575.18 |
| 四川 | 292.860 2 | 369.281 2 | 451.442 8 | 540.654 6 | 684.66 | 993.201 | 1 036.406 2 | 1 056.91 | 1 252.33 | 1 301.85 |
| 贵州 | 166.271 4 | 229.766 5 | 256.721 2 | 292.056 7 | 376.86 | 500.505 7 | 560.667 5 | 637.03 | 772.91 | 843.54 |
| 云南 | 190.537 1 | 241.950 8 | 308.179 7 | 374.794 4 | 483 | 674.816 3 | 685.974 3 | 674.94 | 767.46 | 871.14 |
| 西藏 | 33.569 9 | 47.08 | 61.044 1 | 60.795 9 | 77.81 | 94.484 3 | 107.177 6 | 142.08 | 167.27 | 169.64 |
| 陕西 | 184.515 7 | 264.905 5 | 310.964 6 | 377.787 7 | 529.46 | 703.335 9 | 710.110 7 | 693.83 | 758.07 | 777.53 |

续表

| 地区 | 2007 年 | 2008 年 | 2009 年 | 2010 年 | 2011 年 | 2012 年 | 2013 年 | 2014 年 | 2015 年 | 2016 年 |
|---|---|---|---|---|---|---|---|---|---|---|
| 甘肃 | 123.965 3 | 182.925 6 | 206.357 3 | 228.232 9 | 284.33 | 367.915 4 | 377.055 3 | 401.26 | 498.33 | 548.95 |
| 青海 | 34.852 3 | 48.808 4 | 61.815 9 | 82.466 4 | 130.11 | 171.805 5 | 121.505 5 | 156.31 | 163.19 | 171.36 |
| 宁夏 | 47.306 8 | 54.055 3 | 63.502 5 | 81.586 9 | 103.02 | 106.454 1 | 112.953 2 | 122.68 | 142.51 | 152.57 |
| 新疆 | 142.768 8 | 199.213 2 | 240.146 | 313.835 6 | 399.8 | 473.858 | 532.672 8 | 567.2 | 647.93 | 664.52 |

资料来源：国家统计局，http://data.stats.gov.cn/easyquery.htm?cn=E0103。

附表 8　财政支出　　　　　　　　　　　　　　　　　　单位：亿元

| 地区 | 2007 年 | 2008 年 | 2009 年 | 2010 年 | 2011 年 | 2012 年 | 2013 年 | 2014 年 | 2015 年 | 2016 年 |
|---|---|---|---|---|---|---|---|---|---|---|
| 内蒙古 | 1 082.31 | 1 454.57 | 1 926.84 | 2 273.5 | 2 989.21 | 3 425.99 | 3 686.52 | 3 879.98 | 4 252.96 | 45 12.71 |
| 广西 | 985.94 | 1 297.11 | 1 621.82 | 2 007.59 | 2 545.28 | 2 985.23 | 3 208.67 | 3 479.79 | 4 065.51 | 4 441.7 |
| 重庆 | 768.39 | 1 016.01 | 1 292.09 | 1 709.04 | 2 570.24 | 3 046.36 | 3 062.28 | 3 304.39 | 3 792 | 4 001.81 |
| 四川 | 1 759.13 | 2 948.83 | 3 590.72 | 4 257.98 | 4 674.92 | 5 450.99 | 6 220.91 | 6 796.61 | 7 497.51 | 8 008.89 |
| 贵州 | 795.4 | 1 053.79 | 1 372.27 | 1 631.48 | 2 249.4 | 2 755.68 | 3 082.66 | 3 542.8 | 3 939.5 | 4 262.36 |
| 云南 | 1 135.22 | 1 470.24 | 1 952.34 | 2 285.72 | 2 929.6 | 3 572.66 | 4 096.51 | 4 437.98 | 4 712.83 | 5 018.86 |
| 西藏 | 275.37 | 380.66 | 470.13 | 551.04 | 758.11 | 905.34 | 1 014.31 | 1 185.51 | 1 381.46 | 1 587.97 |
| 陕西 | 1 053.97 | 1 428.52 | 1 841.64 | 2 218.83 | 2 930.81 | 3 323.8 | 3 665.07 | 3 962.5 | 4 376.06 | 4 389.37 |
| 甘肃 | 675.34 | 968.43 | 1 246.28 | 1 468.58 | 1 791.24 | 2 059.56 | 2 309.62 | 2 541.49 | 2 958.31 | 3 150.03 |
| 青海 | 282.2 | 363.6 | 486.75 | 743.4 | 967.47 | 1 159.05 | 1 228.05 | 1 347.43 | 1 515.16 | 1 524.8 |
| 宁夏 | 241.85 | 324.61 | 432.36 | 557.53 | 705.91 | 864.36 | 922.48 | 1 000.45 | 1 138.49 | 1 254.54 |
| 新疆 | 795.15 | 1 059.36 | 1 346.91 | 1 698.91 | 2 284.49 | 2 720.07 | 3 067.12 | 3 317.79 | 3 804.87 | 4 138.25 |

资料来源：国家统计局，http://data.stats.gov.cn/easyquery.htm?cn=E0103。

附表 9　农业产值　　　　　　　　　　　　　　　　　　单位：亿元

| 地区 | 2007 年 | 2008 年 | 2009 年 | 2010 年 | 2011 年 | 2012 年 | 2013 年 | 2014 年 | 2015 年 | 2016 年 |
|---|---|---|---|---|---|---|---|---|---|---|
| 内蒙古 | 620.417 6 | 716.607 5 | 731.902 | 900.446 5 | 1 057.845 7 | 1 171.972 7 | 1 328.073 2 | 1 408.4 | 1 418.305 2 | 1 415.073 7 |
| 广西 | 970.545 4 | 1 106.740 1 | 1 134.977 7 | 1 339.580 7 | 1 602.476 1 | 1 723.996 7 | 1 868.303 | 1 994 | 2 146.367 9 | 2 347.902 8 |
| 重庆 | 401.482 1 | 465.474 | 522.840 6 | 623.334 3 | 751.224 6 | 841.808 8 | 909.175 8 | 967.9 | 1 033.684 8 | 1 151.765 7 |
| 四川 | 1 316.6 | 1 607.546 6 | 1 806.062 | 2 069.327 4 | 2 454.259 6 | 2 764.900 1 | 2 903.484 2 | 3 078.6 | 3 335.510 7 | 3 710.969 5 |
| 贵州 | 392.201 4 | 464.792 7 | 501.523 | 587.310 9 | 655.302 8 | 864.859 8 | 997.117 6 | 1 321.9 | 1 772.591 2 | 1 888.636 2 |
| 云南 | 683.8 | 780.9 | 850.654 8 | 925.580 5 | 1 124.718 2 | 1 398.182 2 | 1 639.396 8 | 1 806.3 | 1 841.463 7 | 1 943.647 5 |
| 西藏 | 39.488 6 | 43.696 2 | 39.057 5 | 46.139 7 | 49.615 2 | 53.386 3 | 57.923 5 | 63.3 | 68.048 2 | 52.232 2 |
| 陕西 | 629.340 3 | 775.851 2 | 823.6 | 1 107.235 4 | 1 360.7 | 1 526.280 5 | 1 714.788 2 | 1 870.8 | 1 910.706 5 | 2 027.562 6 |
| 甘肃 | 458.728 3 | 529.564 4 | 587.267 8 | 757.556 8 | 848.454 | 984.243 3 | 1 104.471 9 | 1 174.9 | 1 252.505 5 | 1 274.709 7 |
| 青海 | 49.160 8 | 58.738 | 61.308 1 | 92.072 5 | 102.91 | 117.087 5 | 138.349 | 144.2 | 144.998 5 | 155.517 9 |
| 宁夏 | 111.121 3 | 131.138 9 | 146.782 5 | 195.144 8 | 223.605 2 | 240.464 8 | 268.995 9 | 274 | 310.985 6 | 311.888 |
| 新疆 | 767 | 784.192 2 | 898.616 7 | 1 376.885 2 | 1 437.89 | 1 675 | 1 806.109 9 | 1 955.1 | 2 005.379 9 | 2 163.106 |

资料来源：RESSET 数据库。